职业教育**汽车专业**课程改革创新教材

汽车电气构造与维修

（下册）

Automotive Electrical Equipment and Maintenance

(Part 2)

谢岳辉 ◎ 主编

龙文婷 温锦文 韦清 ◎ 副主编

黄存足 ◎ 主审

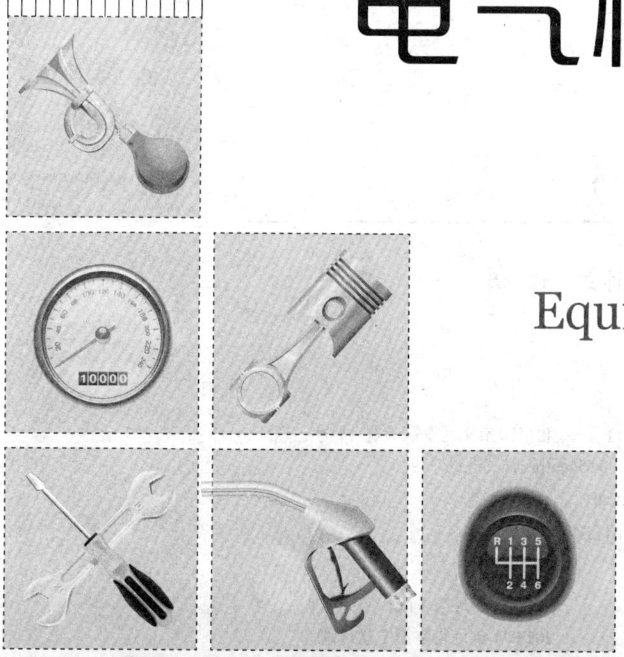

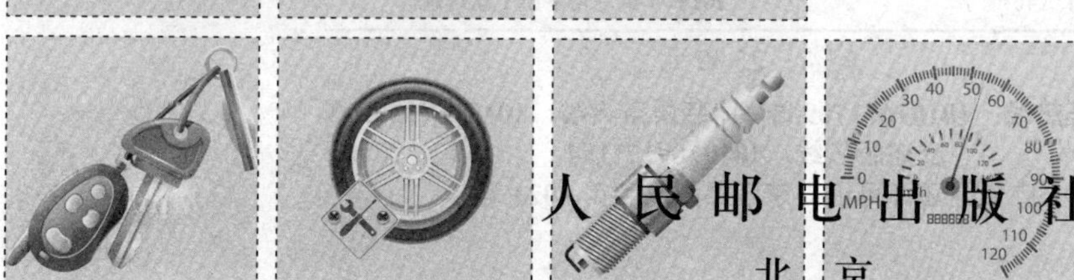

人 民 邮 电 出 版 社

北 京

图书在版编目（CIP）数据

汽车电气构造与维修. 下册 / 谢岳辉主编. -- 北京
: 人民邮电出版社, 2013.9
职业教育汽车专业课程改革创新教材
ISBN 978-7-115-32754-3

Ⅰ. ①汽… Ⅱ. ①谢… Ⅲ. ①汽车－电气设备－构造
－职业教育－教材②汽车－电气设备－车辆修理－职业教
育－教材 Ⅳ. ①U472.41

中国版本图书馆CIP数据核字(2013)第192015号

内 容 提 要

本书共 7 个课题，系统地介绍了电动后视镜、电动车窗控制系统、电动座椅控制系统、汽车中央门锁控制系统、汽车防盗系统、安全气囊系统和汽车仪表报警显示装置的相关知识，并且还安排了实训课程部分。为了让读者能够及时地检查学习效果，把握学习进度，本书安排了“学习指导书”，设有相关任务活动。

本书是基于全国中职示范学校汽车维修专业课程改革而编写的一体化教材，它既可作为汽车维修专业的教学用书，也可作为汽车维修培训或相关技术人员自学的参考资料。

◆ 主　　编　谢岳辉
　副 主 编　龙文婷　温锦文　韦　清
　主　　审　黄存足
　责任编辑　刘盛平
　责任印制　杨林杰

◆ 人民邮电出版社出版发行　　北京市崇文区夕照寺街 14 号
　邮编 100061　　电子邮件 315@ptpress.com.cn
　网址 http://www.ptpress.com.cn
　北京鑫正大印刷有限公司印刷

◆ 开本：787×1092　1/16
　印张：9.75　　　　2013 年 9 月第 1 版
　字数：246 千字　　2013 年 9 月北京第 1 次印刷

定价：25.00 元

读者服务热线：(010)67170985　印装质量热线：(010)67129223
反盗版热线：(010)67171154
广告经营许可证：京崇工商广字第 0021 号

前言 PREFACE

近年来，随着经济的快速发展和人民生活水平的提高，我国机动车保有量持续增长，其中私人汽车拥有量增速明显。高速增长的汽车保有量使得社会对汽车专业人才的需求量也迅速增加。本书系统地介绍了技能型高级汽车维修技术人员所必需的汽车电气结构、工作原理、维修、调试、故障诊断与排除等知识。

本书突出“以能力培养为本位”的理念，采用项目课程、任务引领、问题探究、理实一体化的编写模式，更加符合现代职业技术教育课程改革理念。本书内容深入浅出，系统地阐述了目前主流汽车电气构造及其工作原理、维修和故障诊断技术。全书共分为 7 个课题，涉及汽车电动后视镜、电动车窗控制系统、电动座椅控制系统、汽车中央门锁控制系统、汽车防盗系统、安全气囊系统和汽车仪表报警显示装置。每个课题又分为【工作情境描述】【相关知识】【任务实施】【学习指导书】4 个部分。在【工作情境描述】部分，给出相关案例；在【相关知识】部分给出完成该项目必须的知识与技能；在【任务实施】部分，介绍完整维修过程；在【学习指导书】部分，围绕项目需要重点掌握的知识和技巧，精心筛选了适量的习题，供读者检测学习效果。在编写中，我们采用了大量的实物图片介绍汽车的实用维修知识，并且通过维修案例引入教学，提高学生的学习兴趣。

通过 7 个课题的学习和训练，学生不仅能掌握理论知识，而且能熟练地对汽车电气系统的故障进行检测、诊断与维修，以达到汽车维修技术人员对汽车电路图识读与维修的要求。

本书的参考学时为 90 学时，建议采用理论实践一体化教学模式，各课题的参考学时见下面的学时分配表。

学时分配表

项目	课程内容	讲授学时	实训学时
课题一	电动后视镜	6	10
课题二	电动车窗控制系统	6	10
课题三	电动座椅控制系统	6	10
课题四	汽车中央门锁控制系统	6	10
课题五	汽车防盗系统	4	6
课题六	安全气囊系统	4	4
课题七	汽车仪表报警显示装置	4	4
课时总计		36	54

本书由广东省高级技工学校谢岳辉任主编，龙文婷、温锦文和韦清任副主编。

由于编者水平和经验有限，书中难免有欠妥和不足之处，敬请广大读者批评指正。

编 者

2013 年 6 月

目录 CONTENTS

课题一 1

电动后视镜

后视镜是驾驶员坐在驾驶室座位上直接获取汽车后方、侧方等外部信息的工具。为了驾驶员操作方便，防止行车安全事故的发生，保障人身安全，各国均规定汽车上必须安装后视镜，且所有后视镜都必须能调整方向。由于后视镜的位置直接关系到驾驶员能否观察到车后的情况，而驾驶员调整它的位置又比较困难，尤其是前排乘客车门一侧的后视镜。因此，现在汽车的后视镜都改为电动的，由电气控制系统来操纵。

工作情境描述

王师傅接到一张丰田威驰轿车的维修单，根据进厂检验提示，该车右边的电动后视镜只能上下调整，而不能左右调整。接着王师傅进行了一系列检查、试验确认部位后，对该电动后视镜进行维修，最后交质检验收交车。

相关知识

一、电动后视镜的功能

目前，中高档汽车上使用较多的是电动后视镜，其主要有以下几方面的功能。

1. 后视镜的记忆存储功能

每个驾驶员可根据个人身高与驾驶习惯的不同，以及座椅及转向盘的最佳舒适性，来调节后视镜的最佳视角，然后进行记忆存储。

当其他人驾驶汽车后，或被他人调整已记忆的视角后，由于存储的信息存在，驾驶员可以非常轻松地开启记忆存储功能，使所有内在设施恢复至最佳设定状态。

2. 后视镜的加热除霜功能

有的后视镜增设了加热除霜功能，例如，采用了电加热除霜镜片，驾驶员可以开启加热除霜功能，清洁镜面的积雾、冬天积霜、雨水等。

3. 后视镜的折叠功能

该功能可防擦伤及缩小停车泊位空间，保证在后视安全性上把损害程度降低到最小限度。有的后视镜设计成为电动折叠方式，驾驶员在车内就可方便地调节。

4. 带刮水器、洗涤器的后视镜

有些后视镜增设了刮水器和洗涤器，用于刮去外后视镜上的雨、雪、泥浆及灰尘等，可以在各种情况下清晰地观察到汽车外部情况。

5. 具有测距和测速功能的后视镜

为提高视认性而安装的测距和测速用后视镜。驾驶员可通过这种特殊的后视镜，看清后面跟随而来的车辆的距离，并估计出其行驶的速度，保证汽车安全行驶。

二、电动后视镜的类型

电动后视镜的分类方式主要有以下 4 种。

1. 按安装位置分类

按安装位置分类，后视镜可分为内后视镜、外后视镜和下视镜 3 种。

内后视镜安装在汽车驾驶室内部，供驾驶员观察和注视车内后部乘员或物品的情况。现在多数轿车外后视镜采用电动，而对于内后视镜仍采用传统的方式。

2. 按后视镜的镜面形状分类

按后视镜的镜面形状分类，后视镜可分为平面镜、球面镜以及曲率镜 3 种。另外，还有一种棱形镜，其镜表面平坦，截面为棱形，通常用作防炫目的内后视镜。

3. 按反射膜材料分类

按制镜时涂用的反射膜材料分类，后视镜可分为铝镜、铬镜、银镜以及蓝镜 4 种。

4. 按调节方式分类

按调节方式分类，后视镜可以分为车外调节和车内调节两种，两者在结构上有较大的差别。

（1）车外调节式

车外调节式是在车停止状态下，通过用手直接调节镜框或镜面位置的方式来完成的调节。一般的大型汽车、载货汽车和低档客车都采用车外调节方式。

（2）车内调节式

车内调节式是指驾驶员在行驶中调节后视镜。中、高档轿车大都采用车内调节方式。该方式又分为手动调节式（钢丝索传动调节或手柄调节）和电动调节式两种。电动调节式后视镜是目前中、高档轿车普遍采用的标准装备。

三、电动后视镜的组成及工作原理

1. 电动后视镜的组成

电动后视镜主要由永磁式电动机、传动机构和控制开关等组成。每个后视镜都有两套驱动装置，由电动后视镜开关进行操纵，其中一个电动机和传动机构用于后视镜水平方向的转动，另一个电动机和传动机构则用于后视镜垂直方向的转动。

后视镜的结构和典型开关分别如图 1-1（a）和图 1-1（b）所示，它主要以枢轴为中心，由使后视镜能上下、左右方向灵活变换位置的两个独立的微电动机、永久磁铁和霍尔集成电路等构成。根据霍尔集成电路产生的信号电压，可对后视镜的所在位置进行检测。

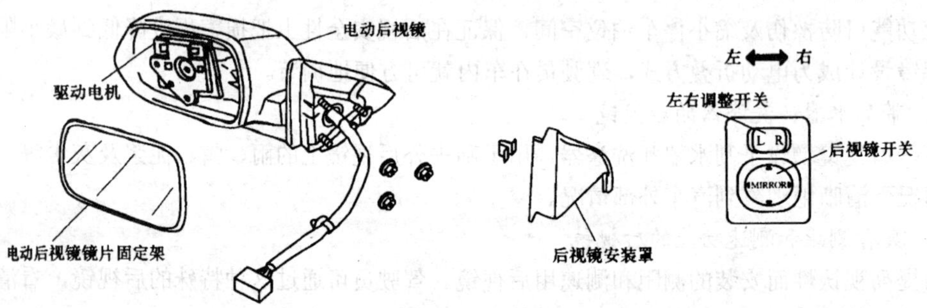

图 1-1　电动后视镜的结构和控制开关示意图

有的汽车的电动后视镜还带有可伸缩功能，由后视镜伸缩开关控制电动机工作，驱动伸缩传动装置带动后视镜收回和伸出。

有的汽车的后视镜控制电路具有存储功能，它由驱动位置存储器、复位开关和位置传感器等组成。上述操作功能的数据可自动存储在存储器中，如果需要，可直接将存储器中存储的数据调出使用。

2. 电动后视镜的工作原理

图 1-2 所示为电动后视镜控制系统的基本原理。当控制开关向下扳时，触头 B 与触头 D、C 及 E 分别相通，电流经电源→触头 E→触头 C→电动机→触头 B→触头 D→接地，电动机即转动使后视镜作垂直方向运动；当开关向上扳时，触头 B 与 E，C 与 D 分别接触，电流经电源→触头 E→触头 B→电动机→触头 C→触头 D→接地，由于流过电动机的电流发生改变，因此电动机反方向转动，后视镜作水平方向运动。

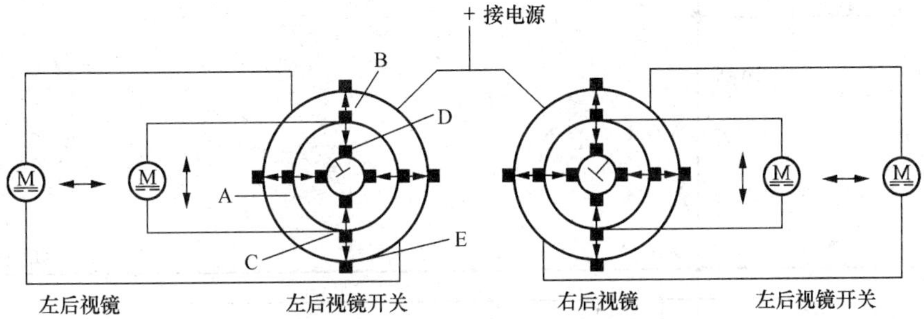

图 1-2　电动后视镜控制系统的基本原理

下面以北京现代索纳塔轿车、本田雅阁轿车、丰田皇冠轿车的电动后视镜电路为例，说明电动后视镜控制电路的工作原理。

（1）北京现代索纳塔轿车电动后视镜电路

图 1-3 所示为北京现代索纳塔轿车的双后视镜控制电路。图 1-4 所示为其电动后视镜的开关及其连接器的端子图。每个后视镜都用一个独立的开关控制。操纵开关能使一个电动机单独工作，也可使两个电动机同时工作。

电路分析如下。首先说明电动后视镜开关中用实线框和虚线框分别表示操作时总开关内部的联动情况。这里只讨论一侧后视镜中一个电动机的工作情况。若要调节左后视镜垂直方向的倾斜程度，按下“升/降”按钮即可。

① “升”的过程。实线框“升/降”开关中的箭头开关均和“升”接通，此时电流的方向为：电源→熔断丝 30→开关端子 3→“升右”端子→选择开关中的“左”→端子 7→左电动后视镜连接端子 8→“升/降”电动机→端子 6→开关端子 5→升 1→开关端子 6→搭铁，形成回路，这时左后视镜向上倾斜。

② “降”的过程。实线框“升/降”开关中的箭头开关均与“降”接通，此时的电流方向为：电源→熔断丝 30→开关端子 3→降 1→开关端子 5→左电动后视镜连接端子 6→“升/降”电动机→左电动后视镜连接端子 8→开关端子 7→选择开关中的“左”→“降左”端子→开关端子 6→搭铁，形成回路，此时后视镜向相反的方向倾斜。

电动后视镜左右运动的电路分析与此类似，此处不再赘述。

（2）本田雅阁轿车电动后视镜控制电路（带除霜器）

图 1-5 所示为本田雅阁轿车电动后视镜的控制电路，下面以左侧后视镜为例简单分析其工作过程。此电动后视镜开关中上面的 4 个开关为共用的后视镜方向调节开关，下面两个开关为控制

左侧或右侧电动后视镜的联动分开关。

① 左侧后视镜向下倾斜。如图 1-5 所示，首先将电动后视镜开关中下面的联动分开关按至“左”位置，然后按下“下”，此时电路的电流方向为：蓄电池+→熔断丝 22 和 23→点火开关→熔断丝 30→电动后视镜开关端子 6→联动开关“下”的左端→左侧后视镜开关→电动后视镜开关端子 9→左电动后视镜“上下”调节电机→电动后视镜开关端子 2→左侧后视镜开关→联动开关“下”的右端→搭铁，左侧后视镜实现向下倾斜。

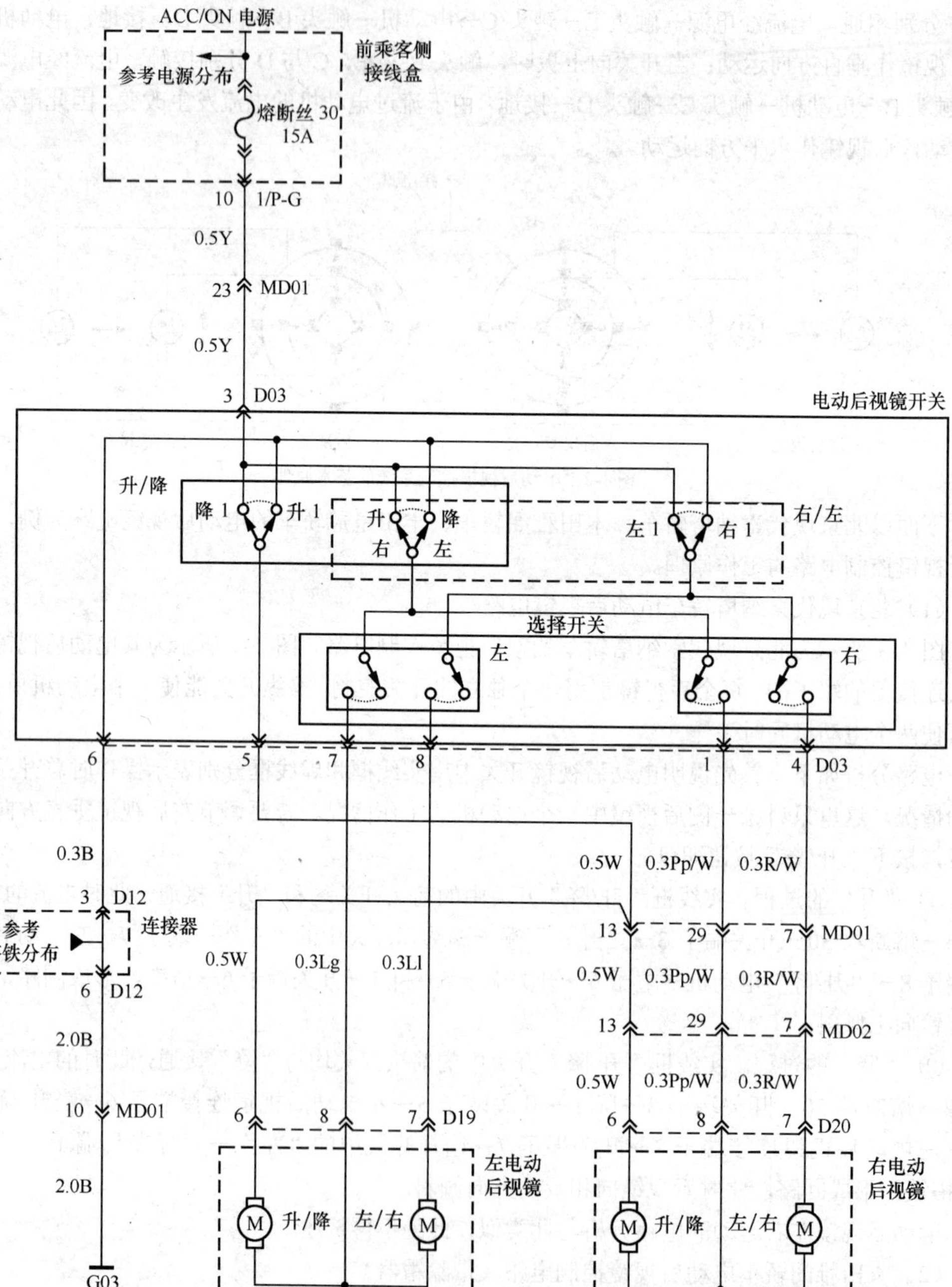

图 1-3　北京现代索纳塔轿车电动后视镜电路

② 左侧后视镜向上倾斜。此时，电动后视镜开关中下面的联动开关依然在“左”的位置，按下“上”，电流的流向为：蓄电池+→熔断丝 22 和 23→点火开关→熔断丝 30→电动后视镜开关端子 6→联动开关“上”的右端→左侧后视镜开关→电动后视镜开关端子 2→左电动后视镜“上下”调节电机→电动后视镜开关端子 9→左侧后视镜开关→联动开关“上”的右端→搭铁，左侧后视镜实现向上倾斜。

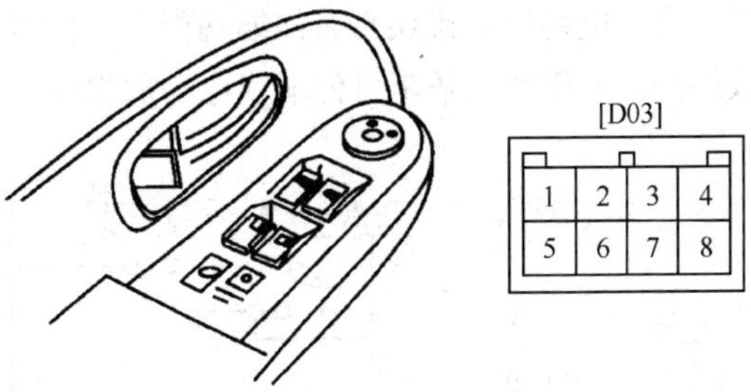

图 1-4　电动后视镜开关及其连接器的端子

电动后视镜左右运动的电路分析与此类似，此处不再赘述。

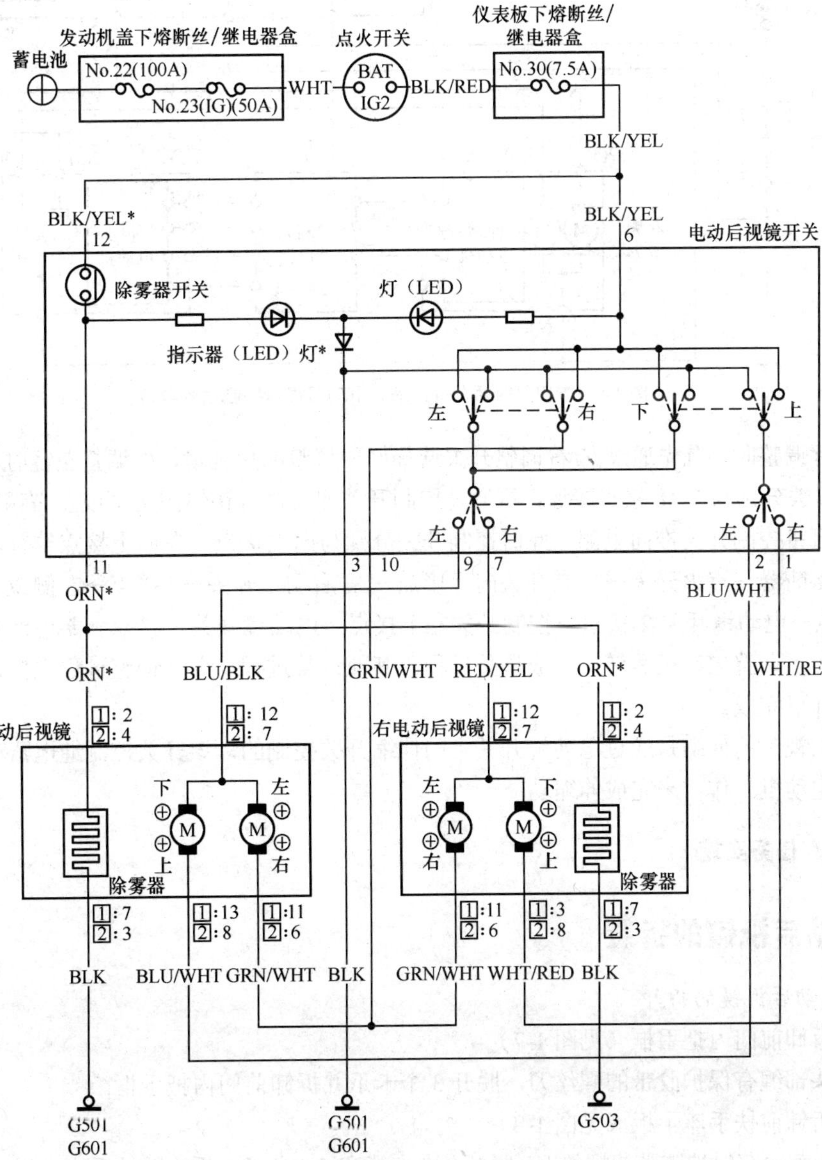

图 1-5　本田雅阁轿车电动后视镜电路

（3）丰田皇冠轿车电动后视镜控制电路（带有伸缩功能）

有的电动后视镜还带有伸缩功能，由伸缩开关控制伸缩电动机工作，使整个后视镜回转伸出或缩回。丰田皇冠轿车可伸缩式电动后视镜控制系统电路图如图 1-6 所示。

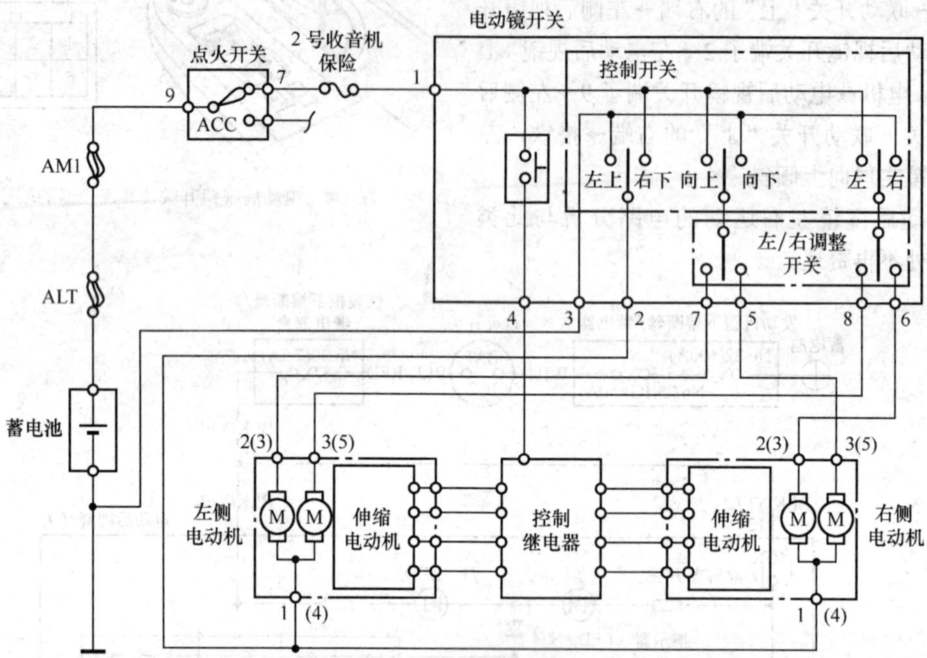

图 1-6　丰田皇冠轿车可伸缩式电动后视镜控制系统电路

在进行调整时，首先通过左/右调整开关选择好要调整的后视镜，如调整左镜时，开关打向左侧，此时开关分别与 7、8 接点接通，再通过控制开关即可进行该镜的上下或左右调整。进行向上调整时，可将控制开关推向上侧，此时控制开关分别与向上接点、左向上接点结合。电路由蓄电池正极→熔断器→点火开关→控制开关向上接点→左/右调整开关→7 接点→左侧镜上下调整电动机→1 接点→电动镜开关 2 接点→控制开关左上接点→电动镜开关 3 接点→蓄电池负极，形成回路，左镜上下调整电动机运转，完成调整过程。其他调整过程与向上调整过程类似，通过接通不同的开关即可完成。

电动后视镜的伸缩是通过电动镜开关上的伸缩开关控制的，该开关控制继电器动作，使左右两镜伸缩电动机工作，来完成伸缩功能。

任务实施

一、电动后视镜的拆装

1. 电动后视镜的拆卸

（1）拆卸前门内把手框（见图 1-7）

使用头部缠有保护胶带的螺丝刀，脱开 3 个卡爪并拆卸前门内把手框。

（2）拆卸前扶手座上板（见图 1-8）

使用头部缠有保护胶带的螺丝刀，脱开 2 个卡子和 6 个卡爪，拆下前扶手座上板，断开连接器。

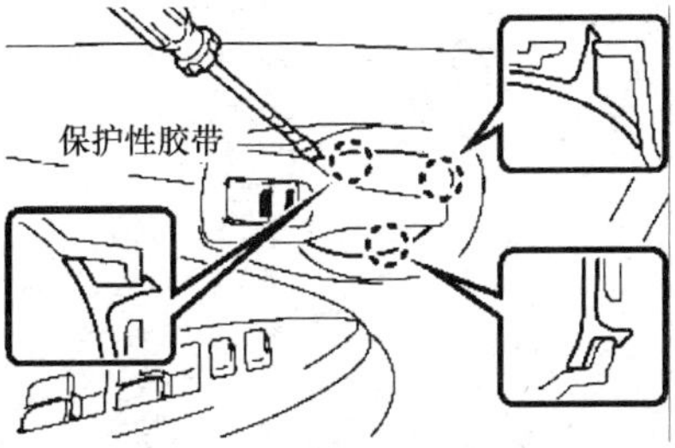

图 1-7 拆卸前门内把手框

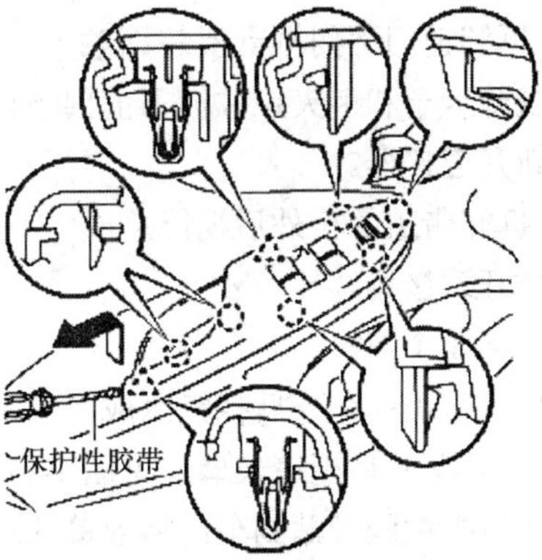

图 1-8 拆卸前扶手座上板

（3）拆卸门控灯总成（见图 1-9）。

使用头部缠有保护胶带的螺丝刀，脱开卡爪并拆下门控灯总成，断开连接器。

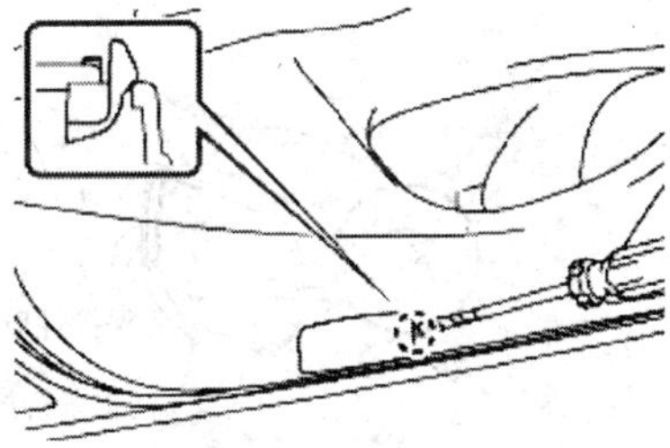

图 1-9 拆卸门控灯总成

（4）拆卸前门装饰板分总成（见图 1-10）。

使用头部缠有保护胶带的螺丝刀，脱开卡爪并断开车门扶手盖。拆下 2 个螺钉，使用卡子拆卸工具，脱开 9 个卡子，脱开 5 个卡爪并从前门玻璃内密封条上分开前门装饰板分总成。脱开 2 个卡爪，并断开前门内把手分总成。

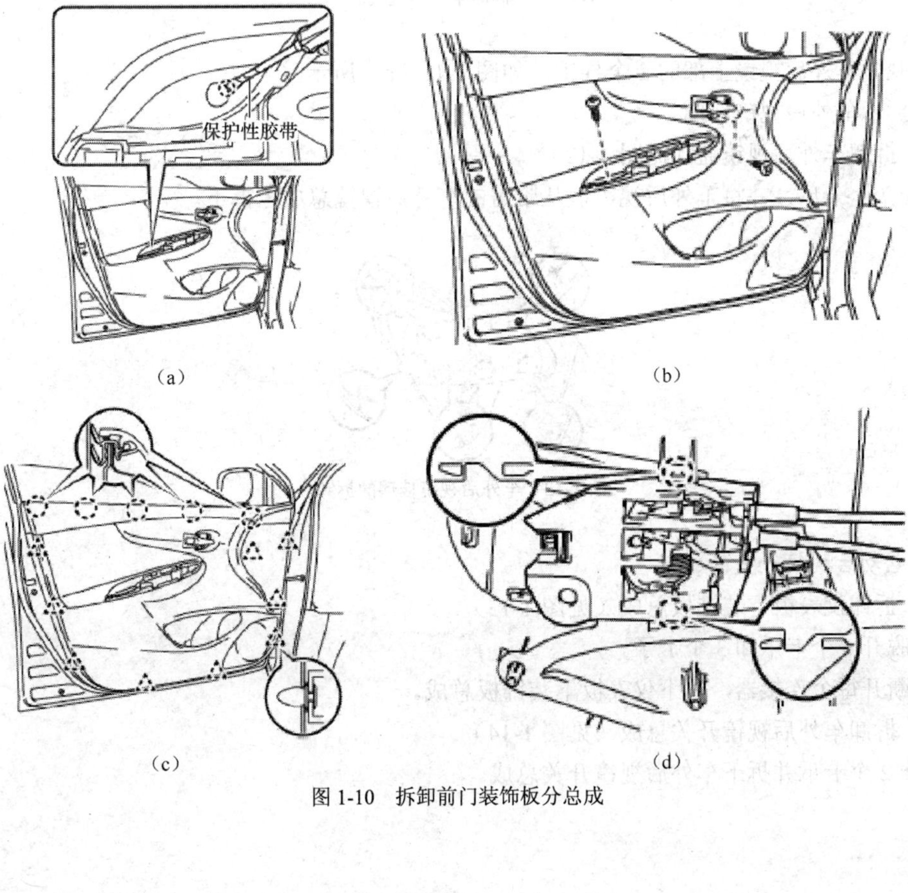

（a）（b）（c）（d）

图 1-10 拆卸前门装饰板分总成

（5）拆卸前门下门框支架装饰条

① 脱开卡子和卡夹，并拆下前门下门框支架装饰条。

② 断开连接器。

（6）拆卸带盖的车外后视镜总成

① 断开连接器。

② 拆下 3 个螺栓。

③ 拆下带盖的车外后视镜总成。

（7）拆卸车外后视镜玻璃（见图 1-11）

① 将保护性胶带贴到车门后视镜的遮阳板底部。

② 推动后视镜镜面的上部，使其倾斜。

③ 用防护条拆卸工具脱开 2 个卡爪，如图 1-11（a）所示。

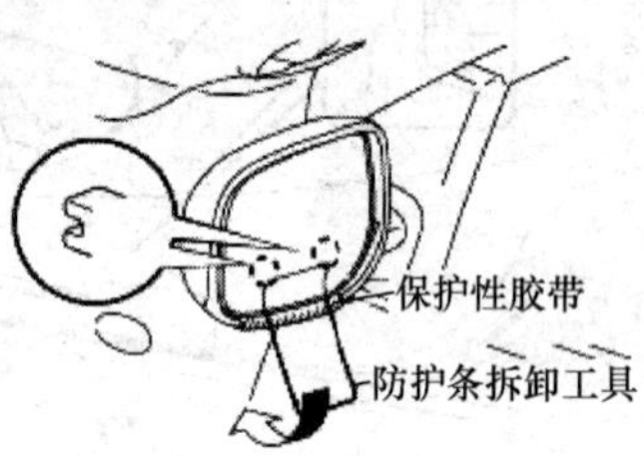

（a）

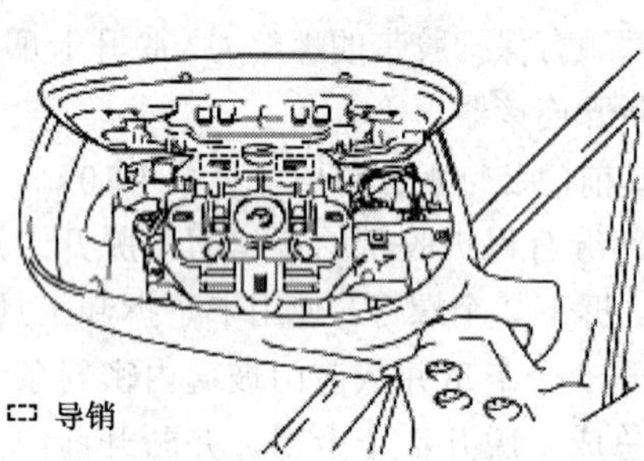

（b）

图 1-11　拆卸车外后视镜玻璃

④ 脱开车外后视镜上部的 2 个导销，如图 1-11（b）所示。

⑤ 拆下车外后视镜玻璃。

（8）拆卸车外后视镜盖（见图 1-12）

脱开 7 个卡爪，并将车外后视镜盖从带盖的车外后视镜总成上拆下。

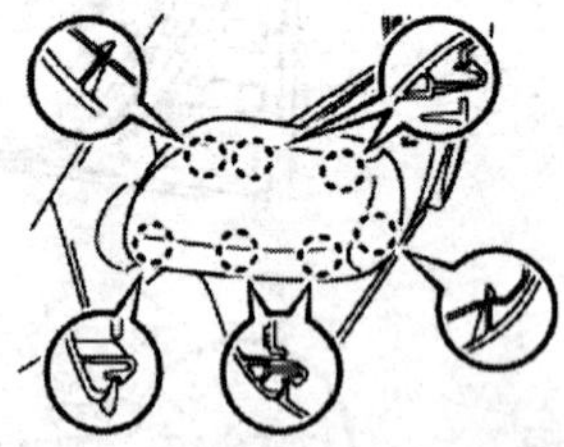

图 1-12　车外后视镜玻璃的拆卸

2. 电动后视镜开关的拆装

（1）拆卸仪表板下装饰板总成（见图 1-13）

① 脱开 6 个卡爪和 3 个卡子。

② 断开每个连接器，拆下仪表板下装饰板总成。

（2）拆卸车外后视镜开关总成（见图 1-14）

脱开 2 个卡爪并拆下车外后视镜开关总成。

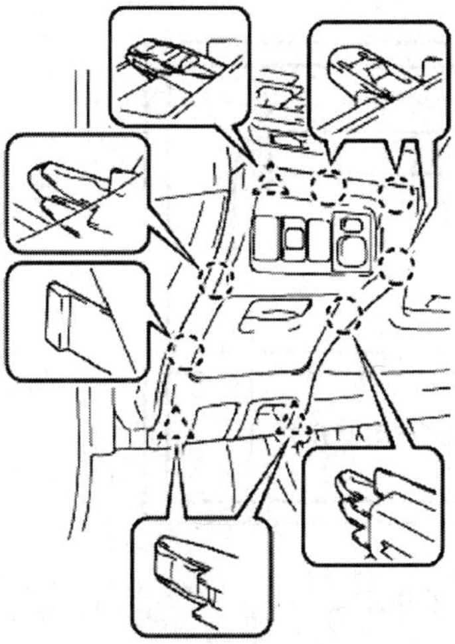

图 1-13　拆卸仪表板下装饰板总成

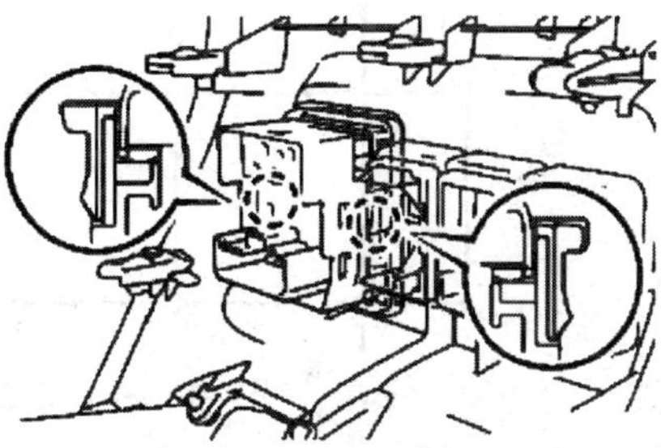

图 1-14　拆卸车外后视镜开关总成

提示

（1）不同的车型拆装规程有所不同，具体操作方法要以车型维修手册所规定的步骤为准。

（2）注意拆卸零部件的安全位置和方向，必要时应做装配记录。

二、元件端子的判别

1. 后视镜

后视镜电机有 3 根引线，可用万用表判断其公共端。首先任意选一根作为公共端，公共端对其他两根引线的电阻是基本相同的，找出公共端后通电观察镜面的动作情况即可找出升/降、左/右电机引线。进行后视镜电机好坏及其工作情况的检查时，可在找出 3 根引线的接法后，通电观察镜面的工作情况，镜面应能平滑摆动，如果不能摆动则说明电机或传动机构存在故障应进行修理或更换。

2. 不带记忆和伸缩系统的后视镜

这种不带记忆和伸缩系统的后视镜开关有 7 根引线，如图 1-15 所示，将开关位于不同的位置用万用表检测各引线的导通情况，可以判断出各引线接法。7 根引线分别为电源、接地、电机公共端、上/下电机线（左镜）、左/右电机线（左镜）、上/下电机线（右镜）和左/右电机线（右镜）。将左/右调节开关位置于中间位置即断开左/右镜电机线，控制开关位于升或者左位置时，5 号端子与 6 号端子应导通，控制开关位于降或者右位置时，5 号端子与 7 号端子应导通。根据电路的工作原理可以断定 5 号端子是电机的公共端，6 号端子为接地端，7 号端子为电源端。将左/右调节开关位于左位置，控制开关位于上升位置时，与 7 号端子导通的 4 号端子为左镜升/降电机线。控制开关位于左位置时，与 7 号端子导通的 2 号端子为左镜左/右电机线。用同样的方法即可找出右镜电机线，左/右、升/降是通过改变流过电机的电流方向来实现的。

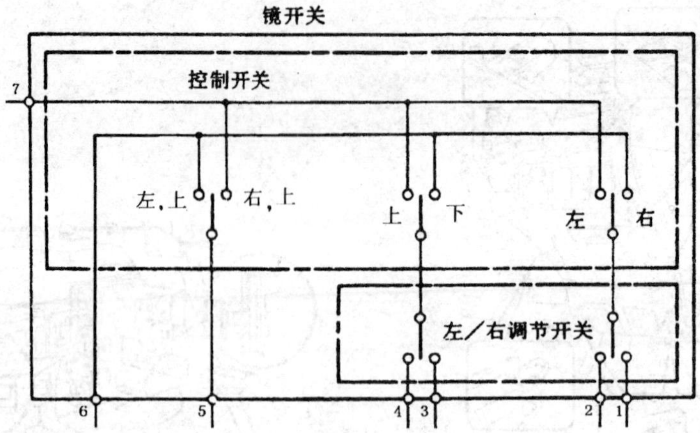

图 1-15　不带记忆和伸缩系统的后视镜开关

三、电动后视镜电路的检查

在左右两个后视镜的背后各装有两套永磁电动机驱动系统，其中一套电动机控制后视镜的上下运动；另一套电动机控制后视镜的左右运动。后视镜的运动方向受开关控制，开关位于不同的位置，流经电动机的电流方向就不同，电动机的转动方向就不同，卡罗拉电动后视镜电路如图 1-16 所示。

1. 车外后视镜开关电源电路检查

断开车外后视镜开关连接器 E17。将万用表打到直流电压档，红表笔连接车外后视镜开关连接器 E17-8，黑表笔搭铁，将点火开关置于 ACC，电压应该为蓄电池电压；用电阻挡测量车外后视镜开关连接器，E17-7 与车身搭铁应该始终小于 1Ω，异常检查保险丝或维修线束或连接器。

2. 左侧车外后视镜连接器与线束的检测

断开车外后视镜开关连接器 E17。测量车外后视镜开关连接器 E17-4 与左侧车外后视镜连接器 I2-5 电阻应该小于 1Ω，测量车外后视镜开关连接器 E17-5 与左侧车外后视镜连接器 I2-3 电阻应该小于 1Ω，测量车外后视镜开关连接器 E17-6 与左侧车外后视镜连接器 I2-4 电阻应该小于 1Ω，左侧车外后视镜连接器 I2 的 3、4、5 端子分别与车身搭铁之间的电阻应该无穷大，异常更换或维修线束或连接器。

3. 右侧车外后视镜连接器与线束的检测

断开车外后视镜开关连接器 E17。测量车外后视镜开关连接器 E17-4 与右侧车外后视镜连接器 H2-5 电阻应该小于 1Ω，测量车外后视镜开关连接器 H17-5 与右侧车外后视镜连接器 H2-3 电阻应该小于 1Ω，测量车外后视镜开关连接器 E17-6 与右侧车外后视镜连接器 H2-4 电阻应该小于 1Ω，右侧车外后视镜连接器 H2 的 3、4、5 端子分别与车身搭铁之间的电阻应该无穷大，异常更换或维修线束或连接器。

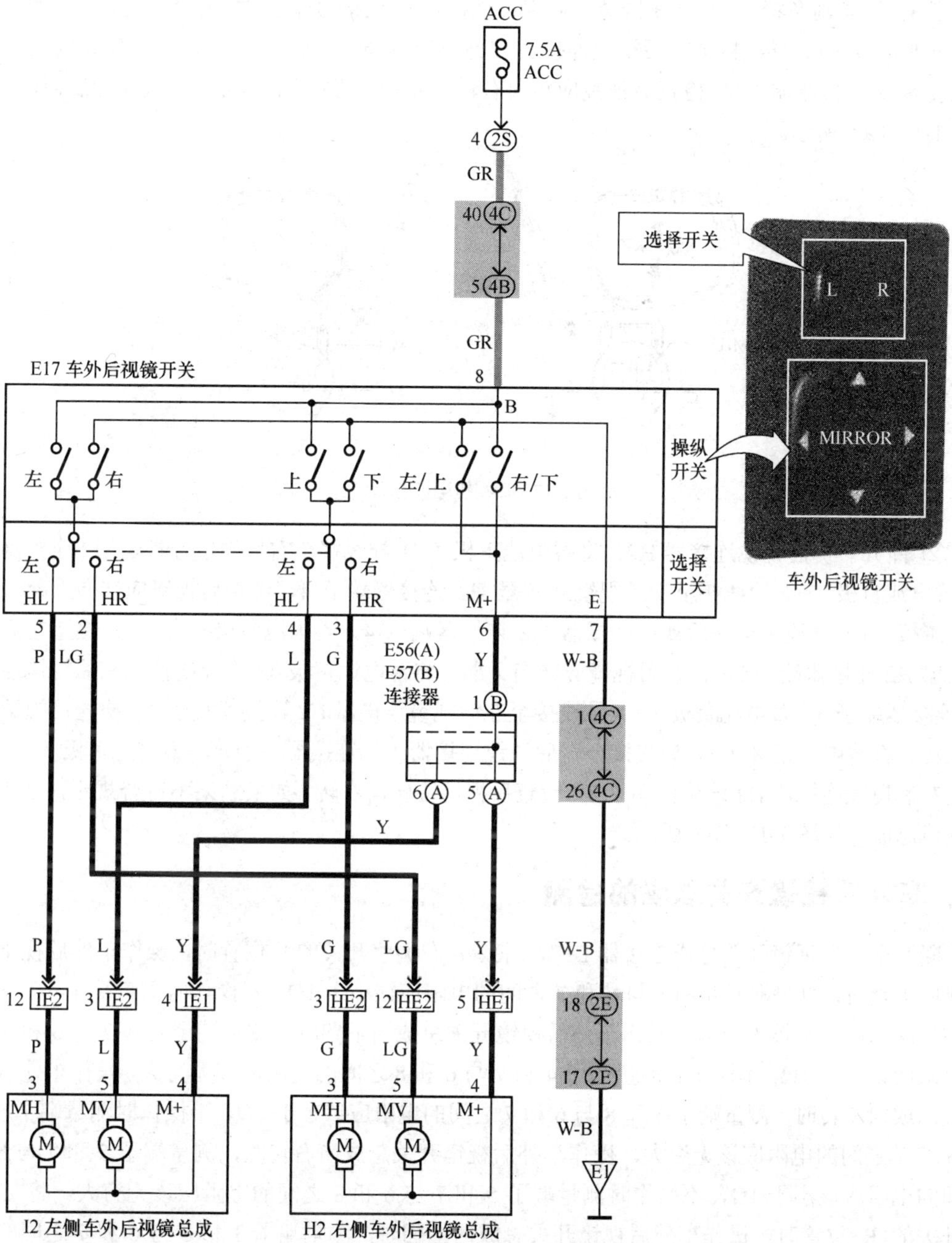

图 1-16　卡罗拉电动后视镜电路

四、电动后视镜电机的检查

① 断开左侧后视镜连接器 I2，将蓄电池正极（+）导线接至左后视镜连接器 I2 连接器端子 5，蓄电池负极（–）导线接至左后视镜连接器 I2 连接器端子 4，检查后视镜应转向上翻。将蓄电池正极（+）导线接至左后视镜连接器 I2 连接器端子 4，蓄电池负极（–）导线接至左后视镜连接器 I2 连接器端子 5，检查后视镜应转向下翻。将蓄电池正极（+）导线接至左后视镜连接器 I2 连接

器端子 3，蓄电池负极（−）导线接至左后视镜连接器 I2 连接器端子 4，检查后视镜应转向左转。将蓄电池正极（+）导线接至左后视镜连接器 I2 连接器端子 4，蓄电池负极（−）导线接至左后视镜连接器 I2 连接器端子 3，检查后视镜应转向右转。如果结果不符合规定，更换左侧后视镜总成，如图 1-17（a）所示。

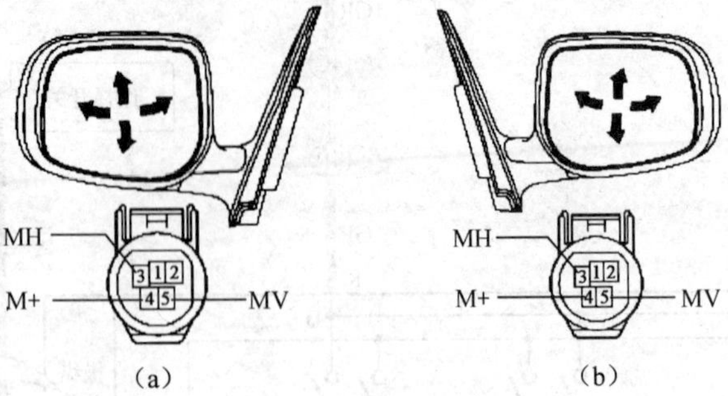

图 1-17　后视镜电机的检查

② 断开右侧后视镜连接器 H2，将蓄电池正极（+）导线接至右后视镜连接器 H2 连接器端子 5，蓄电池负极（−）导线接至左后视镜连接器 H2 连接器端子 4，检查后视镜应转向上翻。将蓄电池正极（+）导线接至左后视镜连接器 H2 连接器端子 4，蓄电池负极（−）导线接至左后视镜连接器 H2 连接器端子 5，检查后视镜应转向下翻。将蓄电池正极（+）导线接至左后视镜连接器 H2 连接器端子 3，蓄电池负极（−）导线接至左后视镜连接器 H2 连接器端子 4，检查后视镜应转向左转。将蓄电池正极（+）导线接至左后视镜连接器 H2 连接器端子 4，蓄电池负极（−）导线接至左后视镜连接器 H2 连接器端子 3，检查后视镜应转向右转。如果结果不符合规定，更换右侧后视镜总成，如图 1-17（b）所示。

五、车外后视镜开关总成的检测

断开车外后视镜开关总成连接器 E17， 将左/ 右调整开关的 L 位置时，操作车外后视镜开关总成向上翻时，测量端子 4 和 8 与 6 和 7 之间的电阻应该小于 1Ω，不操作时测量端子 4 和 8 与 6 和 7 之间的电阻应该无穷大，操作车外后视镜开关总成向下翻时，测量端子 4 和 7 与 6 和 8 之间的电阻应该小于 1Ω，不操作时测量端子 4 和 7 与 6 和 8 之间的电阻应该无穷大，操作车外后视镜开关总成向左转时，测量端子 5 和 8 与 6 和 7 之间的电阻应该小于 1Ω，不操作时测量端子 5 和 8 与 6 和 7 之间的电阻应该无穷大，操作车外后视镜开关总成向右转时，测量端子 5 和 7 与 6 和 8 之间的电阻应该小于 1Ω，不操作时测量端子 5 和 7 与 6 和 8 之间的电阻应该无穷大。将左/右调整开关的 R 位置时，操作车外后视镜开关总成向上翻时，测量端子 3 和 8 与 6 和 7 之间的电阻应该小于 1Ω，不操作时测量端子 3 和 8 与 6 和 7 之间的电阻应该无穷大，操作车外后视镜开关总成向下翻时，测量端子 3 和 7 与 6 和 8 之间的电阻应该小于 1Ω，不操作时测量端子 3 和 7 与 6 和 8 之间的电阻应该无穷大，操作车外后视镜开关总成向左转时，测量端子 2 和 8 与 6 和 7 之间的电阻应该小于 1Ω，不操作时测量端子 2 和 8 与 6 和 7 之间的电阻应该无穷大，操作车外后视镜开关总成向右转时，测量端子 2 和 7 与 6 和 8 之间的电阻应该小于 1Ω，不操作时测量端子 2 和 7 与 6 和 8 之间的电阻应该无穷大，如果结果不符合规定，则应更换开关总成，如图 1-18 所示。

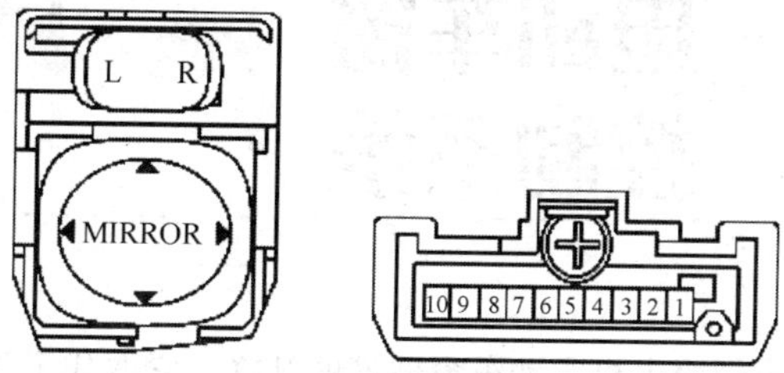

图 1-18 车外后视镜开关总成的检测

六、带加热器后视镜的检查

① 断开加热器后视镜连接器，如图 1-17 所示，在气温 25℃时测量连接器端子 1 和 2 之间电阻应为 7.6～11.4Ω，如果结果不符合规定，则应更换车外后视镜。

② 将蓄电池正极（+）端子连接至端子 1，并将蓄电池负极（–）端子连接至端子 2，然后检查并确认后视镜是否变暖。正常情况应该后视镜变暖。如果结果不符合规定，更换车外后视镜。

提示

短时间内后视镜变暖。

七、电动后视镜故障的维修

电动后视镜常见的故障有电动后视镜都不工作、电动后视镜部分功能不正常。

1. 电动后视镜都不工作

故障原因：

一般是由于保险丝熔断、电源线路或搭铁线路断路引起，也可能是控制开关有故障。

维修思路：

① 检查保险丝是否正常。

② 检查控制开关线头有无脱落、松动、电源线路或搭铁线路是否正常。

③ 检查控制开关各接点通断情况。

2. 电动后视镜部分功能不正常

故障原因：

线路断路引起，也可能是控制开关或电动机有故障。

维修思路：

① 检查线路的连接情况。

② 检查开关。

③ 检查电动机。

课题二 电动车窗控制系统

所谓电动车窗，就是用伺服电机驱动车窗玻璃的升降，它取代了传统的转动摇柄升降车窗玻璃，使得车窗玻璃的升降更加轻松。装有电动车窗的车，在各个车门都装有控制车窗玻璃升降的按钮，向上按车窗玻璃上升，向下按车窗玻璃下降。在驾驶员侧的车门上，有一个总开关，可以控制各个车门车窗玻璃的升降，还可关闭全车的车窗玻璃升降机构。

工作情境描述

一台丰田威驰轿车主控开关无法控制右后门车窗玻璃升降，左后门车窗玻璃升降开关控制正常，作为一名维修工人，应该怎样排除该故障？

相关知识

一、电动车窗的组成及工作原理

电动车窗又称电动门窗，驾驶员或乘客在座位上操纵控制开关，利用电动机驱动玻璃升降器实现车窗玻璃的升降。电动车窗主要由玻璃升降器、直流电动机、控制开关（主控开关、分控开关）等组成。

1. 玻璃升降器

常用的玻璃升降器有齿扇式和钢丝滚筒式两种，如图 2-1 和图 2-2 所示。

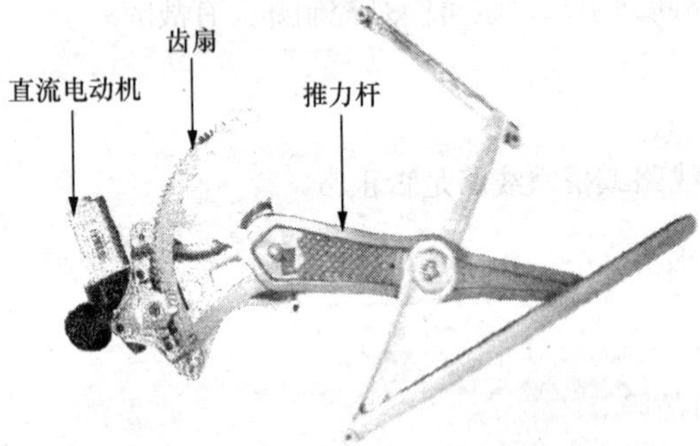

图 2-1 齿扇式玻璃升降器

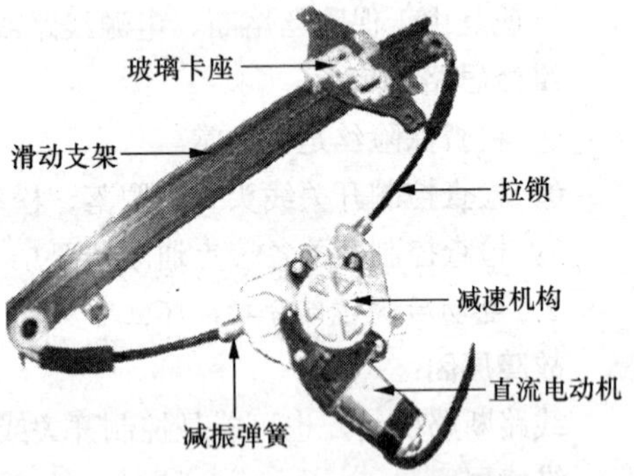

图 2-2 钢丝滚筒式玻璃升降器

齿扇式玻璃升降器是通过齿扇来实现换向作用。齿扇上安有螺旋弹簧，当车窗上升时，螺旋弹簧伸展，释放弹性能量，以减轻电动机复合；当车窗下降时，螺旋弹簧收缩，吸收能量。无论是上升还是下降，电动机的负荷基本相同。

钢丝滚筒式玻璃升降器是在直流电动机前端安装有减速机构，其上安装一个绕有钢丝的滚筒，玻璃卡座固定在钢丝上且可在滑动支架上移动。

2. 直流电动机

电动车窗上采用的电动机有永磁式和双绕组串励式两种。

采用永磁式电动机时，电动机不直接搭铁，电动机的搭铁受开关控制，通过改变电动机的电流方向改变电动机的转向，从而实现车窗的升降，控制电路如图 2-3 所示。

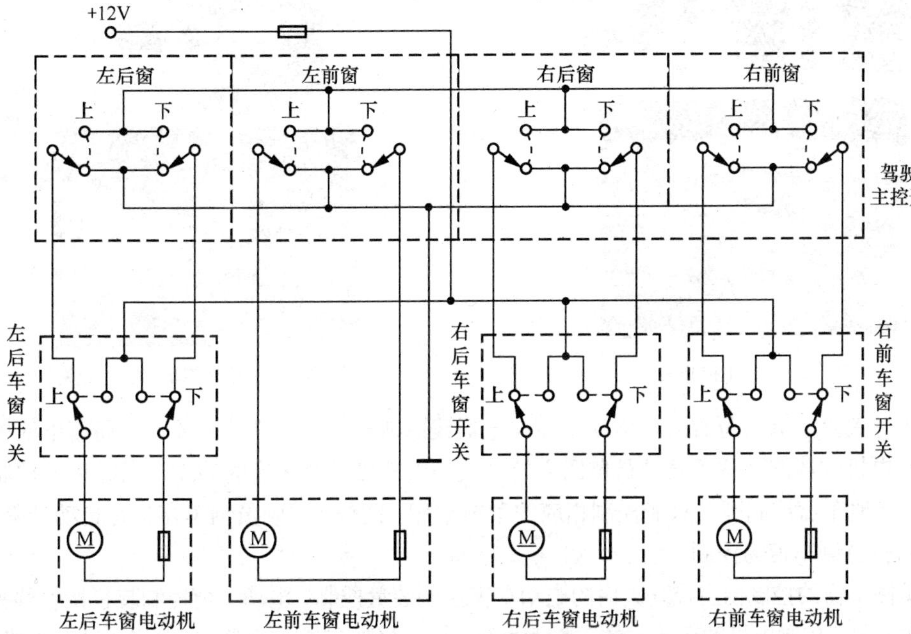

图 2-3 永磁式电动机的电动车窗控制电路

采用双绕组串励式电动机时，电动机一端直接搭铁，电动机有两绕组，通过接通不同的磁场绕组，使电动机的转向不同，实现车窗的升降，控制电路如图 2-4 所示。

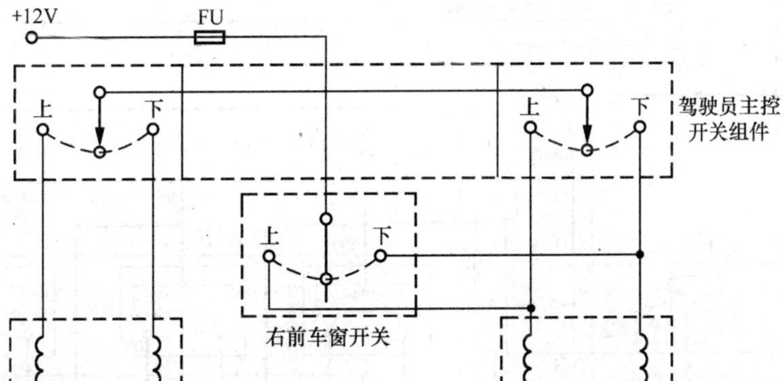

图 2-4 双绕组串励式电动机的电动车窗控制电路

3. 控制开关

所有车窗系统都有两套控制开关，一套是主控开关，安装在驾驶员侧车门扶手上或仪表板上，如图 2-5 所示，由驾驶员控制玻璃升降，另一套为分控开关，安装在乘客侧车窗中部，如图 2-6 所示，可由乘客操纵。主控开关上还安装有控制分开关的安全开关，如果断开它，分开关就不起作用。

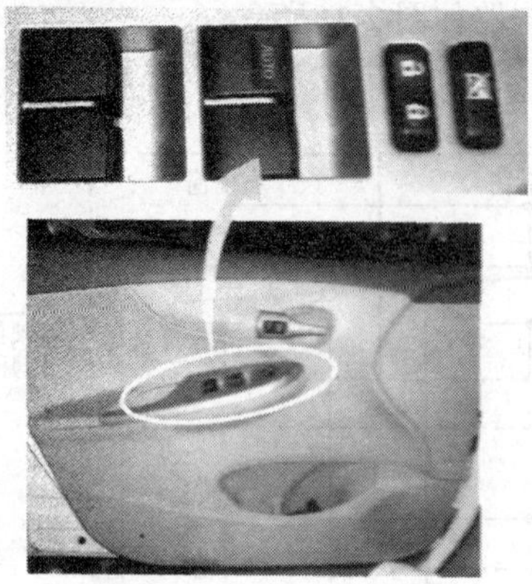

图 2-5　主控开关

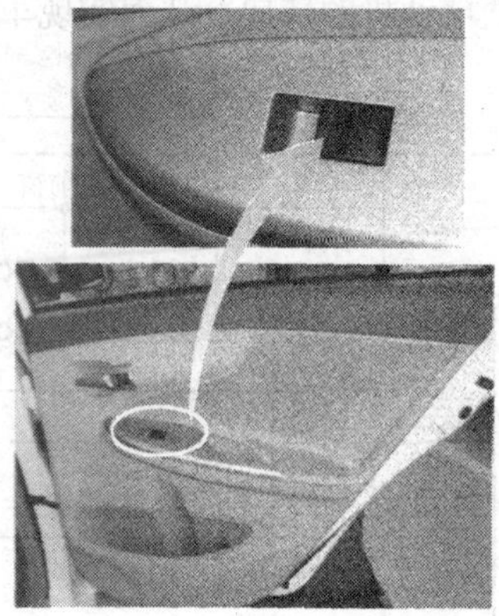

图 2-6　右前乘客侧车窗分控开关

当点火开关处于 IG1 位置时，电动车窗继电器线圈得电。吸合常开开关，接通蓄电池电源至各车窗控制电机的线路。位于驾驶员侧的主控开关控制驾驶员侧车窗的动作，同时也能控制各车窗的动作。其他车窗控制开关只能控制相应的车窗动作。此外，驾驶员侧车窗具有自动升降功能。

（1）驾驶员侧车窗的控制

驾驶员侧车窗的控制由主控开关内的电动车窗控制装置控制。电动车窗控制装置接收驾驶员侧车窗的开关信号，控制电机的运转。本田飞度轿车自动车窗带有防夹功能，当选择自动升降模式时，检测电路随时检测电机控制电流的变化，并反馈给电动车窗控制装置控制电机的正转或反转。

（2）电动门窗的工作原理

图 2-7 所示为本田飞度轿车电动车窗控制系统线路，它采用永磁式直流电动机驱动车窗玻璃升降。

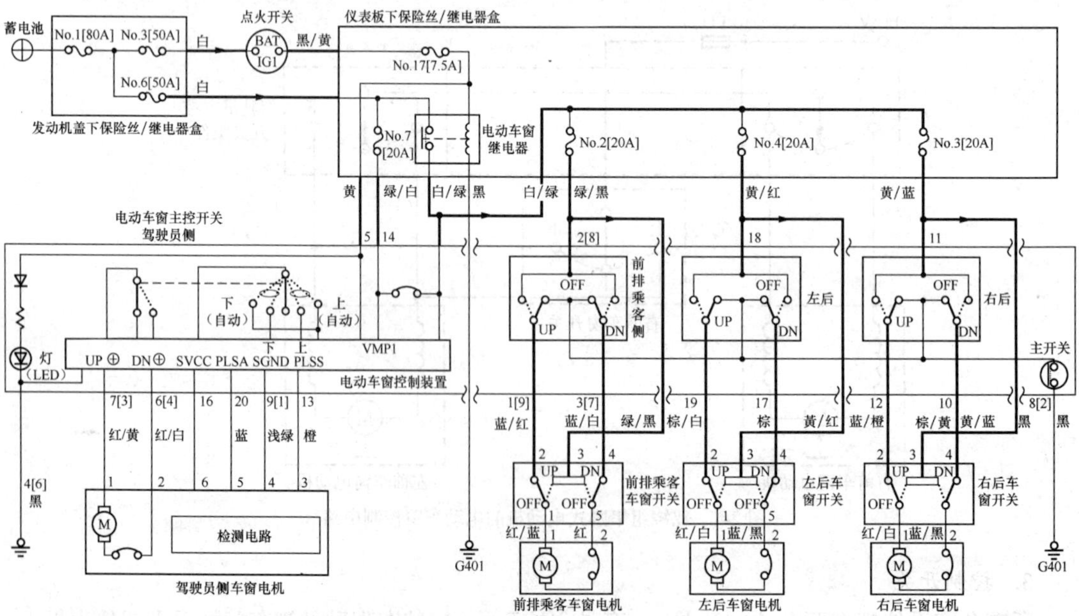

图 2-7　前排乘客车窗开关控制

（3）乘客侧车窗的控制

乘客侧车窗的控制前提条件是主开关闭合，接通至搭铁的通路。以前排乘客车窗控制为例，前排乘客车窗的控制方式可分为前排乘客开关控制和主控开关控制。

前排乘客开关控制方式如下。

UP：当前排乘客车窗开关选择“up”时，开关端子 3-1、5-4 接通。蓄电池电源→发动机盖下熔丝 No.1（80A）及 No.6（50A）→电动车窗继电器→No.2（20A）→前排乘客车窗开关#3→前排乘客车窗开关#1→车窗电机#1→车窗电机#2→前排乘客车窗开关#5→前排乘客车窗开关#4→主开关→主控开关#8[2]接地。电机控制回路接通。电机正转工作，带动车窗玻璃升降器向上运动。

DN：前排乘客车窗开关选择“DN”时，前排乘客开关端子 3-5、1-2 接通。蓄电池电源→发动机盖下熔丝 No.1（80A）及 No.6（50A）→电动车窗继电器→No.2（20A）→前排乘客车窗开关#3→前排乘客车窗开关#5→车窗电机#2→车窗电机#l→前排乘客车窗开关#1→前排乘客车窗开关#2→主开关→主控开关#8[2]→接地。电机控制电流反向，电机反转工作，带动车窗玻璃升降器向下运动。

主控开关控制方式如下。

UP：当主控开关内控制前乘客侧的开关选择“UP”时，主控开关端子 2[8]-1[9]、3[7]-8[2]接通。蓄电池电源→发动机盖下熔丝 No.1（80A）及 No.6（50A）→电动车窗继电器→No.2（20A）→主控开关#2[8]→主控开关#l[9]→车窗电机#1→车窗电机#2→主控开关#3[7]→主开关→主控开关#8[2]→接地。电机控制回路接通，电机正转工作，带动车窗玻璃升降器向上运动。

DN：当主控开关内控制前乘客侧的开关选择“DN”时，主控开关端子 2[8]-3[7]、1[9]-8[2]接通。蓄电池电源→发动机盖下熔丝 No.1（80A）及 No.6（50A）→电动车窗继电器→No.2（20A）→主控开关#2[8]→主控开关#3[7]→车窗电机#2→车窗电机#l→主控开关#1[9]→主开关→主控开关#8[2]→接地。电机控制电流反向，电机反转工作，带动车窗玻璃升降器向下运动。

二、电动天窗的组成及工作原理

1. 电动天窗的组成

现在越来越多的中高档轿车都装备了电动天窗，汽车电动天窗是依靠汽车在行驶过程中气流在汽车顶部的快速流动，有效地使车内空气流通，增加新鲜空气进入，为车主带来健康、舒适的享受。电动天窗主要由天窗控制开关、限位开关、天窗电动机、天窗控制模块等组成，如图 2-8 所示。

图 2-8 电动天窗

（1）天窗电动机

天窗电动机通过传动装置向天窗的开闭提供动力，能双向转动，即通过改变电流的方向以改变电动机的旋转方向，实现天窗的开闭。

（2）控制开关

控制开关主要包括滑动开关和斜升开关。滑动开关有滑动打开、滑动关闭和断开（中间位置）

3 个挡位。斜升开关也是有斜升、斜降和断开（中间位置）3 个挡位。通过操作这些开关，令天窗驱动机构的电动机实现正反转，在不同状态下正常工作。

（3）限位开关

限位开关主要是用来检测天窗所处的位置。限位开关靠凸轮转动来实现断开和闭合。凸轮安装在驱动机构的动力输出端。当电动机将动力输出时，通过驱动齿轮和滑动螺杆减速以后带动凸轮转动，于是凸轮周边的凸起部位触动开关使其开闭，以实现对天窗的自动控制。

（4）控制模块

控制模块是一个数字控制电路，并设有定时器、蜂鸣器和继电器等，其作用是接受开关输入的信息，通过数字电路进行逻辑运算，确定继电器的动作，控制天窗开闭。

2. 电动天窗的控制电路

电动天窗的控制电路如图 2-9 所示。

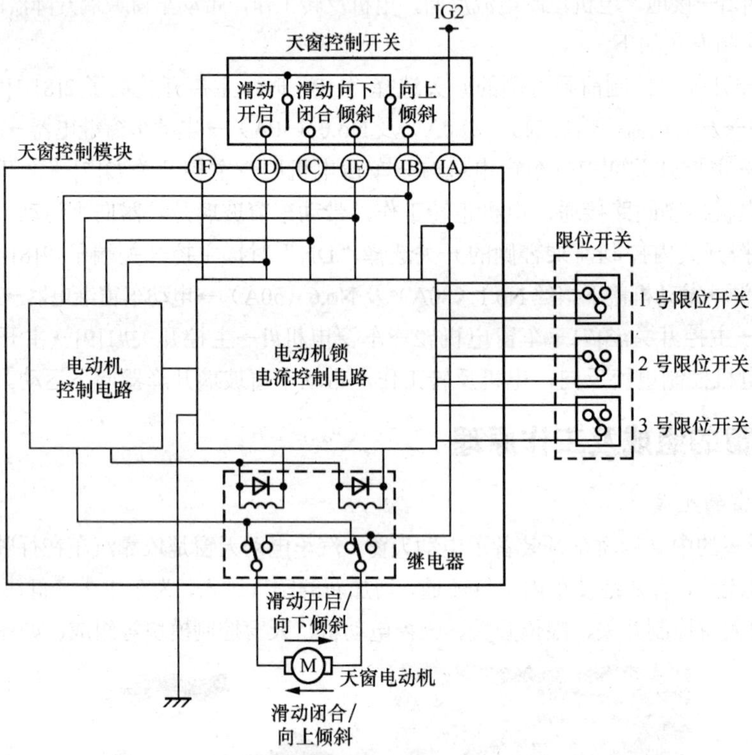

图 2-9 电动天窗的控制电路

（1）天窗打开

接通点火开关且天窗开关按至“OPEN”位置时，信号从天窗开关送到天窗控制模块，此时天窗 2 号限位开关接通，继电器工作，电动机转动，打开天窗。

（2）天窗关闭

接通点火开关，天窗打开且 1 号限位开关和 2 号限位开关均接通时，当天窗开关被按至“CLOSE”位置，信号从天窗开关送到天窗控制模块，继电器工作，电动机转动，关闭天窗。

（3）向上倾斜

接通点火开关，天窗关闭时，当天窗开关按在向上倾斜位置，信号从天窗开关到天窗控制模块，继电器工作，电动机转动，天窗向上倾斜。

（4）向下倾斜

接通点火开关，1 号限位开关和 2 号限位开关均断开时，当天窗开关按在向下倾斜位置，信号从天窗控制开关输送给天窗模块，继电器工作，电动机转动，天窗下倾。

（5）倾斜提示系统

天窗处于向上倾斜状态时，将点火开关从 ON 挡转至 ACC 挡或 OFF 挡，则天窗控制模块接通蜂鸣器，蜂鸣器响起以提醒驾驶员，天窗处于倾斜状态。

任务实施

一、电动车窗控制系统拆卸（以丰田卡罗拉为例）

① 拆卸前门内把手框。

② 拆卸前扶手座上面板。

③ 拆卸门控灯总成。

④ 拆卸前门装饰板分总成。

⑤ 拆卸前门内把手分总成。断开前门锁止遥控拉索和前门内侧锁止拉索，并拆下前门内把手分总成，如图 2-10 所示。

⑥ 拆卸前门下门框支架装饰条。

（a）脱开卡子和卡夹，并拆下前门下门框支架装饰条，如图 2-11 所示。

（b）断开连接器。

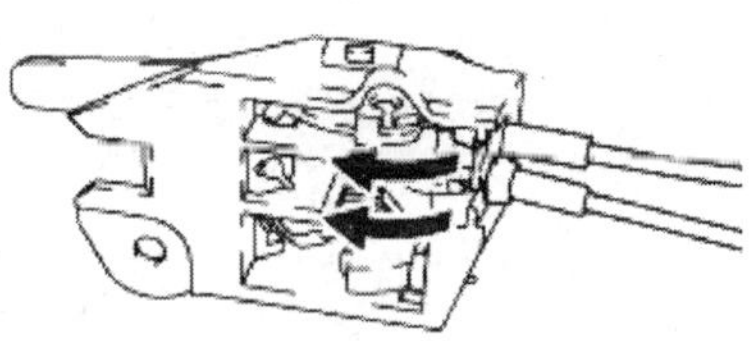

图 2-10　拆卸前门内把手分总成

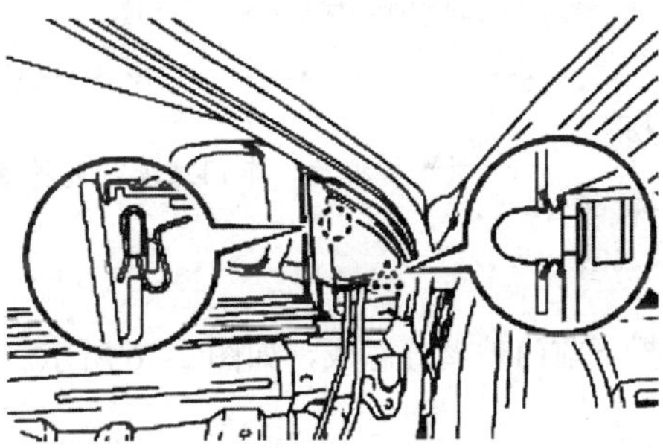

图 2-11　拆卸前门下门框支架装饰条

⑦ 拆卸前门玻璃内密封条。从前门板上拆下前门玻璃内密封条，如图 2-12 所示。

⑧ 拆卸车门装饰板支架。拆下 2 个螺钉和车门装饰板支架，如图 2-13 所示。

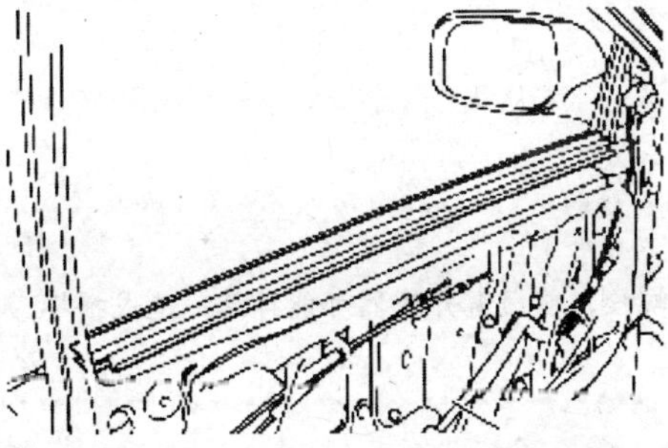

图 2-12　拆卸前门玻璃内密封条

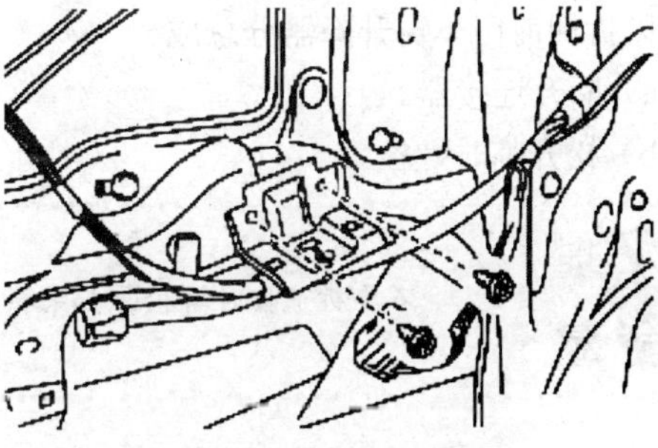

图 2-13　拆卸车门装饰板支架

⑨ 拆卸前门检修孔盖。

（a）断开连接器。

（b）拆下前门检修孔盖，如图 2-14 所示。

提示

去除车门上的残留丁基胶带。

⑩ 拆卸前门玻璃分总成。

（a）连接蓄电池负极端子。

（b）连接电动车窗升降器主开关总成，并移动前门玻璃分总成以便能看到车门玻璃螺栓。

（c）断开蓄电池负极端子和电动车窗升降器主开关总成。

（d）拆下 2 个螺栓，如图 2-15 所示。

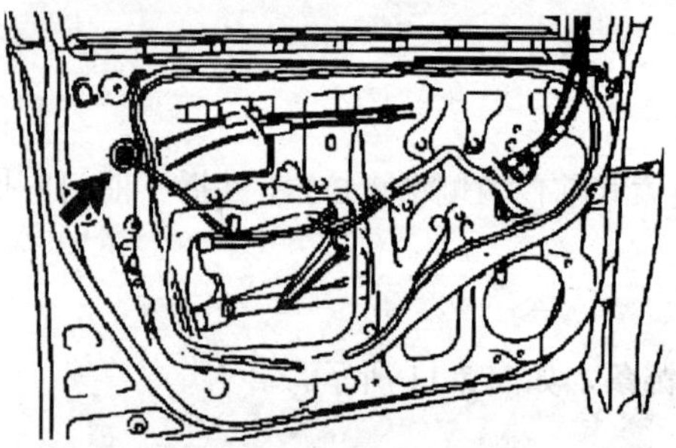

图 2-14　拆卸前门检修孔盖

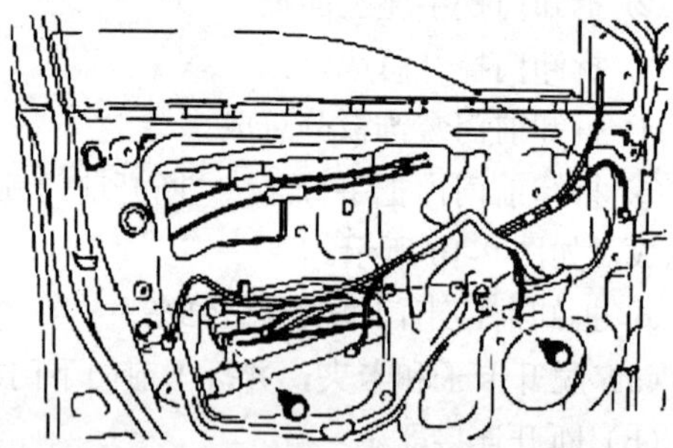

图 2-15　拆下 2 个螺栓

提示

拆下螺栓后，车门玻璃可能掉落，造成损坏。

（e）拆下前门玻璃分总成，如图 2-16 所示。

提示

不要损坏车门玻璃。

⑪ 拆卸前门车窗升降器分总成

（a）断开连接器。

（b）松开临时螺栓。

提示

不要拆下临时螺栓。如果拆下临时螺栓，前门窗升降器可能掉落，造成损坏。

（c）拆下 5 个螺栓，如图 2-17 所示。

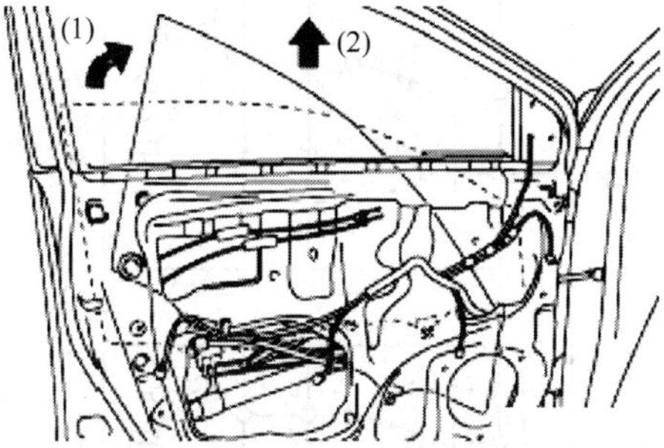

图 2-16　拆卸前门玻璃分总成

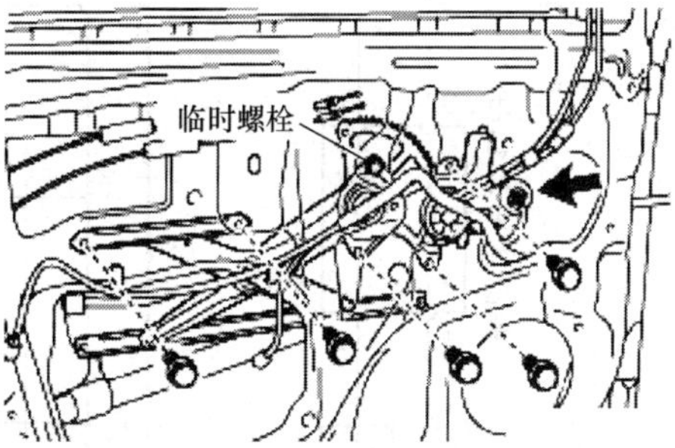

图 2-17　拆下 5 个螺栓

（d）将前门窗升降器分总成和前电动车窗升降器电动机总成作为一个单元拆下。

（e）从前门窗升降器分总成上拆下临时螺栓。

⑫ 拆卸前电动车窗升降器电动机总成。用“TORX”梅花螺丝刀（T25），拆下 3 个螺钉和前电动车窗升降器电动机总成，如图 2-18 所示。

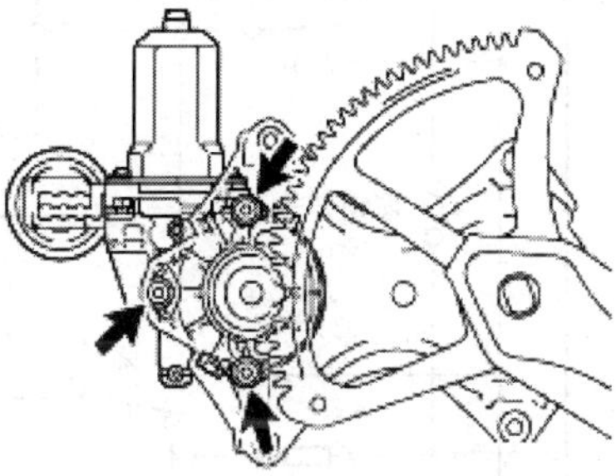

图 2-18　拆卸前电动车窗升降器电动机总成

二、电动车窗控制系统元件的判别及检查

1. 总控开关的认知

以图 2-19 所示的丰田皇冠轿车电动车窗电路图为例，总控开关里面都是由一些开关和触点组成的，当不操作任何开关时，检测总控开关 10 根接线的导通性，此时，2、3、4、5、6、7、8、9、10 号端子应互相导通（窗锁开关闭合），然后断开窗锁开关，2、3、4 号端子应互相导通，5、6、7、8、9、10 号端子应互相导通，则说明 5、6、7、8、9、10 号端子是到分控开关前座乘客侧、右后侧、左后侧开关线，具体是哪个分开关的线还未能确定。将窗锁开关闭合，2、3、4 号端子中任意选一根分别与 5、6、7、8、9、10 号端子做导通性试验，同时按动前座乘客侧、右后侧、左后侧开关，并根据其内部电路图即可找出前座乘客侧、右后侧、左后侧到分控开关的接线，在不按动任何开关的同时，与 2、3、4、5、6、7、8、9、10 号端子不导通的 1 号端子为总控开关的电源接柱。根据其内部电路连接方式，把电源 1 号线，5、6、7、8、9、10 号线作为负极通电测试，注意窗锁开关应接通，用万用表检查 2、3、4 号端子的电压，两两检查，并按动驾驶员侧门窗开关，无论是按上升还是下降都应有电源电压，该线为驾驶员侧门窗电机线 3、4 号端子，剩下的为接地线。有些总控开关配有中央门锁开关的，中央门锁开关的接线一般相对比较细些。

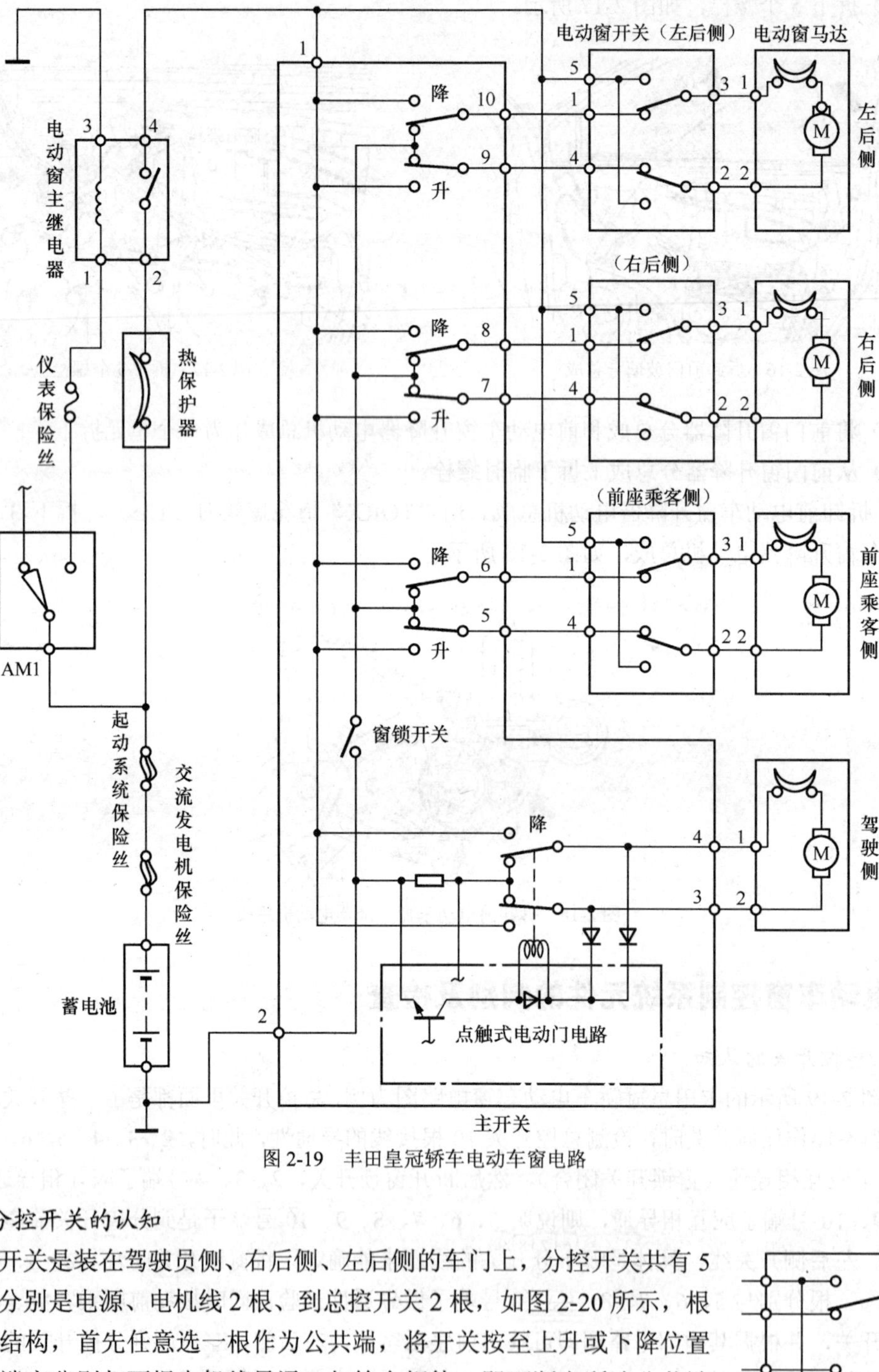

图 2-19　丰田皇冠轿车电动车窗电路

2. 分控开关的认知

分控开关是装在驾驶员侧、右后侧、左后侧的车门上，分控开关共有 5 根引线，分别是电源、电机线 2 根、到总控开关 2 根，如图 2-20 所示，根据其内部结构，首先任意选一根作为公共端，将开关按至上升或下降位置时，公共端应分别与两根电机线导通，如符合规律，即可断定所选公共端即为电源线，分开关在上升或下降位置时，与公共端导通的即为电机线，其余两根即为到总控开关的接线。

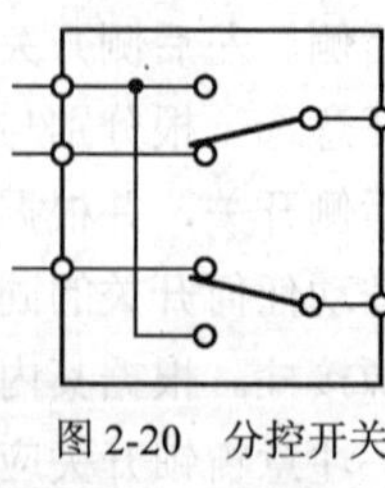
图 2-20　分控开关

3. 门窗电机的认知

门窗电动机装在车门的内部，电动机有两根线，检查时将两根引线分别与蓄电池正极相连接，如果电动机转动，则说明是正常的。

三、电动车窗主开关电路的检查（以丰田卡罗拉为例）

丰田卡罗拉电动车窗主开关电路图如图 2-21 所示。

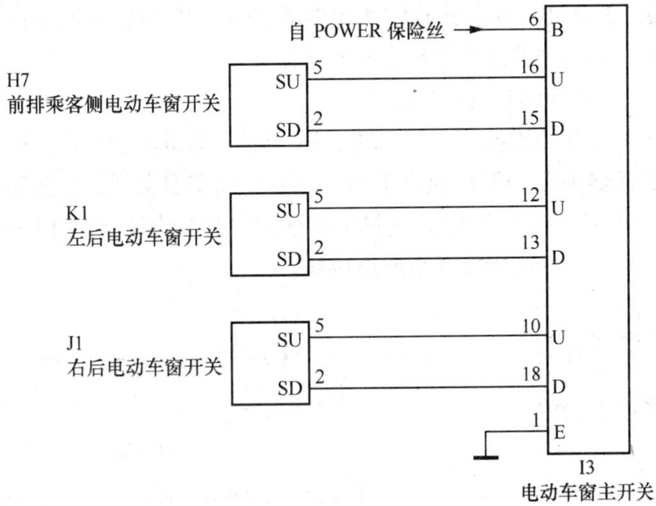

图 2-21　丰田卡罗拉电动车窗主开关电路

1. 电动车窗主开关电源电路检查

① 断开连接器 I3。

② 将万用表打到直流电压挡，红表笔连接电动车窗主开关线束连接器 I3-6，黑表笔搭铁将置于点火开关置于 ON（IG），电压应该为蓄电池电压；用电阻挡测量电动车窗主开关线束连接器 I3-1 与车身搭铁应该始终小于 1Ω，异常检查保险丝或维修线束或连接器，正常检查电动车窗主开关，如图 2-22 所示。

2. 电动车窗主开关驾驶员侧的线束的检测

断开电动车窗主开关连接器 I3，如图 2-22 所示，和电动车窗电机连接器 I6，如图 2-23 所示，测量 I3-8 与 I6-10、I3-3 与 I6-5、I3-4 与 I6-4、I3-5 与 I6-7 电阻应该小于 1Ω，测量 I3-8、I3-3、I3-4、I3-5 分别与车身搭铁之间电阻应该无穷大。异常维修或更换线束或连接器，正常更换前排驾驶员侧电动车窗升降器电动机。

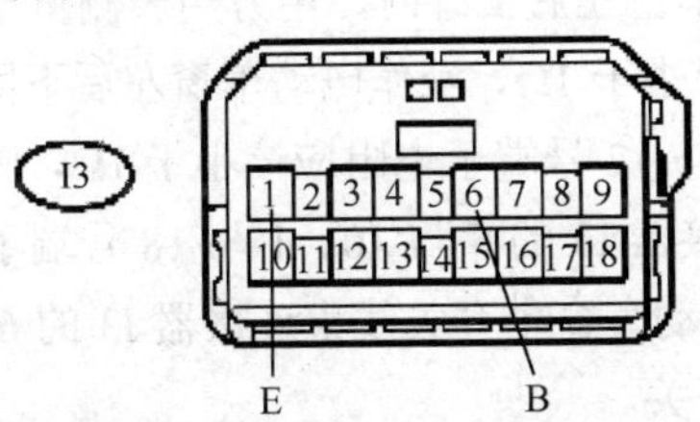

图 2-22　至电动车窗主开关线束连接器

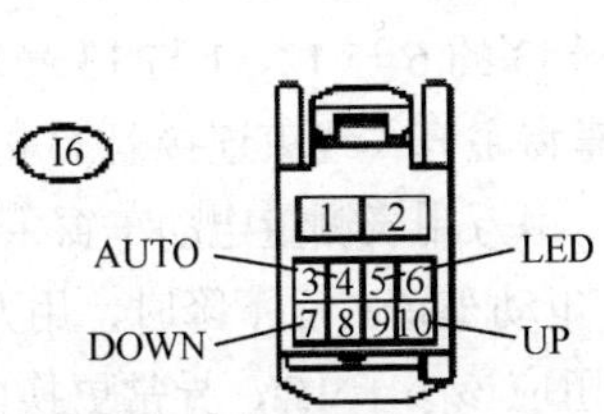

图 2-23　至电动车窗电机线束

3. 电动车窗主开关乘客侧的线束的检测

断开乘客侧电动车窗分开关连接器 H7，如图 2-24 所示，测量电动车窗主开关连接器 I3-16 与乘客侧电动车窗分开关连接器 H7-5 电阻应该小于 1Ω，测量电动车窗主开关连接器 I3-15 与乘客侧电动车窗分开关连接器 H7-2 电阻应该小于 1Ω，测量电动车窗主开关连接器 I3-15 与 16 分别与车身搭铁的电阻应该无穷大。异常维修或更换线束或连接器。

4. 电动车窗主开关左后侧的线束的检测

断开左后电动车窗分开关连接器 K1，如图 2-25 所示，测量电动车窗主开关连接器 I3-12 与左后电动车窗分开关连接器 K1-5 电阻应该小于 1Ω，测量电动车窗主开关连接器 I3-13 与左后电动车窗分开关连接器 K2-2 电阻应该小于 1Ω，测量电动车窗主开关连接器 I3-12 与 13 分别与车身搭铁的电阻应该无穷大，异常维修或更换线束或连接器。

5. 电动车窗主开关右后侧的线束的检测

断开右后电动车窗分开关连接器 J1，如图 2-26 所示，测量电动车窗主开关连接器 I3-10 与右后电动车窗分开关连接器 J1-5 电阻应该小于 1Ω，测量电动车窗主开关连接器 I3-18 与右后电动车窗分开关连接器 J2-2 电阻应该小于 1Ω，测量电动车窗主开关连接器 I3-10 与 18 分别与车身搭铁的电阻应该无穷大，异常维修或更换线束或连接器。

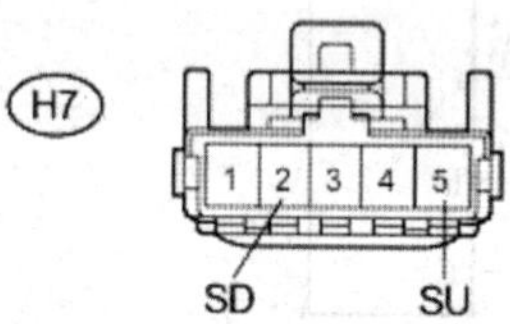

图 2-24 乘客侧电动车窗分开关连接器 H7

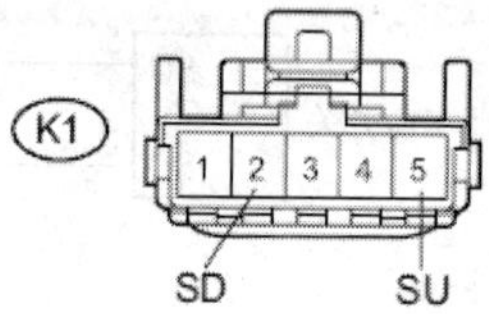

图 2-25 左后电动车窗分开关连接器 K1

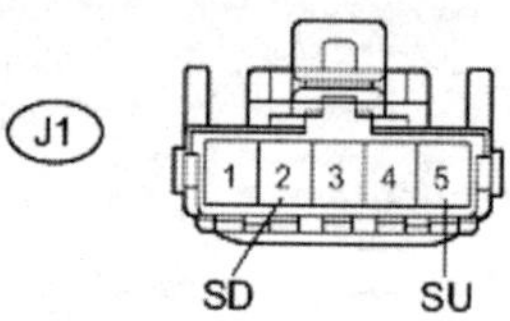

图 2-26 右后电动车窗分开关连接器 J1

四、电动车窗开关的检测

1. 电动车窗主开关的检测

操作电动车窗驾驶员侧自动上升时，用万用表测量电动车窗主开关线束连接器 I3 的 1、4、8 号端子电阻应该小于 1Ω，操作电动车窗驾驶员侧自动下降时，用万用表测量电动车窗主开关线束连接器 I3 的 1、4、5 号端子电阻应该小于 1Ω，操作电动车窗驾驶员侧手动上升时，用万用表测量电动车窗主开关线束连接器 I3 的 1 与 8 号端子电阻应该小于 1Ω，操作电动车窗驾驶员侧手动下降时，用万用表测量电动车窗主开关线束连接器 I3 的 1、5 号端子电阻应该小于 1Ω，操作电动车窗乘客侧上升时，用万用表测量电动车窗主开关线束连接器 I3 的 6 与 16、1 和 15 号端子电阻应该小于 1Ω，操作电动车窗驾驶员侧下降时，用万用表测量电动车窗主开关线束连接器 I3 的 1 和 16、6 与 15 号端子电阻应该小于 1Ω，操作电动车窗左后上升时，用万用表测量电动车窗主开关线束连接器 I3 的 6 与 12、1 与 13 号端子电阻应该小于 1Ω，操作电动车窗左后下降时，用万用表测量电动车窗主开关线束连接器 I3 的 6 与 13、1 与 12 号端子电阻应该小于 1Ω，操作电动车窗右后上升时，用万用表测量电动车窗主开关线束连接器 I3 的 6 与 10、1 与 18 号端子电阻应该小于 1Ω，操作电动车窗右后下降时，用万用表测量电动车窗主开关线束连接器 I3 的 6 与 18、1 与 10 号端子电阻应该小于 1Ω，异常更换电动车窗主开关。

2. 电动车窗分开关（前排乘客侧）的检测

断开乘客侧电动车窗分开关连接器 H7，操作电动车窗分开关升时，测量电动车窗分开关 1 和 2，3 和 4 之间的电阻应该小于 1Ω，不操作时，测量电动车窗分开关 1 和 2，4 和 5 之间的电阻应该小于 1Ω，操作电动车窗分开关降时，测量电动车窗分开关 1 和 3，4 和 5 之间的电阻应该小于 1 Ω。异常更换电动车窗分开关。

五、驾驶员侧电动车窗电动机电路的检查

该电路将来自电动车窗主开关的信号发送至电动车窗升降器电动机（驾驶员侧），如图 2-27 所示。

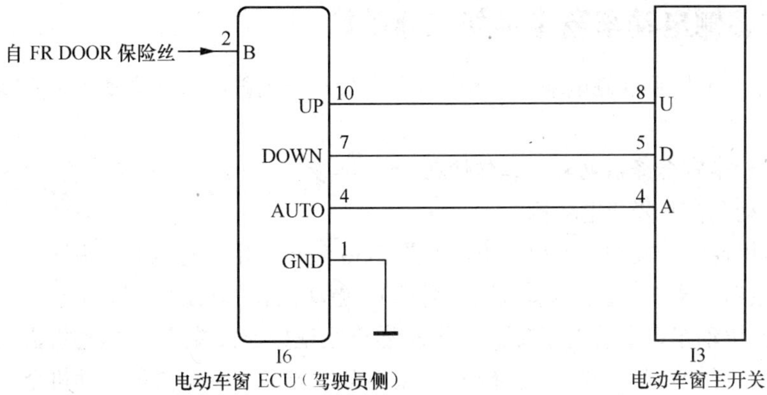

图 2-27　驾驶员侧电动车窗电动机电路

1．检查电动车窗升降器电动机

拆下电动车窗升降器电动机，向电动机连接器施加蓄电池电压测试，如图 2-28 所示。

（1）手动操作测试

将蓄电池正极连接端子 2，将蓄电池负极连接端子 1 和 7，电动机齿轮逆时针旋转；将蓄电池正极连接端子 2，将蓄电池负极连接端子 1 和 10，电动机齿轮顺时针旋转。

（2）自动操作测试

将蓄电池正极连接端子 2，将蓄电池负极连接端子 1、4 和 7，电动机齿轮逆时针旋转；将蓄电池正极连接端子 2，将蓄电池负极连接端子 1、4 和 10，电动机齿轮顺时针旋转。异常更换前排驾驶员侧电动车窗升降器电动机，正常检查车窗升降器电动机至电动车窗主开关线束和连接器。

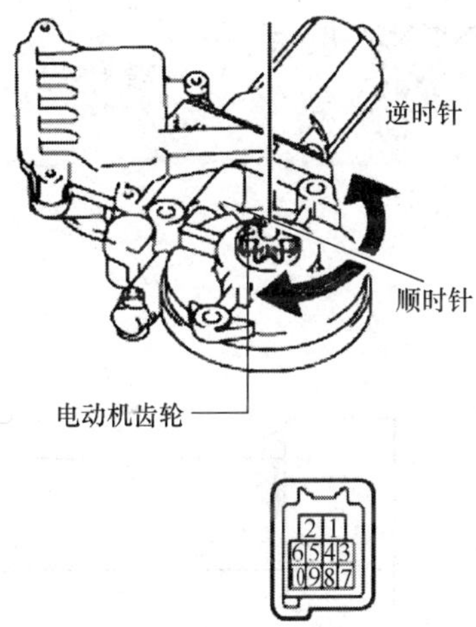

图 2-28　驾驶员侧电动车窗电动机

提示

不要向端子 1、2、4、7 和 10 之外的任何端子施加蓄电池电压。

2．检查车窗升降器电动机至电动车窗主开关线束和连接器

断开电动车窗主开关连接器 I3，如图 2-22 所示，和电动车窗电机连接器 I6，如图 2-23 所示，测量电动车窗主开关连接器 I3-8 和电动车窗电机连接器 I6-10 电阻应该小于 1Ω，测量电动车窗主开关连接器 I3-5 和电动车窗电机连接器 I6-7 电阻应该小于 1Ω，分别测量电动车窗主开关连接器 I3-8 与 5 跟车身搭铁电阻应该无穷大。异常更换车窗升降器电动机至电动车窗主开关线束和连接器，正常检查电动车窗 ECU 至蓄电池和搭铁线束和连接器。

3. 检查电动车窗 ECU 至蓄电池和搭铁线束和连接器

测量电动车窗电机连接器 I6-2 与车身搭铁之间的电压应该为蓄电池电压，测量电动车窗电机连接器 I6-1 与车身搭铁之间的电阻应该小于 1Ω。异常更换电动车窗 ECU 至蓄电池和搭铁线束和连接器。

六、前排乘客侧电动车窗电动机电路的检查

该电路将来自前排乘客侧电动车窗开关的信号发送至前排乘客侧电动车窗升降器电动机，如图 2-29 所示。

1. 检查电动车窗升降器电动机工作情况

① 拆下电动车窗升降器电动机。

② 向电动机连接器施加蓄电池电压，如图 2-30 所示。用蓄电池的正极连接前排乘客侧电动车窗电动机连接器端子 2，蓄电池负极连接端子 1，电动机齿轮应该顺时针旋转；用蓄电池的负极连接前排乘客侧电动车窗电动机连接器端子 2，蓄电池正极连接端子 1，电动机齿轮应该逆时针旋转。异常更换前排乘客侧电动车窗升降器电动机，正常检查车窗升降器电动机至电动车窗开关的线束和连接器。

提示

不要对除端子 1 和 2 外的任何端子施加蓄电池电压。

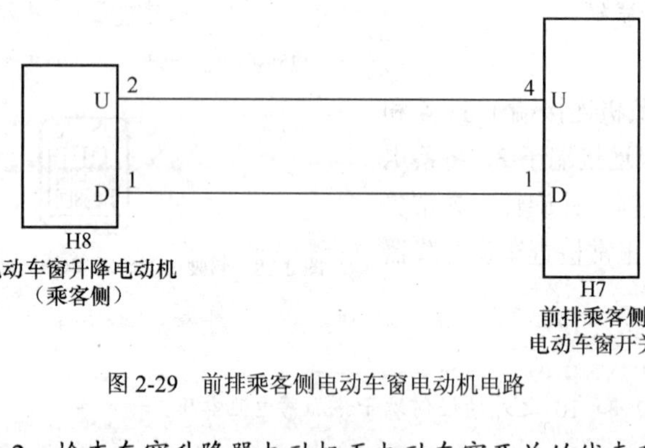

图 2-29 前排乘客侧电动车窗电动机电路

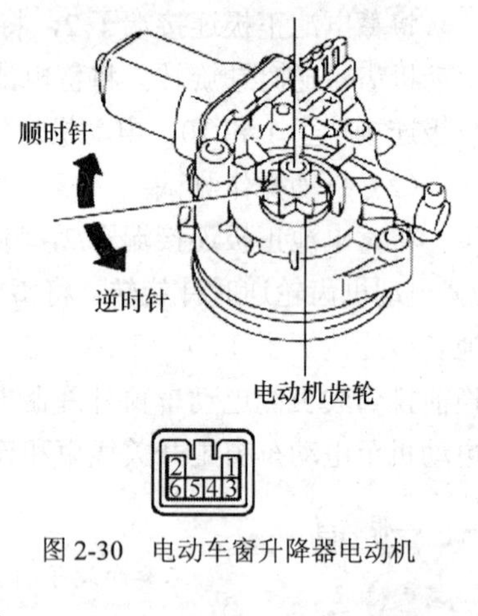

图 2-30 电动车窗升降器电动机

2. 检查车窗升降器电动机至电动车窗开关的线束和连接器

断开电动车窗开关连接器 H7 和电动车窗升降器电动机连接器 H8，如图 2-31 所示。测量电动车窗开关连接器 H7-7 与电动车窗升降器电动机连接器 H8-2 之间电阻应该小于 1Ω。测量电动车窗开关连接器 H7-1 与电动车窗升降器电动机连接器 H8-1 之间电阻应该小于 1Ω。电动车窗开关连接器 H7-4 和 H7-1 与车身搭铁之间的电阻无穷大。异常维修或更换线束或连接器。

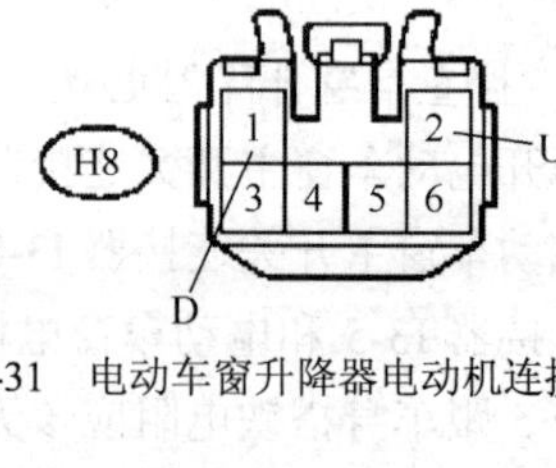

图 2-31 电动车窗升降器电动机连接器 H8

七、电动车窗故障检测

电动车窗常见故障有所有车窗均不能升降、部分车窗不能升降或只能向一个方向运动、电动车窗有异响等。

1. 所有车窗均不能升降

故障原因：

① 熔断器断路。

② 线路断路，接触不良。

③ 主控开关损坏。

④ 直流电动机损坏。

⑤ 搭铁点锈蚀、松动。

维修思路：

① 检查熔断器是否断路。

② 若熔断器良好，则应将点火开关接通，检查点火开关接线柱上的电压是否正常，如电压为零，则应检查电源线路；电压正常，则应检查搭铁线是否良好。

③ 若搭铁不良，应清洁、紧固搭铁线；若搭铁良好，应对主控开关、直流电动机进行检查。

2. 部分车窗不能升降或只能向一个方向运动

故障原因：

① 该车窗按键开关损坏。

② 该车窗电动机损坏。

③ 连接导线断路。

④ 主控开关损坏。

维修思路：

① 检查主控开关中的安全开关是否正常，该车窗的按键开关工作是否正常。

② 检查该车窗的电动机正反转是否运转稳定。

③ 检查连接导线。

④ 若车窗只能向一个方向运动，一般是按键开关故障或部分线路断路或接错，可以先检查线路连接是否正常，再检修开关。

3. 电动车窗有异响

维修思路：

① 检查调整各部件连接情况。

② 检查调整钢丝绳的位置。

③ 检查安装支架弧度是否正确。

八、滑动天窗的检查

1. 滑动天窗开关总成的检查

（1）拆下顶置接线盒。

如图 2-32 所示，断开滑动天窗开关总成连接器 O8，按下 TILT UP 开关测量滑动天窗开关总成端子 O8-7 与 O8-8 之间的电阻应该小于 1Ω，未按下 TILT UP 开关测量滑动天窗开关总成端子

O8-7 与 O8-8 之间的电阻应该无穷大，未按下 SLIDE OPEN 开关测量滑动天窗开关总成端子 O8-7 与 O8-9 之间的电阻应该小于 1Ω，未按下 SLIDE OPEN 开关测量滑动天窗开关总成端子 O8-7 与 O8-9 之间的电阻应该无穷大，异常更换滑动天窗开关总成。

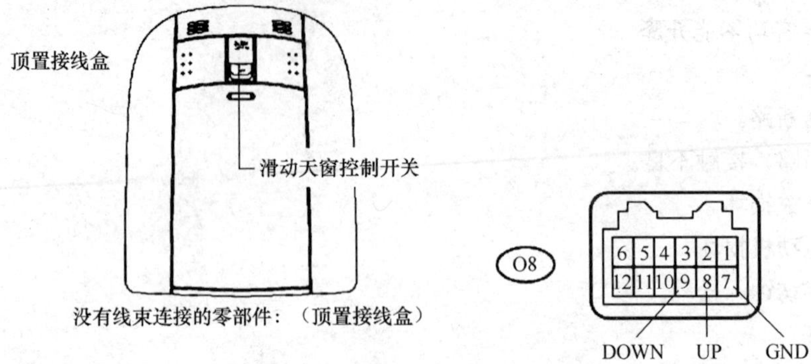

图 2-32　滑动天窗开关总成

（2）断开滑动天窗开关总成连接器 O8 和 ECU 连接器 O9

如图 2-33 所示，测量滑动天窗开关总成连接器 O8-9 和 ECU 连接器 O9-7 的电阻应该小于 1Ω，测量滑动天窗开关总成连接器 O8-8 和 ECU 连接器 O9-9 的电阻应该小于 1Ω，测量滑动天窗开关总成连接器 O8-7 与车身搭铁的电阻应该小于 1Ω，测量滑动天窗开关总成连接器 O8-9 与车身搭铁的电阻应该无穷大，测量滑动天窗开关总成连接器 O8-8 与车身搭铁的电阻应该无穷大。

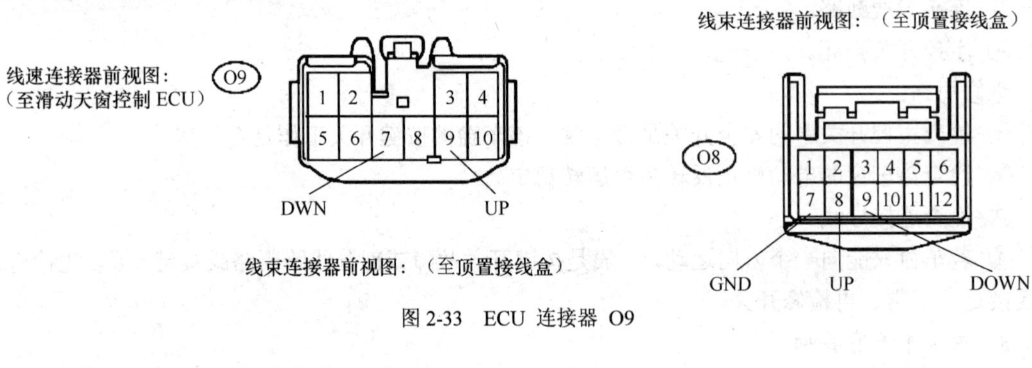

图 2-33　ECU 连接器 O9

2. 滑动天窗 ECU 电源电路

如果滑动功能和倾斜功能不工作，可能是滑动天窗控制 ECU 电源电路出现故障，滑动天窗 ECU 电源电路如图 2-34 所示。

① 从仪表板接线盒上拆下 SUNROOF 和 ECU-IG No. 2 保险丝。测量保险丝 SUNROOF 和 ECU-IG No.2 的两端电阻应该小于 1Ω。异常更换保险丝。

② 检查滑动天窗主动齿轮与蓄电池、车身搭铁的线束和连接器，断开 ECU 连接器 O9。测量 ECU 连接器 O9-1 与车身搭铁之间电压始终应为蓄电池电压，测量 ECU 连接器 O9-5 与车身搭铁之间电压点火开关置于 OFF 时为 0V，测量 ECU 连接器 O9-5 与车身搭铁之间电压点火开关置于 ON 时为蓄电池电压，测量 ECU 连接器 O9-2 与车身搭铁之间电压始终应为 0V，异常维修或更换线束或连接器。

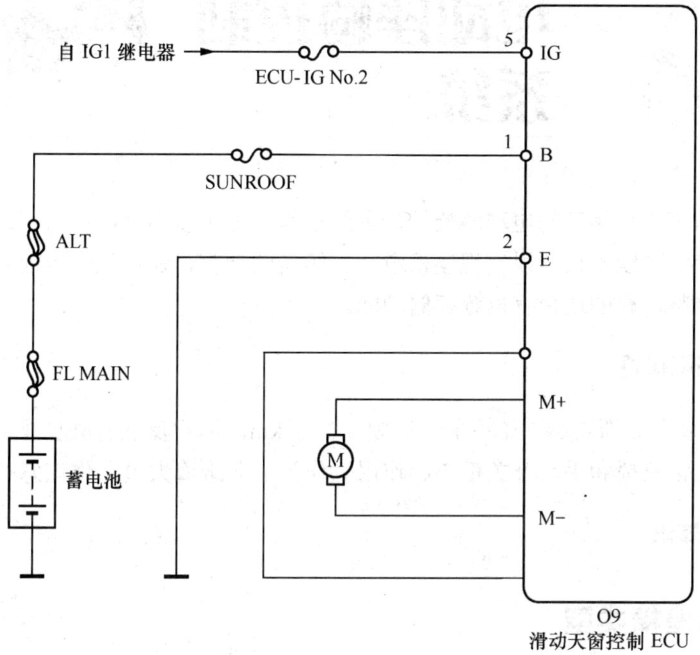

图 2-34 滑动天窗 ECU 电源电路

课题三 3 电动座椅控制系统

在一些高级轿车中，乘客的电动座椅控制系统依靠电力可以实现座椅滑行、倾斜的调整；驾驶员的电动座椅控制系统不仅可以实现座椅滑行、倾斜的调整，还可以实现前垂直、后垂直、头枕和腰垫位置的调整，有的还带有位置存储功能。

工作情境描述

一辆 2010 年款别克新君越 3.0 轿车，行驶 3.2 万 km。用户反映驾驶员座椅调整系统有时失灵，出现故障时记忆座椅和手动开关都不起作用。作为一名维修人员，你该怎样排除该故障？

相关知识

一、汽车电动座椅类型

电动座椅的类型根据分类方式的不同可分为以下几种。

1. 根据使用电动机的数量分类

根据使用电动机的数量，电动座椅可分为单电动机式、双电动机式、三电动机式和四电动机式等。

（1）单电动机式

单电动机式只能对电动座椅的前后两个方向进行调整。

（2）双电动机式

双电动机式可以对电动座椅的 4 个方向进行调整，即不仅前后两个方向的位置可以移动，其高低也可以进行自动调整。

（3）三电动机式

三电动机式可以对电动座椅的 6 个方向进行调整，即不仅能向前后两个方向移动，还可分别对座椅的前部和后部的高低进行调整。

（4）四电动机式

四电动机式的调整功能除了具有以上三电动机式的调整功能以外，还可对靠背的倾斜度进行调整。

电动座椅装用的电动机最多可达 8 个，除了保证上述基本运动外，还可对头枕高度、座椅长度和扶手的位置进行调整。

2. 根据有无加热器分类

根据有无加热器，电动座椅可分为无加热器式与有加热器式两种。有加热器式电动座椅可以在冬季寒冷的时候对座椅的坐垫进行加热，以使驾驶员或乘客乘坐更舒适。

3. 根据有无存储功能分类

根据有无存储功能，电动座椅可分为无存储功能与有存储功能两种。有存储功能的电动座椅，可以将每次驾驶员或乘客调整电动座椅后的数据存储下来，作为以后重新调整座椅位置时的基准。

此外，在座椅中还附加了一些特种功能的装置，如在气垫座椅上使用电动气泵，对各个专用气囊（腰椎支撑气囊、侧背支撑气囊、座位前部的大腿支撑气囊）进行充气，起到调节支撑腰椎、侧背、大腿的作用。具有 8 种功能的电动座椅如图 3-1 所示，具有全方位可调节功能的电动座椅如图 3-2 所示。

图 3-1　具有 8 种功能的电动座椅

1—座椅前后调节；2—靠背倾斜调节；3—座椅上下调节；4—靠枕上下、前后调节；5—座椅前部支撑调节；6—侧背支撑调节；7—腰椎支撑气垫调节

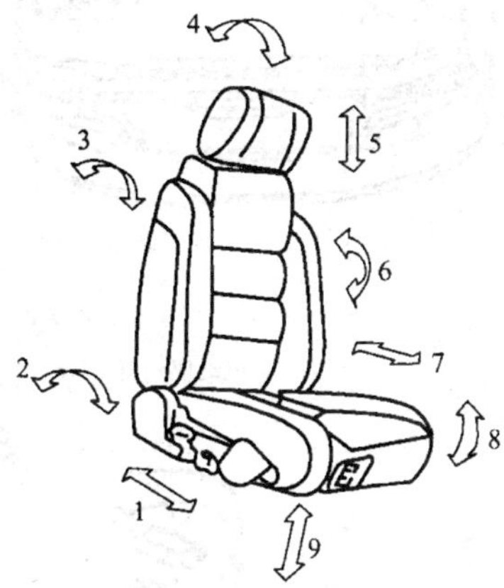

图 3-2　具有全方位可调节功能的电动座椅

1—座椅前后移动调节；2—靠背倾斜度调节；3—靠背上部调节；4—靠枕前后调节；5—靠枕上下调节；6—侧背支撑调节；7—腰椎支撑气垫调节；8—座椅前部支撑调节；9—座椅高度调节

二、电动座椅的组成

电动座椅主要由座椅开关和位置传感器、电动座椅控制电路、电子控制器 ECU（带存储功能的电动座椅）、执行机构的驱动电动机、传动装置等组成，如图 3-3、图 3-4 所示。开关和位置传感器包括座椅各位置（头枕、靠背、腰部、滑动、前垂直、后垂直）的电动开关、座椅各位置传感器、安全带扣环传感器及转向盘倾斜传感器等；ECU 包括转向柱倾斜与伸缩 ECU 和电动座椅 ECU；执行机构主要包括座椅调整、安全带扣环及转向盘倾斜调整的驱动电动机等，这些电动机均可灵活地进行正反转，以执行各种装置的调整功能。

1. 电动机

电动座椅大多采用永磁式电动机驱动，并通过装在座位侧板上或门扶手上的肘节式控制开关来控制电路通路和电流方向，使某一电动机按所需的方向运转，以达到调整座椅的目的。

为了防止电动机过载，大多数永磁式电动机内装有热过载保护断路器。有些电动座椅采用串激电动机来驱动，并装有两个磁场线圈，使其可作双向运转。这种电动机多使用继电器控制电流方向，当开关换向时，可听到继电器动作的“咔嗒”声。

2. 手动调节开关

它主要是用来调整座椅的各种位置。当按下此开关后，电控单元就会控制相应电动机运转，按照驾驶员的要求调整座椅的位置。

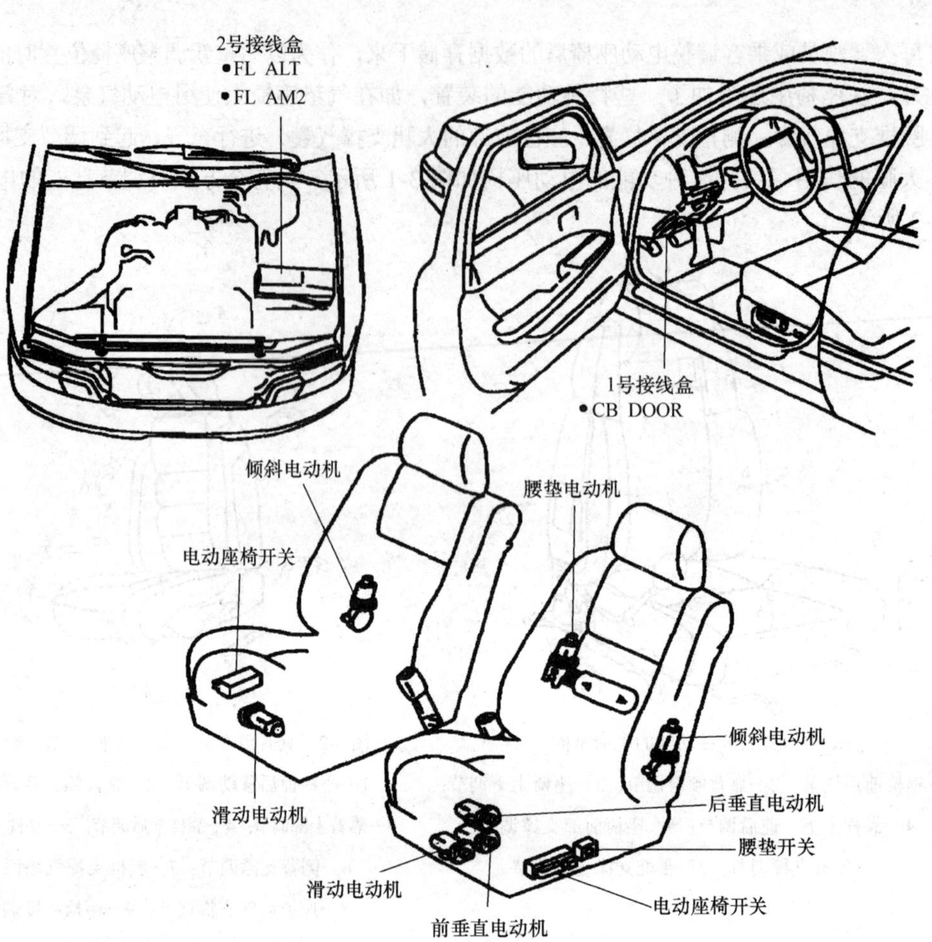

图 3-3　典型电动座椅的结构

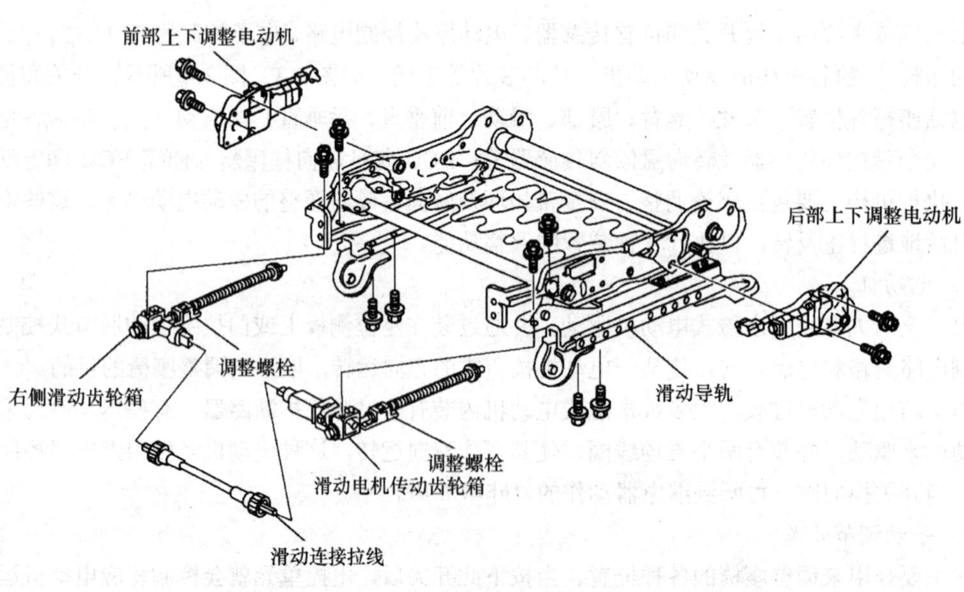

图 3-4　座椅电动机的安装位置

3. 存储和复位开关

它主要是用来存储或恢复驾驶员已经调整好的座椅位置。只要按下此按钮，就能按存储的各个座椅位置的要求调整座椅的位置。

4. 位置传感器

位置传感器主要是用来检测座椅的各种位置，其结构如图 3-5 所示。它主要由齿轮、滑块和螺旋杆（可变电阻器）组成，其工作原理和一般电位计相似。螺旋杆由电动机通过齿轮驱动旋转，并带动滑块在电阻器上滑动，从而使输出电压信号发生变化。电控单元根据此电压信号决定座椅的位置。只要座椅位置调定后，驾驶员按下存储和复位开关，电控单元就把这些电压信号存储起来，作为重新调整位置时的基准。

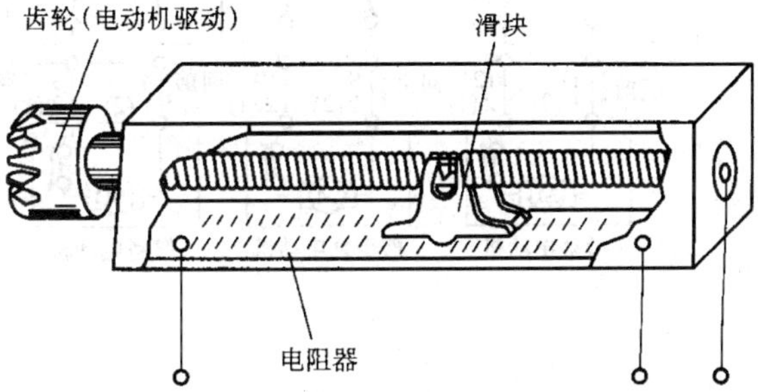

图 3-5　座椅位置传感器

5. 传动装置

电动座椅的传动装置主要包括变速器、联轴节、软轴及齿轮传动机构等。变速器的作用是降速增扭。电动机轴分别与软轴相连，软轴再和变速器的输入轴相连，动力经过变速器的降速增扭以后，从变速器的输出轴输出，变速器的输出轴与蜗杆轴或齿轮轴相连，最终蜗轮蜗杆或齿轮齿条带动座椅支架产生位移。双向电动机产生动力，传动装置可以把动力传至座椅，通过控制开关实现座椅不同位置的调节。

6. 电动座椅控制电路

图 3-6 所示为雷克萨斯 LS400 轿车电动座椅控制电路（不带储存功能），该电动座椅包括滑动电动机、前垂直电动机、倾斜电动机、后垂直电动机和腰椎电动机，可以实现座椅的前后移动、前部高度调节、靠背倾斜程度调节、后部高度调节及腰椎前后调节。

电路中有 5 个开关，分别控制 5 个电动机。开关有一个共同特点：均为常搭铁型结构，即电动机没有动作时，电动机两端通过开关搭铁；当开关打向其一侧时，动作侧开关接通电源。每个电动机中均设有断路器，当座椅位置调整到极限时，流过电动机的电流增加，断路器断开，切断电动机电流，保护电动机不被烧损；松开调整开关，冷却后，断路器又重新复位。下面以座椅靠背的倾斜调节为例，介绍电路的控制过程。

7. ECU 及其控制

ECU 主要用来控制靠手动调节开关的座椅调节装置，也能根据从转向柱倾斜与伸缩 ECU、位置传感器等送来的信号存储座椅位置。考虑到驾驶员的不同体型和喜好的驾驶姿势，自动调节系统能在该 ECU 中存储 2 种不同的座椅位置（供选择），靠一“单独”开关的点动，ECU 即可将座椅调整到驾驶员所期望的位置。

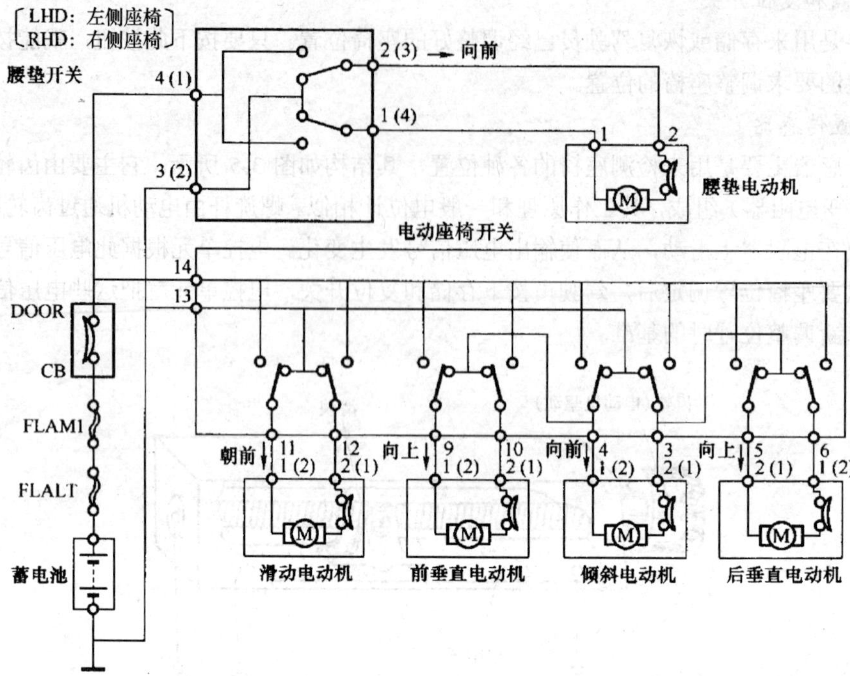

图 3-6　雷克萨斯 LS400 轿车电动座椅控制电路（不带储存功能）

座椅进行调整时，由手动调节开关通过电控单元控制调整量，然后利用存储和复位开关控制某一位置的数据存储；座椅位置信号取自变阻器上的电压降。根据每个自由度上的电动机驱动座椅，从而使变阻器随动。根据变阻器的电压降，控制单元识别座椅的运动机构是否到达“死点”，当到达“死点”位置时，电控单元及时切断供电电源，保护电动机和座椅驱动机构。

三、电动座椅的工作原理

图 3-7 所示为丰田凯美瑞驾驶员座椅的调节电路图。凯美瑞驾驶员座椅带有 8 向电动调节功能，并且带有两向电动调节的腰部支撑，其工作原理如下。

1. 驾驶员座椅前后的滑动

按下座椅向前滑动键时，驾驶员座椅调节开关 U7 的 1-9 脚接通、6-4 接通，蓄电池电压→30A 乘客座椅熔丝→驾驶员座椅调节开关 1 脚→驾驶员座椅调节开关 9 脚→座椅前后滑动电机→驾驶员座椅调节开关 6 脚→驾驶员座椅调节开关 4 脚→连接头 N27(A)的 B4 号端子→E2 搭铁→蓄电池负极。此时驾驶员座椅向前滑动。

按下座椅向后滑动键时，驾驶员座椅调节开关 U7 的 1-6 脚接通、9-4 接通，到达驾驶员座椅调节开关 1 脚的蓄电池电压→驾驶员座椅调节开关 6 脚→座椅前后滑动电机→驾驶员座椅调节开关 9 脚→驾驶员座椅调节开关 4 脚→连接头 N27(A)的 B4 号端子→E2 搭铁→蓄电池负极。此时驾驶员座椅向后滑动。

2. 驾驶员座椅前端上下调节

按下座椅前端向上调节键时，驾驶员座椅调节开关 U7 的 1-l0 脚接通、5-4 接通，到达驾驶员座椅调节开关 1 脚的蓄电池电压→驾驶员座椅调节开关 10 脚→座椅前端上下调节电机→驾驶员座

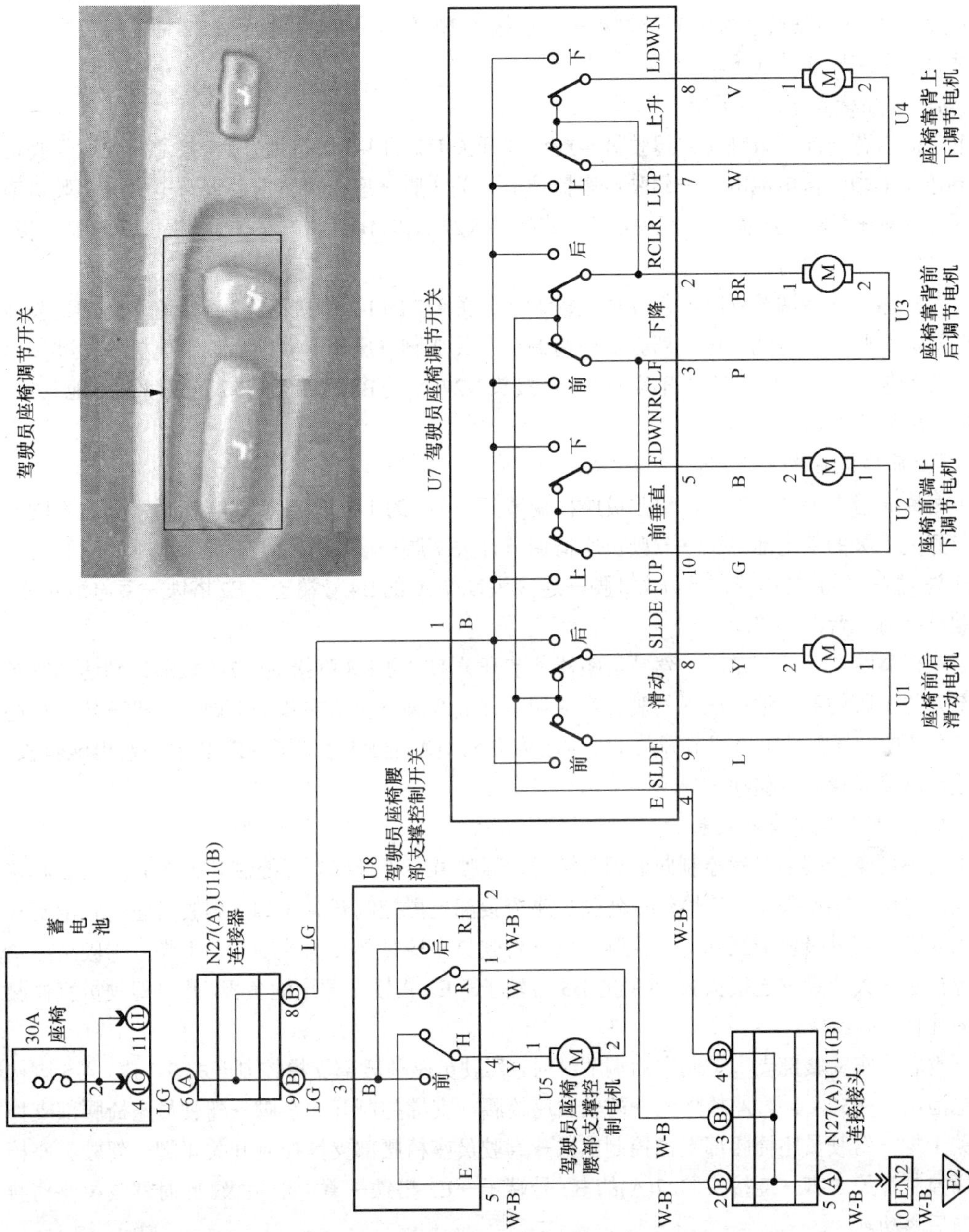

图 3-7 丰田凯美瑞驾驶员座椅的调节电路

椅调节开关5脚→驾驶员座椅调节开关4脚→连接头N27(A)的B4号端子→E2搭铁→蓄电池负极。此时驾驶员座椅前端向上移动。

按下座椅前端向下调节键时，驾驶员座椅调节开关U7的1-5脚接通、10-4接通，到达驾驶员座椅调节开关1脚的蓄电池电压→驾驶员座椅调节开关5脚→座椅前端上下调节电机→驾驶员座椅调节开关10脚→驾驶员座椅调节开关4脚→连接头N27(A)的B4号端子→E2搭铁→蓄电池负极。此时驾驶员座椅前端向下移动。

3. 驾驶员座椅靠背前后调节

按下座椅靠背向前调节键时，驾驶员座椅调节开关U7的1-3脚接通、2-4接通，到达驾驶员座椅调节开关1脚的蓄电池电压→驾驶员座椅调节开关3脚→座椅靠背前后调节电机→驾驶员座椅调节开关2脚→驾驶员座椅调节开关4脚→连接头N27(A)的B4号端子→E2搭铁→蓄电池负极。此时驾驶员座椅靠背向前移动。

按下座椅靠背向后调节键时，驾驶员座椅调节开关U7的1-2脚接通、3-4接通，到达驾驶员座椅调节开关1脚的蓄电池电压→驾驶员座椅调节开关2脚→座椅靠背前后调节电机→驾驶员座椅调节开关3脚→驾驶员座椅调节开关4脚→连接头N27(A)的B4号端子→E2搭铁→蓄电池负极。此时驾驶员座椅靠背向后移动。

4. 驾驶员座椅靠背上下调节

按下座椅靠背向上调节键时，驾驶员座椅调节开关U7的1-7脚接通、8-4接通，到达驾驶员座椅调节开关1脚的蓄电池电压→驾驶员座椅调节开关7脚→座椅靠背上下调节电机→驾驶员座椅调节开关8脚→驾驶员座椅调节开关4脚→连接头N27(A)的B4号端子→E2搭铁→蓄电池负极。此时驾驶员座椅靠背向上移动。

按下座椅靠背向下调节键时，驾驶员座椅调节开关U7的1-8脚接通、7-4接通，到达驾驶员座椅调节开关1脚的蓄电池电压→驾驶员座椅调节开关8脚→座椅靠背上下调节电机→驾驶员座椅调节开关7脚→驾驶员座椅调节开关4脚→连接头N27(A)的B4号端子→E2搭铁→蓄电池负极。此时驾驶员座椅靠背向下移动。

5. 驾驶员座椅腰部支撑控制

按下驾驶员座椅腰部支撑控制向前调节键时，驾驶员座椅腰部支撑控制开关3-4脚、1-2脚接通。蓄电池电压→30A乘客座椅熔丝→驾驶员座椅腰部支撑控制开关3脚→驾驶员座椅腰部支撑控制开关4脚→驾驶员座椅腰部支撑控制电机→驾驶员座椅腰部支撑控制开关1脚→驾驶员座椅腰部支撑控制开关2脚→连接头N27(A)的B3号端子→E2搭铁→蓄电池负极。此时驾驶员座椅腰部支撑向前移动。

按下驾驶员座椅腰部支撑控制向后调节键时，驾驶员座椅腰部支撑控制开关3-1脚、4-5脚接通。蓄电池电压→30A乘客座椅熔丝→驾驶员座椅腰部支撑控制开关3脚→驾驶员座椅腰部支撑控制开关1脚→驾驶员座椅腰部支撑控制电机→驾驶员座椅腰部支撑控制开关4脚→驾驶员座椅腰部支撑控制开关5脚→连接头N27(A)的B2号端子→E2搭铁→蓄电池负极。此时驾驶员座椅腰部支撑向后移动。

6. 带储存功能电动座椅工作原理

带存储功能的电动座椅系统采用存储器，具有记忆功能。当按下记忆按钮时，它能够将设定的座椅调节位置进行记录，使用时只要按指定的按键开关，座椅就会自动地调节到预先设定的座椅位置上。系统控制示意图如图3-8所示。系统主要由传感器、电控部分和执行器等组成，4个位置传感器用来检测座椅的设定位置。当座椅位置设定后，驾驶员按下存储器的按钮，单片微型计算机就把这些电压信号记忆在存储器中，作为重新调整位置时的基准。使用时，只要一按按钮，就能按存储的座椅位置的要求调整座椅位置。

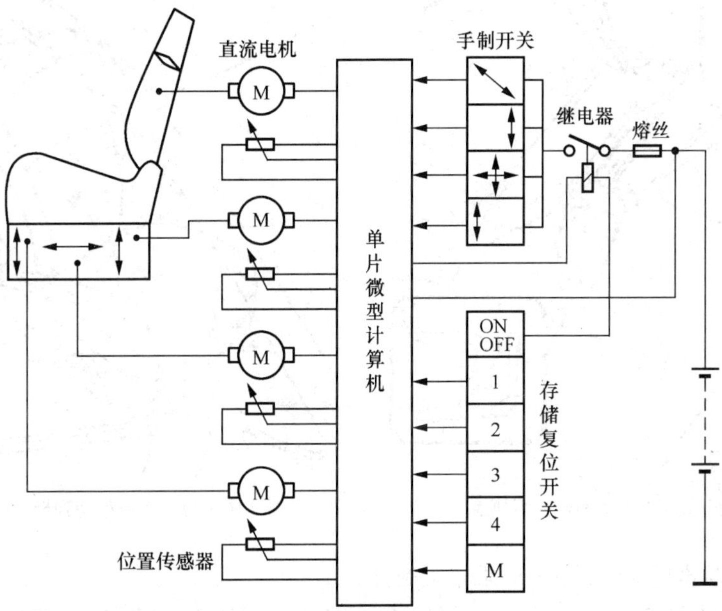

图 3-8 带记忆功能电动座椅系统控制示意

任务实施

一、电动座椅的拆卸 （以丰田卡罗拉为例）

① 拆卸前排座椅总成。

② 拆卸座椅外滑轨盖。

（a）操作电动座椅开关旋钮并将座椅移动至最前位置。

（b）脱开 2 个卡爪并拆下座椅外滑轨盖，如图 3-9 所示。

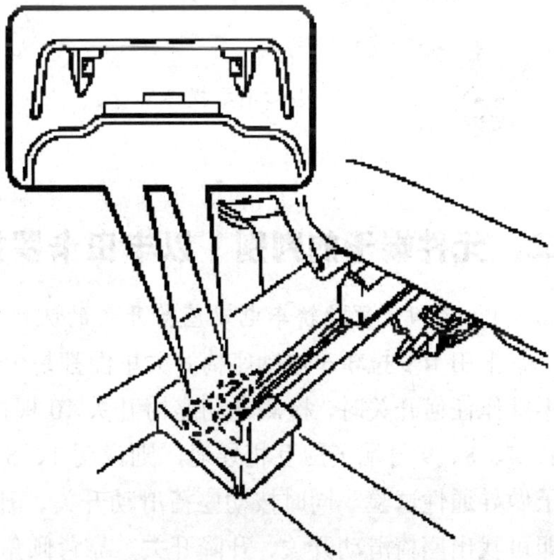

图 3-9 脱开 2 个卡爪并拆下座椅外滑轨盖

③ 拆卸座椅内滑轨盖。

（a）脱开卡爪。

（b）脱开导销并拆下座椅内滑轨盖，如图 3-10 所示。

④ 拆卸前排座椅总成。

（a）拆下座椅后侧的 2 个螺栓。

（b）操作电动座椅开关旋钮并将座椅移动到最后位置，如图 3-11 所示。

（c）拆下座椅前侧的 2 个螺栓。

（d）操作电动座椅开关旋钮并将座椅移动到中间位置，同时，操作电动座椅开关旋钮并将座椅靠背移动到直立位置。

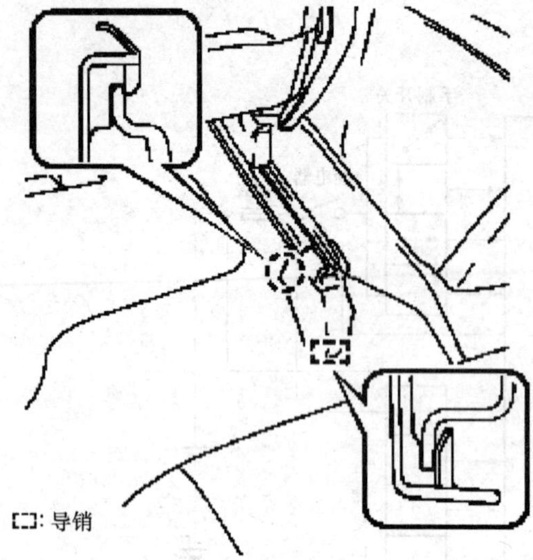

图 3-10　脱开导销并拆下座椅内滑轨盖

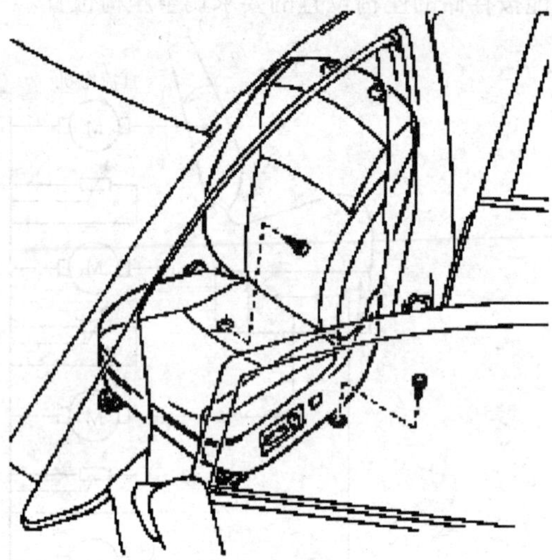

图 3-11　座椅移动到最后位置

（e）将电缆从蓄电池负极（−）端子上断开。

提示

断开电缆后等待 90s，以防止气囊展开；断开蓄电池电缆后重新连接时，某些系统需要初始化。

（f）断开座椅下面的连接器。

（g）拆卸座椅。

提示

小心不要损坏车身。

二、元件端子的判别（以丰田卡罗拉为例）

1. 丰田卡罗拉轿车电动座椅开关的认知

丰田卡罗拉轿车电动座椅开关里面都是由一些开关和触点组成的，电路图如图 3-12 所示。当不操作任何开关时，检测电动座椅开关 10 根接线的导通性，此时得知 1、5、10 不导通，2、3、4、6、7、8、9 号端子应互相导通，则说明 1、5、10 中任意选一根分别与 5、6、7、8、9、10 号端子做导通性试验，同时按动座椅滑动开关、升降开关、靠背倾角调节开关，并根据其内部电路图即可找出座椅滑动开关、升降开关、靠背倾角调节开关到电机的接线，5 和 10 号端子在任何情况下不与其他端子导通，说明 5 和 10 号端子是空的（无用），1 号端子在操作不同开关时分别与 2、3、6、7、8、9 号端子导通，说明 1 号端子为开关的电源接柱。2 和 3 是靠背倾角调节开关线，7

和 8 是升降开关线，6 和 9 是滑动开关线，1 号与 4 号接线互不导通，4 号接线柱为负极搭铁。

2. 前排电动座椅腰部开关

前排电动座椅腰部开关共有 5 根引线，分别是电源 1 根、电机线 2 根、负极搭铁 2 根，如图 3-12 所示，根据其内部结构，首先任意选一根作为公共端，将开关按至前或后位置时，公共端应分别与两根电机线导通，如符合规律，即可断定所选公共端即为电源线，前排电动座椅腰部开关在前或后降位置时，与公共端导通的即为电机线，其余两根即为负极搭铁线。

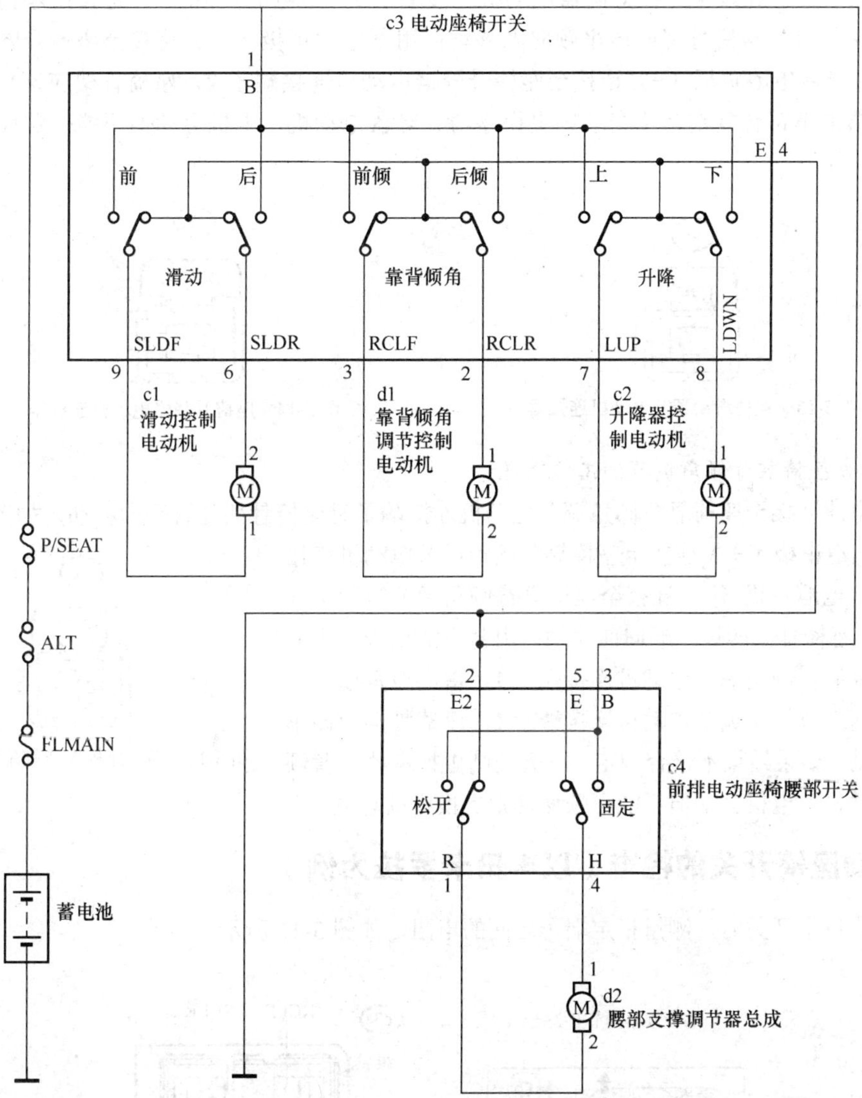

图 3-12 丰田卡罗拉轿车电动座椅电路

三、前排座椅总成的检测（以丰田卡罗拉为例）

1. 检查座椅滑动调节的工作情况

将蓄电池连接至座椅滑动调节电动机连接端子时座椅骨架是否平顺移动，如图 3-13 所示。用蓄电池正极（+）连接至座椅滑动调节电动机连接端子 1，蓄电池负极（–）连接至座椅滑动调节电动机连接端子 2，座椅骨架应该平顺向前移动；用蓄电池正极（+）连接至座椅滑动调节电动机连接端子 2，蓄电池负极（–）连接至座椅滑动调节电动机连接端子 1，座椅骨架应该平顺向后移动。如果结果不符合规定，不会动则更换滑动调节电动机，电机会动但不能平顺移动则更换座椅总成。

2. 检查座椅升降的工作情况

将蓄电池连接至座椅升降器电动机连接端子时座椅骨架是否平顺移动，如图 3-14 所示。用蓄电池正极（+）连接至座椅升降器电动机连接端子 2，蓄电池负极（–）连接至座椅升降器电动机连接端子 1，座椅骨架应该平顺向上移动；用蓄电池正极（+）连接至座椅升降器电动机连接端子 1，蓄电池负极（–）连接至座椅升降器电动机连接端子 2，座椅骨架应该平顺向下移动。如果结果不符合规定，不会动则更换座椅升降器电动机，电机会动但不能平顺移动则更换座椅总成。

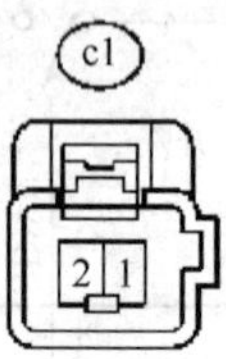

图 3-13　座椅滑动调节电动机连接器

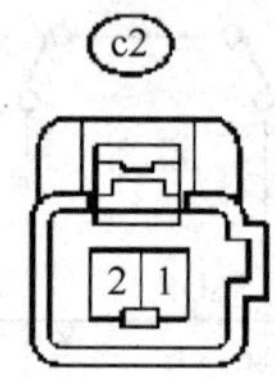

图 3-14　座椅升降器电动机连接器

3. 检查座椅靠背倾角调节的工作情况

将蓄电池连接至座椅靠背倾角调节电动机连接端子时座椅骨架是否平顺移动，如图 3-15 所示。用蓄电池正极（+）连接至座椅靠背倾角调节电动机连接端子 2，蓄电池负极（–）连接至座椅靠背倾角调节电动机连接端子 1，座椅骨架应该平顺向前移动；用蓄电池正极（+）连接至座椅靠背倾角调节电动机连接端子 1，蓄电池负极（–）连接至座椅靠背倾角调节电动机连接端子 2，座椅骨架应该平顺向后移动。如果结果不符合规定，不会动则更换座椅靠背倾角调节电动机，电机会动但不能平顺移动则更换座椅总成。

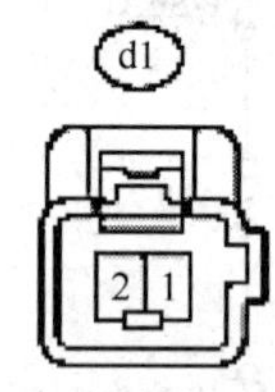

图 3-15　检查座椅靠背倾角调节连接器

四、电动座椅开关的检查（以丰田卡罗拉为例）

当操作每个开关时，测量指定端子之间的电阻，如图 3-16 所示。

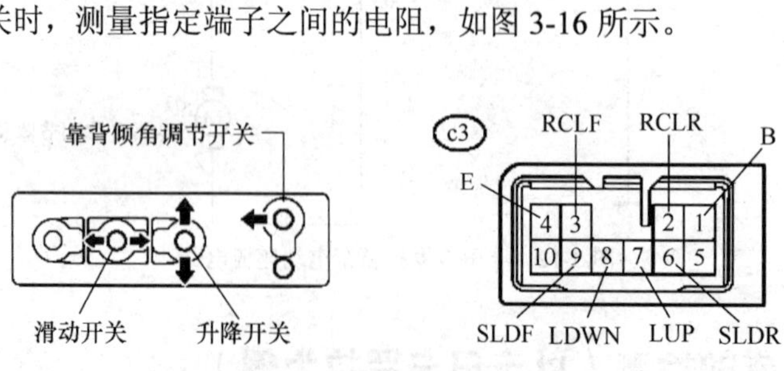

图 3-16　电动座椅开关的测量

1. 滑动开关的测量

电动座椅开关端子 1 和 9，操作滑动开关向前时电阻小于 1Ω，不操作时无穷大，操作滑动开关向后时电阻无穷大；电动座椅开关端子 1 和 6，操作滑动开关向前时电阻无穷大，不操作时无穷大，操作滑动开关向后时电阻小于 1Ω；电动座椅开关端子 4 和 6，操作滑动开关向前时电阻小于 1Ω，不操作时小于 1Ω，操作滑动开关向后时电阻无穷大；电动座椅开关端子 4 和 9，操作滑动开关向前时电阻无穷大，不操作时小于 1Ω，操作滑动开关向后时电阻小于 1Ω。

2. 升降开关的测量

电动座椅开关端子 1 和 7，操作升降开关按升时电阻小于 1Ω，不操作时无穷大，操作升降开关按降时电阻无穷大；电动座椅开关端子 1 和 8，操作升降开关按升时电阻无穷大，不操作时无穷大，操作升降开关按降时电阻小于 1Ω；电动座椅开关端子 4 和 8，操作升降开关按升时电阻小于 1Ω，不操作时小于 1Ω，操作升降开关按降时电阻无穷大；电动座椅开关端子 4 和 7，操作升降开关按升时电阻无穷大，不操作时小于 1Ω，操作升降开关按降时电阻小于 1Ω。

3. 靠背倾角调节开关的测量

电动座椅开关端子 1 和 3，操作靠背倾角调节开关向前时电阻小于 1Ω，不操作时无穷大，操作靠背倾角调节开关向后时电阻无穷大；电动座椅开关端子 1 和 2，操作靠背倾角调节开关向前时电阻无穷大，不操作时无穷大，操作靠背倾角调节开关向后时电阻小于 1Ω；电动座椅开关端子 4 和 2，操作靠背倾角调节开关向前时电阻小于 1Ω，不操作时小于 1Ω，操作靠背倾角调节开关向后时电阻无穷大；电动座椅开关端子 4 和 3，操作靠背倾角调节开关向前时电阻无穷大，不操作时小于 1Ω，操作靠背倾角调节开关向后时电阻小于 1Ω，如果结果不符合规定，则更换电动座椅开关。

4. 前排电动座椅腰部开关的检查

在操作开关时测量端子之间的电阻，如图 3-17 所示。操作电动座椅腰部开关向前时，测量端子 1 与 2、3 与 4 之间的电阻应该小于 1Ω，不操作电动座椅腰部开关时测量端子 1 与 2、4 与 5 之间的电阻应该小于 1Ω，操作电动座椅腰部开关向后时，测量端子 1 与 3、4 与 5 之间的电阻应该小于 1Ω。

5. 腰部支撑调节器的工作情况的检查

当蓄电池连接到腰部支撑调节器电动机连接器端子上时，检查腰部支撑调节器是否平稳移动，如图 3-18 所示。用蓄电池正极（+）连接到腰部支撑调节器电动机连接器端子 2，蓄电池负极（–）连接到腰部支撑调节器电动机连接器端子 1，驱动轴应该顺时针转；用蓄电池正极（+）连接到腰部支撑调节器电动机连接器端子 1，蓄电池负极（–）连接到腰部支撑调节器电动机连接器端子 2，驱动轴应该逆时针转。如果结果不符合规定，则应更换腰部支撑调节器。

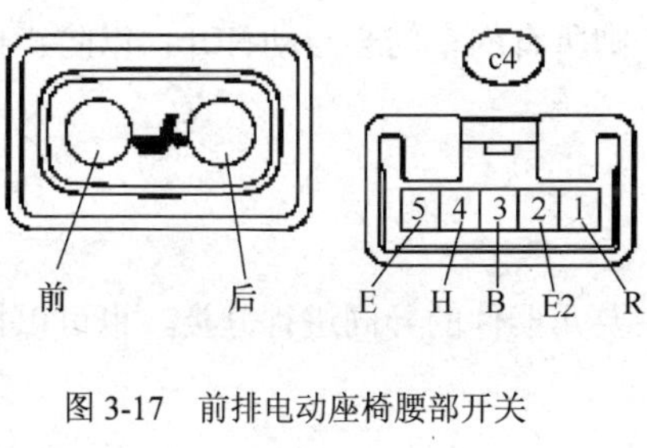

图 3-17　前排电动座椅腰部开关

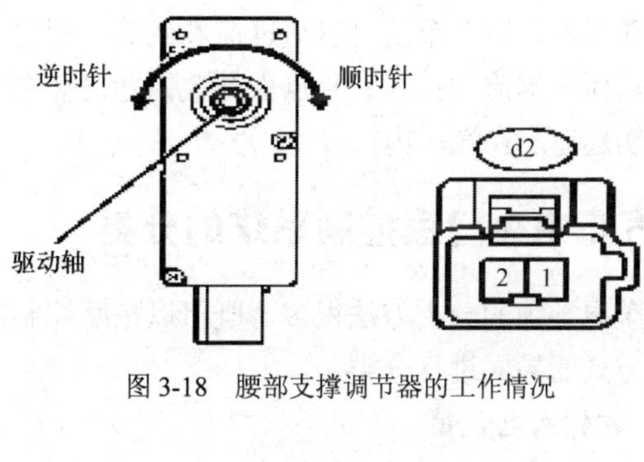

图 3-18　腰部支撑调节器的工作情况

课题四 汽车中央门锁控制系统

汽车门锁是汽车车身的重要部件。汽车门锁的发展趋势是由机械式向电子化演变。汽车电子锁是采用电子电路控制，以电磁铁、微型电动机和锁体或继电器作为执行机构的机电一体化保险装置。汽车电子门锁、汽车电子密码点火锁和汽车电脑转向锁等都是汽车门锁实行电子控制的产物。

工作情境描述

曹先生某天早起去上班，发现自己的捷达轿车左前门中控锁开关能自动闭锁，但不能开锁，于是送到维修店维修。如果你是一名维修人员，掌握了汽车中控门锁的维修知识后，你将怎样进行维修呢？

相关知识

汽车门锁是汽车防盗的第一步，采用中央门锁控制系统的车辆，当驾驶员锁住驾驶员侧车门时，几个车门（包括后车门及行李箱门等）能同时自动锁住；当打开驾驶员侧车门时，其他几个车门能同时打开，并且仍可用各车门的机械或弹簧锁开关车门。

一、汽车中央门锁控制系统的功能

中央门锁控制系统具有钥匙联动锁门和开门功能以及钥匙禁闭预防功能。

两级开锁功能。在钥匙联动开锁功能中，一级开锁操作，只能以机械方法打开钥匙插入的门。两级开锁操作，则同时打开其他车门。

钥匙占用预防功能。防止钥匙插入点火开关时，没有钥匙而将车门锁住。

安全功能。当钥匙从点火开关中拔出去而门已锁住时，无论用钥匙或不用钥匙锁门，门都不能用门锁控制开关打开。

电动窗不用钥匙的动作功能。驾驶员侧和乘客侧的车门都关上，点火开关断开后，电动窗仍可动作约 60s。

一般来说，所有车门可以通过前右或前左侧门上的钥匙操纵同时关闭和打开：若已执行了锁门操纵，而一侧前门打开并且点火开关钥匙仍插在锁芯内，则所有的车门会自动打开，以防止点火开关钥匙遗忘在汽车内。

二、汽车中央门锁控制系统的分类

汽车电子锁的分类方法很多，既可以按照控制部分中主要元器件的异同进行分类，也可以按照编码方式的异同进行分类。

1. 按键式电子锁

按键式电子锁采用键盘或组合按钮输入开锁密码，操作方便。内部控制电路常采用电子密码专用集成电路。此类产品包括按键式电子锁和按键式汽车点火锁。

2. 拨盘式电子锁

拨盘式电子锁采用机械拨盘开关输入开锁密码。很多按键式电子锁可以改造成拨盘式电子锁。

3. 电子钥匙式电子锁

电子钥匙式电子锁使用电子钥匙作为开锁密码，它由元器件搭成的单元电路组成，做成小型手持单元形式，通过光、声、电或磁等多种形式与主控电路联系。此类产品包括各种摇控汽车门锁、转向锁和点火锁以及电子密码点火钥匙。

4. 触摸式电子锁

触摸式电子锁采用触摸方式输入开锁密码。装有这种锁的车门上没有一般的门把手，代之以电子锁和触摸传感器。

5. 生物特征式电子锁

生物特征式电子锁的特点是将声音、指纹等人体生物特征作为密码输入，由计算机进行模式识别，控制开锁。生物特征式电子锁的智能化程度相当高。

三、汽车中央门锁控制系统的结构

汽车电子门锁由控制部分和执行机构两部分组成。

1. 控制部分

控制部分包括编码器、输入器、存储器、鉴别器、驱动级、抗干扰电路、显示装置、保险装置和电源等部分。

（1）编码器

编码器实质上是人为地设定一组二进制或十进制数的密码。设定的原则是所编的密码不易被别人识破。对密码电路的要求是容量大、换码率高；保密性、可靠性好，换码操作简单。

（2）输入器和存储器

经输入器输入一组密码，由存储器记忆后送至鉴别器。

（3）鉴别器

鉴别器的作用是对来自输入器和编码器的两组密码进行比较，仅当两组密码完全相同时，鉴别器才输出电信号，经抗干扰处理后送至驱动级和显示装置。

（4）驱动级

由于鉴别器送出的电信号通常很微弱，为了能带动执行机构的电磁铁产生动作，故设置驱动级。

（5）抗干扰电路

为了抑止来自汽车内外的电磁波的干扰，保证电子门锁不会自行误动作而设置了抗干扰电路，由此提高汽车电子门锁的可靠性和安全性。一般情况采用延时、限幅和定相等方法来达到该目的。

（6）显示器和报警器

该部分为电子门锁控制部分的附加电路，用于显示鉴别结果和报警，从而扩大了电子门锁的功能。

（7）保险装置

速度传感器和车门锁止器是汽车电子门锁的独特组成单元。当汽车运行超过一定时速时，车门锁止器根据来自速度传感器的信号将锁体锁止；如果控制电路失灵，可通过紧急开启接口直接控制锁体的开启。

（8）电源

电源提供电路所需的能量，对于电源电路熔丝熔断的故障，可参看图 4-1 所示，用万用表检测，并更换断路器或熔丝。

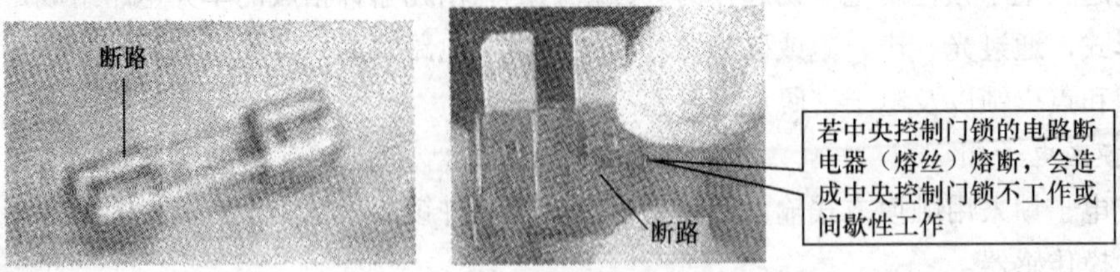

图 4-1　熔丝熔断

2. 执行机构

汽车电子门锁的执行机构一般采用电磁铁或微型电动机控制。

（1）电磁铁式自动车门锁

这种汽车电控门锁的开启和锁闭均由电磁铁驱动。其结构如图 4-2 所示。它内设两个线圈，分别用来开启、锁闭门锁。门锁集中操作按钮平时处于中间位置，用手按压即可开启或锁闭车门。

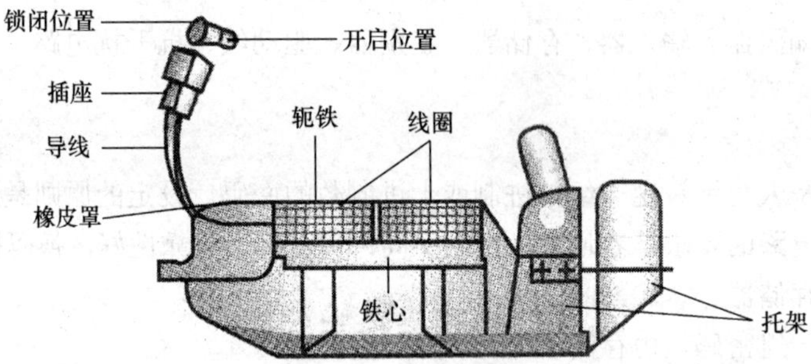

图 4-2　电磁铁结构

（2）电动机式自动车门锁

该锁由可逆式电动机、传动装置及锁体总成构成。其工作原理为由电动机带动齿轮齿条副或螺杆螺母副进而驱动锁体总成，驱动车门的锁闭或开启。其传动装置如图 4-3 所示。对于门锁电动机故障，如图 4-4 所示，检查或更换门锁电动机。

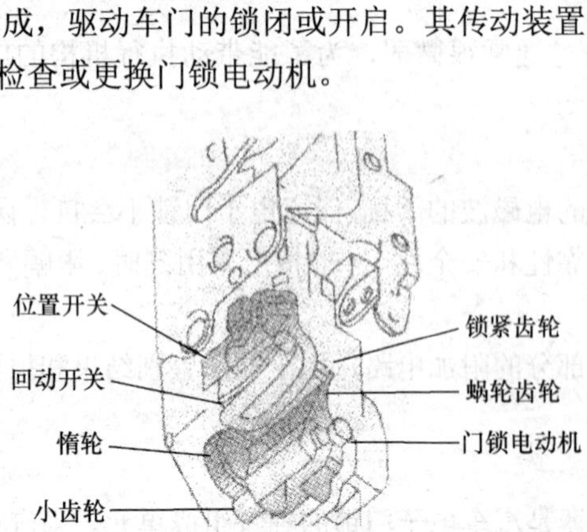

图 4-3　电动式门锁传动装置

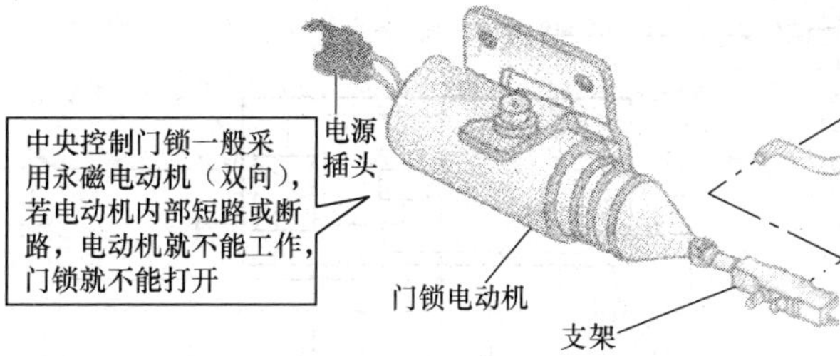

图 4-4 门锁开关故障

四、电控门锁控制

1. 电控门锁基本工作原理

电控门锁的作用是通过电磁铁机构锁止或打开车门锁。它由门锁电磁铁及联动机构、门锁控制开关、门锁控制继电器等主要部分组成。按其功能不同，分为有自动门锁和无自动门锁两种。前者在可以手动控制门锁开闭的基础上，还可以根据汽车车速自动锁死车门。

电控门锁的布置如图 4-5 所示，其控制电路如图 4-6 所示。当门锁开关置于锁止（LOCK）位置时，门锁继电器线圈通电，触点闭合，门锁电磁铁中门锁线圈通电，电磁铁心杆缩回，操纵门锁锁止车门；当门锁开关置于开启（UNLOCK）位置时，开启继电器线圈通电，触点闭合，门锁电磁铁中开启线圈通电，电磁铁心杆伸出，操纵门锁开启，在带自动门锁的汽车上，设有速度传感器和电子控制线路，当汽车车速达到设定数值时，电子控制电路使门锁继电器线圈通电，而自动锁止车门。

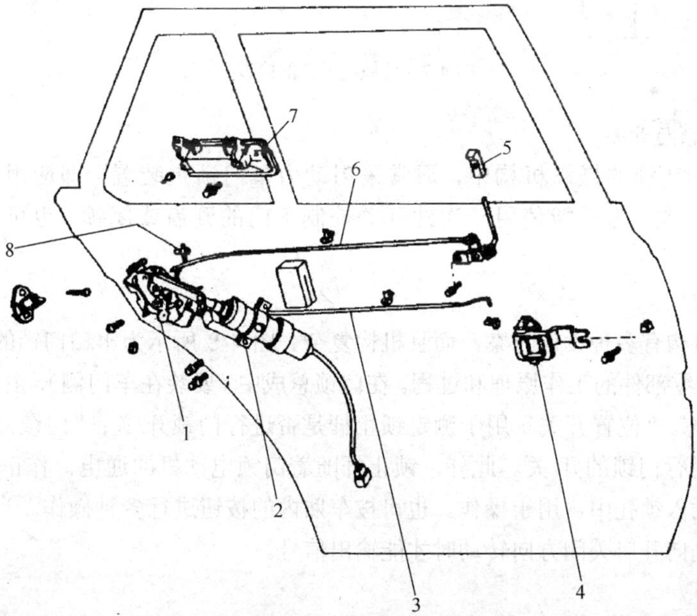

图 4-5 电控门锁布置

1—车门锁；2 电磁铁机构；3—内开锁拉杆；4—内拉手；
5—锁止柄；6—锁止杆；7—外拉手；8—外开锁拉杆

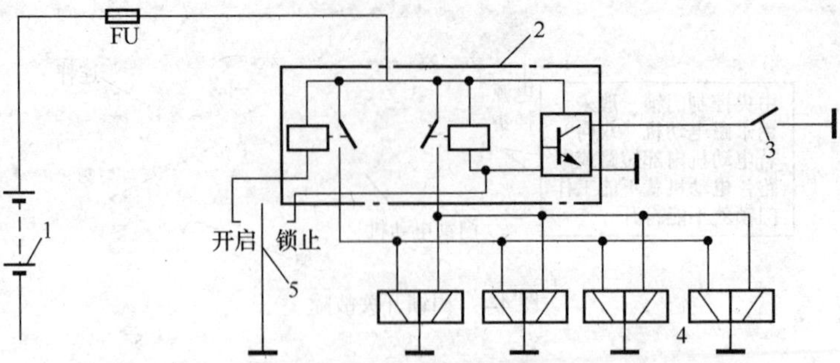

图 4-6　电控门锁电路

1—蓄电池；2—门锁控制继电器；3—开关；4—门锁电磁铁；5—门锁开

门锁电磁铁的检查如图 4-7 所示，将电压为 12V 的蓄电池接入门锁电磁铁的电路，当在“锁”与搭铁接线柱之间加额定电压时，电磁铁心杆应缩回，其收缩值为 9mm；当在“开锁”与搭铁接线柱之间加额定电压时，电磁铁心杆应伸出。如果铁心杆不能相应伸出或缩回，表明电磁铁有损坏，应进行修理或更换。

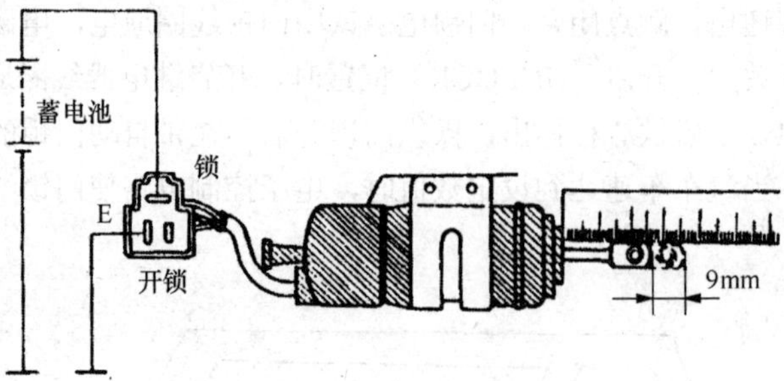

图 4-7　门锁电磁铁的检查

2. 车门的闭锁与开启

在车门开启和闭锁的操纵机构中，通常采用动力车门锁定装置，即应用电动机或电磁线圈进行电气操作控制。为了能使用一次性开关控制车门的开启或闭锁，也可以增加其他多种功能。

（1）门锁机构

门锁的闭锁机构有多种设计方案，而且机构复杂。图 4-8 所示为丰田门锁的零部件构造图。图 4-9 所示为这些零部件的工作原理和过程。在门锁总成中（要装在车门侧），由锁止杆控制转动，决定门锁开/关状态。“位置开关”用于测定锁止杆是否进行门锁开/关；“门锁开关”则是用于检测锁止机构是否进行门锁的开/关。此外，锁止杆随着门锁电动机的通电，作正向/逆向旋转；或把门键（钥匙）插入锁孔中，用于操作。也可按车厢内的按钮进行多种操作。当“门锁开关”用于操作钥匙，使之向开启关闭方向转动时才能输出信号。

开关工况如下。

门键开关：当锁门或开门时分别给出 ON 信号，其他时间一概 OFF。

门锁开关：当门打开时 ON，关闭时 OFF。

作为检测车门开闭的开关，有直接检测车门开闭的“车门开关”，但是“门锁开关”更具有可靠性，能检测锁止的离合状态。

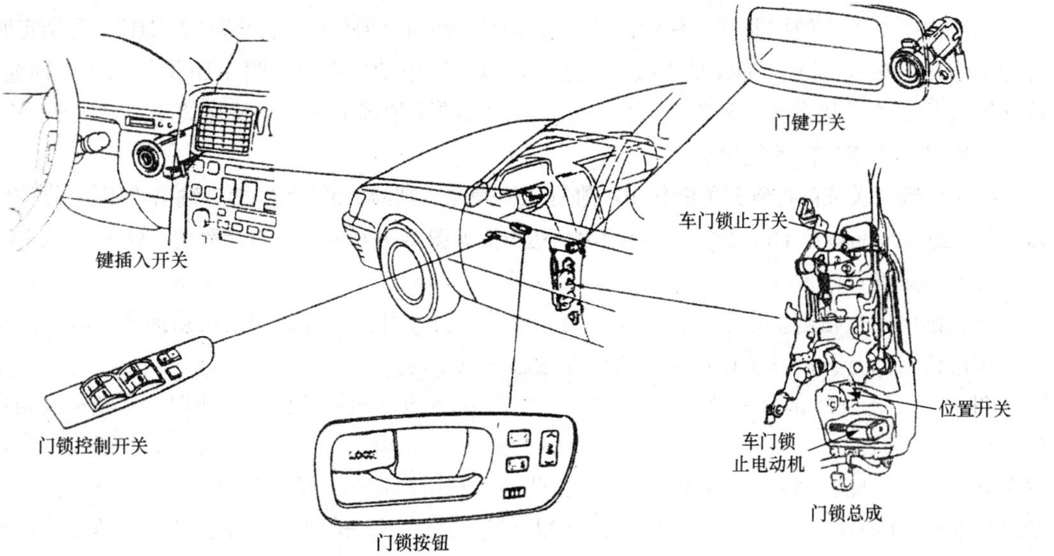

图 4-8 丰田汽车门锁机构零部件

位置开关：锁杆位于锁闭位置 OFF，在开启位置时为 ON。

键插入开关：当键插入发动机键筒时 ON，如拔出键则为 OFF。

门锁控制开关：在车厢内利用手操作的开关，与门键开关具有相同的开关工况。

（2）锁/开锁动作

图 4-10 所示为门锁控制系统的控制电路图。进行门锁马达的正转、反转的交替控制。为避免马达通电时间过长引起发热，利用定时器限制通电时间。

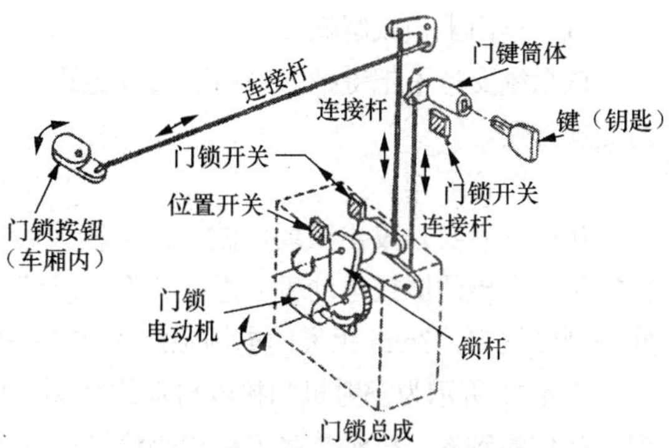

图 4-9 丰田汽车门锁机构操作说明

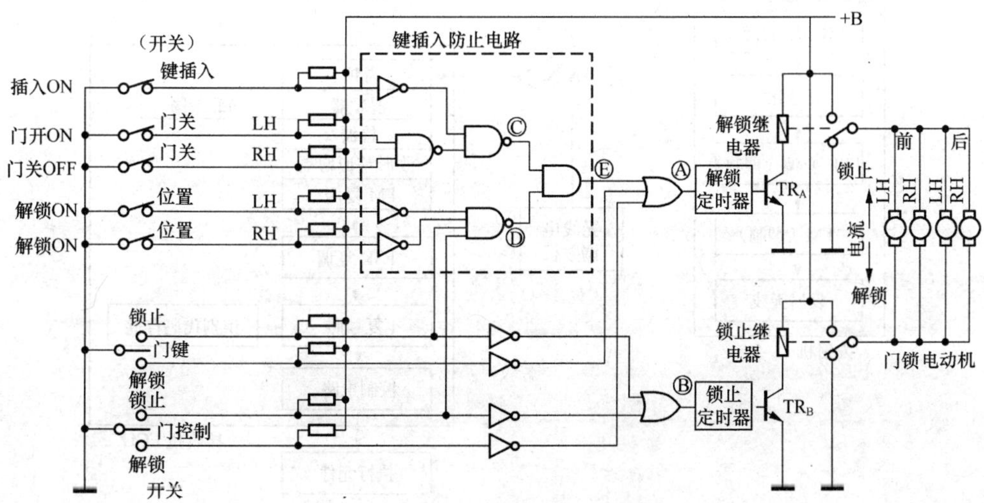

图 4-10 门锁控制系统的控制电路

利用门键开关或门控制开关使触点位于开锁侧，则向“或”门（A）输出“Hi”，开锁定时器进行工作，约 0.2s 晶体管 TR_A 处于接通状态，所有门锁电动机电流如图 4-10 所示向下方向流动，被开锁（处于脱开状态）。“和”门（E）的输出，只要不把键插入发动机键筒中，则处于“Lo”位置，所以与“或”门的输出无关。

由于门键开关或门控制开关的作用，进行上锁操作，则向“或”门（B）输出“Hi”，锁闭定时器工作，约 0.2s 晶体管 TR_B 接通，所有门锁马达电流如图 4-10 所示向上方向流动，处于锁闭状态。

（3）防止键锁闭

防止键锁闭是指若执行了锁门操作，而一侧前门打开且点火开关钥匙仍然插在锁心内，则所有的车门会自动打开，以防止点火开关钥匙遗忘在汽车内。

图 4-10 中的虚线部分是键插入防止电路。当键插入发动机键筒没有拔出时，驾驶座或副驾驶座的门开着，“和”门（C）输出“Hi”，这时，操作门锁按钮，使门锁机构处于上锁状态，则位置关处于断开，NAND 门（D）输出“Hi”。此外，利用门控制开关即使操作上锁，开关的“Lo”信号向 NAND 门输入，（D）成为“Hi”。所以，从（E）门输出“Hi”，使解锁定时器工作，电动机向解锁一侧驱动，不形成闭锁状态。这时，驾驶者必须注意把键从发动机键筒中拔出。

3. 远控车门的上锁与解锁

（1）车门上锁或解锁

该系统支持不把键插入键筒而进行远距离操纵。以便在夜间或黑暗中探明门键孔，使开关车门更加方便。

（2）工作原理

从操作者身边发出微弱电波，由车辆天线接收信号，ECU 识别送信代码，使上锁/解锁的执行元件（电磁线圈或电动机）进行工作。所谓微弱电波是在发射时不要批准的电波，在电波法实施规则中规定“3mm 距离的电场强度为 322MHz 以下频率时，不大于 500μVdB”。

图 4-11 所示为发射机和接收机动作框图。从发射机利用次载体方式的 FM 调制发出识别代码。把次载体的频率，按照数字识别代码信号进行频率偏移调制（FSK），进行 FM 调制和发射，所以

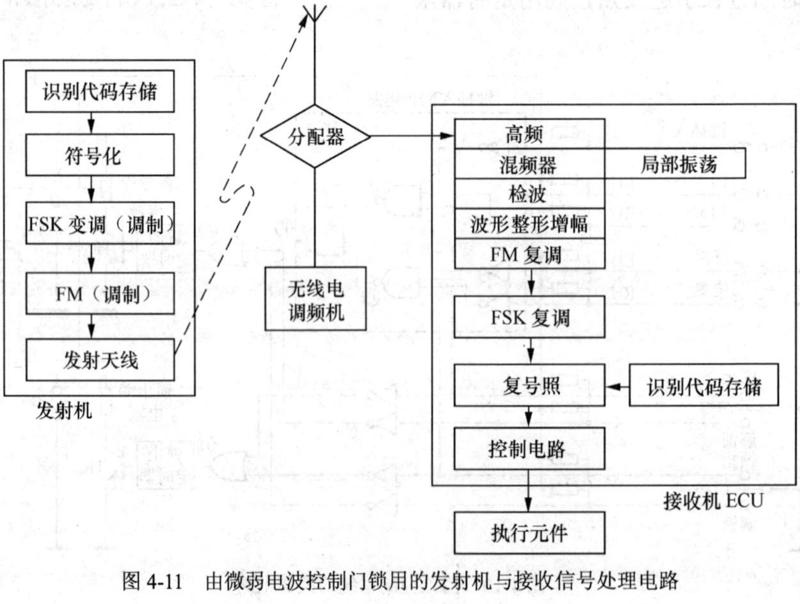

图 4-11　由微弱电波控制门锁用的发射机与接收信号处理电路

不易受到外来杂音的影响。FM 波由汽车无线电的 FM 天线进行接收，利用分配器进入接收机 ECU 的 FM 高频增幅处理部，进行调解。与被调解的识别代码互相对比，如果是正确的代码，就输入控制电路并执行元件工作。

（3）发射机

如图 4-12 所示，发射机在键板上与送信电路组成一体。从识别代码存储回路到 FSK 调制回路，由于采用单芯片集成电路而使体积小型化，在电路部的相反一侧装有一般市场上出售的钮形锂电池。应注意发射开关每按一次，就进行发送，在接收机一侧，接收一次上锁或解锁指令。

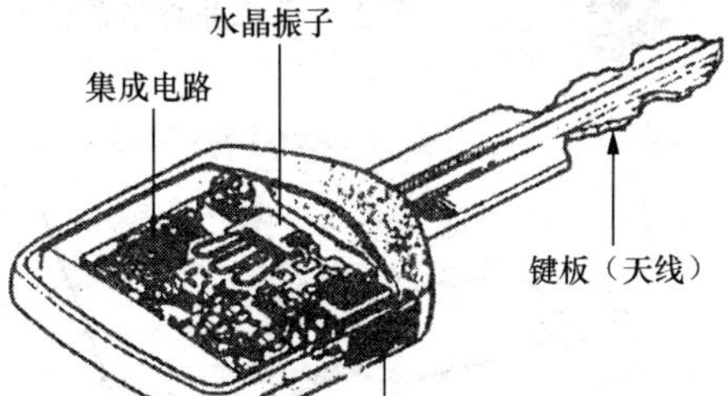

图 4-12　发射机（与键板组成一体）

发射频率按照使用国的电波状况进行选择，可使用 27MHz、40MHz、62MHz 频带。电池寿命以通常频率使用可在二年以上。

（4）保险装置

对于误动作或防盗，可采取下述①～④项安全对策。

① 采用次载波方式的 FM 调制，由于外来噪声，识别代码被模拟的概率极低。

② 识别代码数，由数十位的串行代码构成，所以有数千万种，出现同一代码的概率极低。

③ 对本车专用的代码以外的代码在一定的时间中接收数次以后，就不能再接收所有的代码，这时只有利用正确的手动操作解锁后，才能消除这种情况。

④ 操作发射开关进行解锁后，在一定时间内如不能打开车门，则又自动回复到上锁状态。

任务实施

一、左前门门锁总成的拆卸（以丰田卡罗拉为例）

① 拆卸前门内把手框。

② 拆卸前扶手座上板。

③ 拆卸门控灯总成（带门控灯）。

④ 拆卸前门装饰板分总成。

⑤ 拆卸前门内把手分总成。

⑥ 拆卸前门玻璃内密封条。

⑦ 拆卸车门装饰板支架。

⑧ 拆卸前门检修孔盖。

⑨ 拆卸前门玻璃分总成。

⑩ 拆卸前门玻璃升降槽。

⑪ 拆卸前门后下门框分总成（见电动车窗升降器的拆卸）。

⑫ 拆卸前门外把手盖。

（a）拆下孔塞。

（b）用“TORX”梅花套筒扳手（T30）松开螺钉，然后将前门外把手盖和车门锁芯作为一个单元拆下，如图 4-13 所示。

提示

由于螺钉与前门外把手框分总成集成为一体，不能将其拆下（c）。可使用螺丝刀，脱开 2 个卡爪并拆下前门外把手盖。

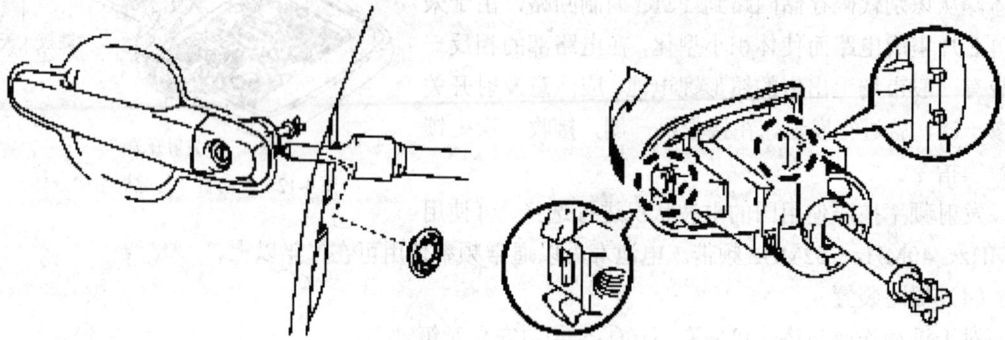

图 4-13　拆卸前门外把手盖

⑬ 拆卸前门门锁总成。

（a）用“TORX”梅花套筒扳手（T30）拆下 3 个螺钉。

（b）向下滑动前门门锁总成，并将前门锁开启杆从外把手框中拉出，然后将前门门锁总成和拉索作为一个单元拆下。

（c）将前门锁开启杆从前门门锁总成上拆下。

（d）将门锁线束密封从前门门锁总成上拆下，如图 4-14 所示。

⑭ 拆卸前门锁止遥控拉索总成。拆下前门锁止遥控拉索总成，如图 4-15 所示。

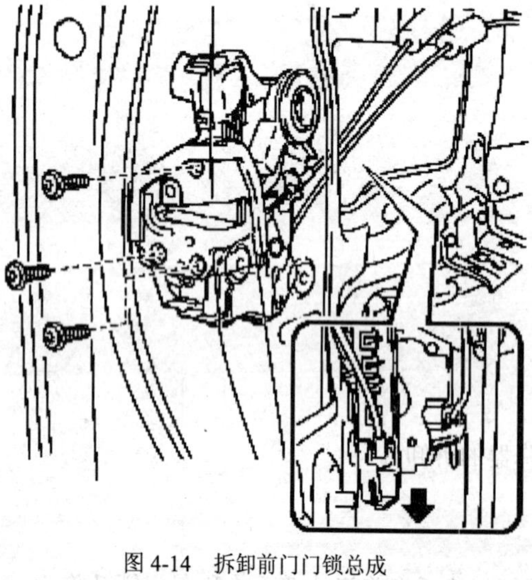

图 4-14　拆卸前门门锁总成

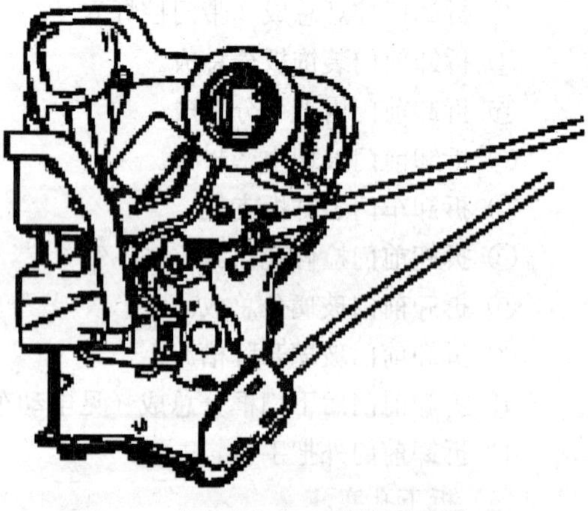

图 4-15　拆下前门锁止遥控拉索总成

⑮ 拆卸前门内侧锁止拉索总成。

（a）用螺丝刀分离 3 个卡爪。

（b）拆下前门内侧锁止拉索总成，如图 4-16 所示。

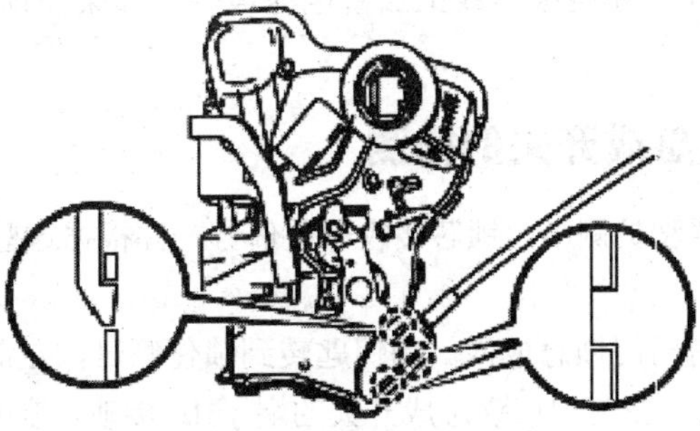

图 4-16　拆卸前门内侧锁止拉索总成

提示

使用螺丝刀之前，请在螺丝刀头部缠上胶带。

二、常见普通中控门锁部件测量

1. 门锁控制继电器的测量

门锁控制继电器实质上就是由两个 5 脚的继电器组的，如图 4-17 所示。门锁控制继电器 1 号端子与 5、6 号端子的电阻是上锁和解锁线圈的电阻，其两线圈的电阻基本上是一样大的，判断出线圈端子后，给线圈加蓄电池电压，3、4 号端子对地应为电源电压，3、4 号端子为门锁电机端子，剩下的 2 号端子为接地端子（此方法适合判断负触发门锁控制继电器）。如判断结果不符合上述所说的，应更换门锁控制继电器。

2. 门锁手动开关与门锁钥匙开关

这两个开关里面的结构是相同的，如图 4-18 所示，有 3 根引线，其中一根是公共端，将门锁手动开关按至上锁位置时，上锁接线柱与公共端之间应导通，按至解锁位置时，公共端与解锁接线柱之间应导通，如不符合上述要求应更换开关。

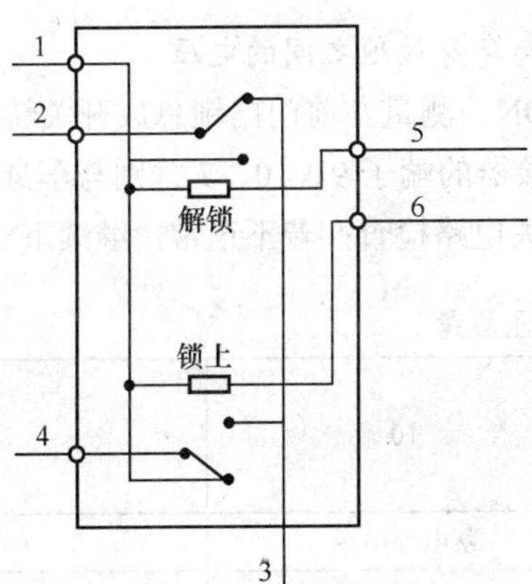

图 4-17　门锁控制继电器的测量

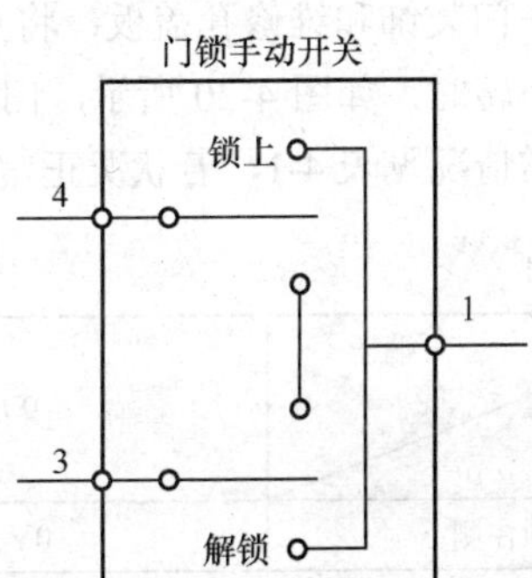

图 4-18　门锁手动开关与门锁钥匙开关的测量

3. 门锁电动机

门锁电动机有 2 根引线，在两根引线上加蓄电池电压，如果门锁电动机不工作，则应更换电机。

三、驾驶员侧车门锁总成开关的检测

从电动车窗主开关和驾驶员侧车门锁芯接收开关信号，并根据这些信号激活各车门上的门锁电动机。

钥匙操纵开关设在左前门门锁总成内。当钥匙转到锁住侧时，左前门门锁总成开关的端子 9 接地；当钥匙转到打开侧时，左前门门锁总成开关的端子 10 接地。该电路的线路如图 4-19 所示。

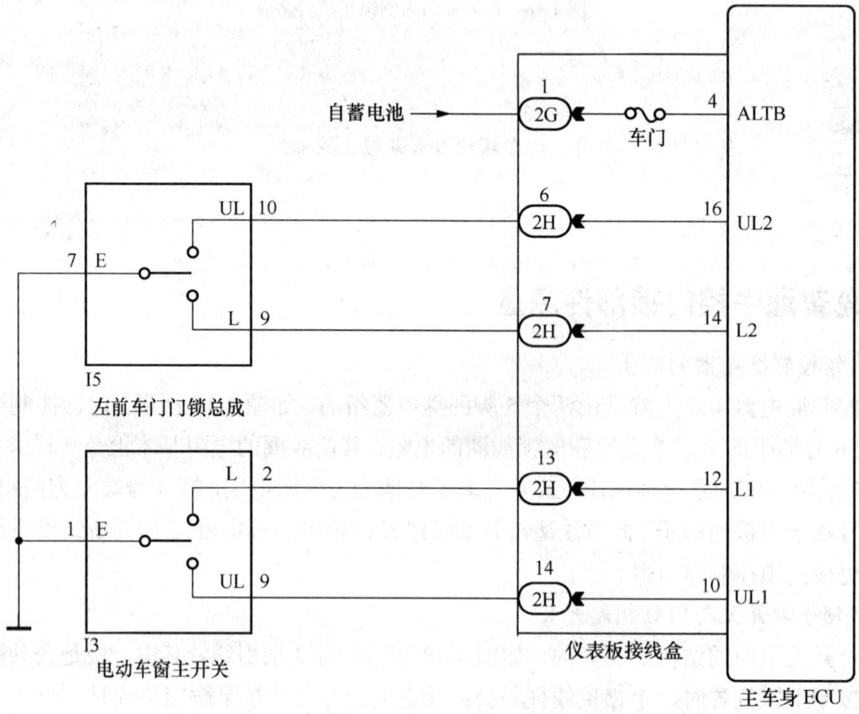

图 4-19 电动车窗主开关和驾驶员侧车门锁芯接收开关电路

1. 检查左前门门锁总成开关连接器的相应端子与车身接地之间的电压

拆下车门装饰和维修孔盖板；将点火开关转到 ON；测量左前门门锁总成开关转至锁住侧、打开侧和不转时，如图 4-20 所示，门锁控制开关连接器的端子 9、10、7 分别与车身接地之间的电压，正常情况见表 4-1，若状况正常，进行其他相关电路检查；若不正常，继续下一步检查。

表 4-1 门锁开关端子电压测量

开关位置 \ 端子	9	10	7
锁住侧	0V	蓄电池电压	0V
打开侧	蓄电池电压	0V	0V
关断（OFF）	蓄电池电压	蓄电池电压	0V

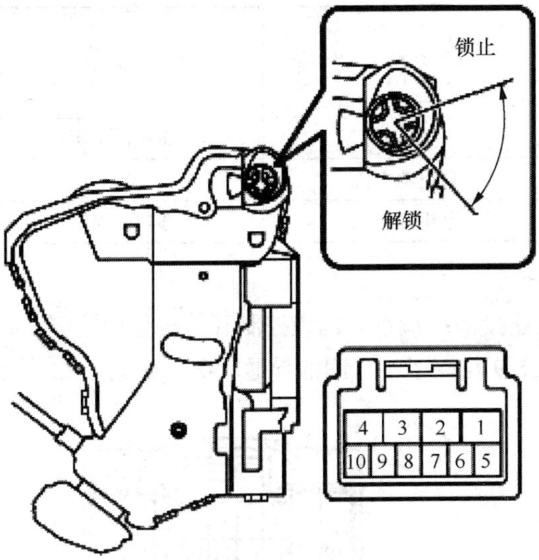

图 4-20 左前门门锁总成

2. 检查左前门门锁总成开关

脱开左前门门锁总成开关连接器；检查左前门门锁总成开关转至锁住侧、打开侧和不转时，左前门门锁总成开关连接器的端子 9、10 与端子 7 之间的导通状况，正常情况见表 4-2。

表 4-2 门锁开关端子电阻测量

测量连接端子	条 件	阻 值
7-9	ON（门锁设置为锁止）	小于 1Ω
7-9 7-10	OFF（松开）	无穷大
7-10	ON（门锁设置为解锁）	小于 1Ω

若状况不正常，更换左前门门锁总成开关；若正常，继续下一步检查。

3. 检查主车身 ECU 与左前门门锁总成开关

检查左前门门锁总成开关与车身接地之间的配线和连接器。若不正常，修理或更换配线或连接器；若正常，检查和更换主车身 ECU。

四、电动车窗主开关的检测

当车门锁控制开关按至锁住侧时，开关的锁住端子接地；当开关按至打开侧，打开端子接地。车门锁控制开关电路如图 4-19 所示。

1. 检查车门锁控制开关连接器的相应端子与车身接地之间的电压

拆下车门装饰和维修孔盖板；将点火开关转到 ON；测量门锁控制开关按至锁住侧、打开侧和不按时，门锁控制开关连接器 I3 的端子 1、2、9 与车身接地之间的电压，如图 4-21 所示；正常情况见表 4-3，若状况正常，进行其他相关电路检查；若不正常，继续下一步检查。

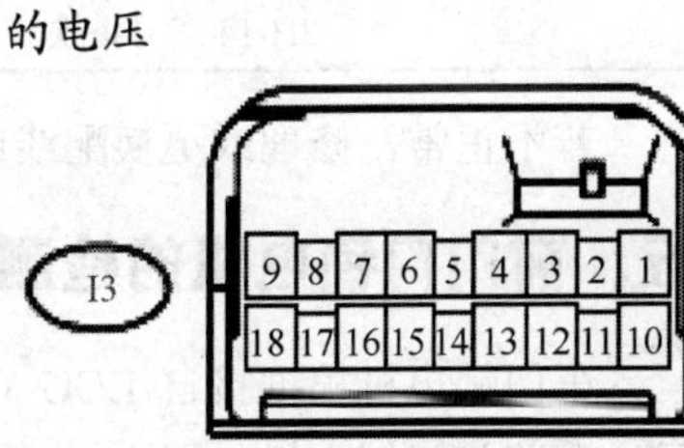

图 4-21 电动车窗主开关连接器

表 4-3　　电动车窗主开关

开关位置＼端子	2	9	1
锁住侧	0V	蓄电池电压	0V
打开侧	蓄电池电压	0V	0V
关断（OFF）	蓄电池电压	蓄电池电压	0V

2. 检查车门锁控制开关

脱开电动车窗主开关连接器；检查车门锁控制开关按至锁住侧、打开侧和不按时，电动车窗主开关连接器 I3 的端子 2、9 与端子 1 之间的导通状况，如图 4-22 所示；正常情况见表 4-4。

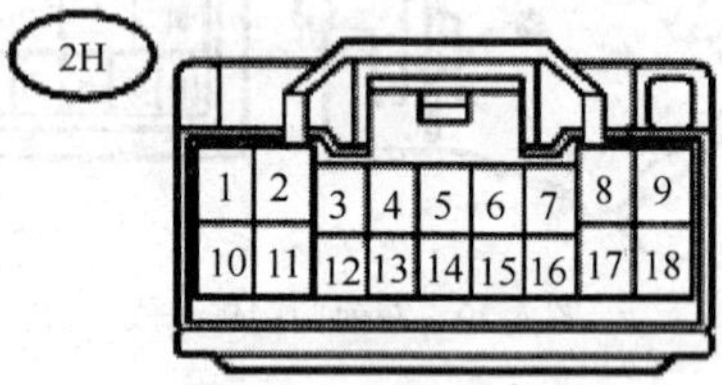

图 4-22　主车身 ECU 连接器 2H

表 4-4　　电动车窗主开关的测量

测量连接端子	条　件	阻　值
1-2	锁止	小于 1Ω
1-2　1-9	松开	无穷大
1-9	解锁	小于 1Ω

若状况不正常，更换电动车窗主开关；若正常，继续下一步检查。

3. 检查主车身 ECU 与电动车窗主开关 I3

检查主车身 ECU 连接器 2H 与电动车窗主开关 I3（见表 4-5），电动车窗主开关 I3 与车身接地之间的配线和连接器。

表 4-5　　主车身 ECU 连接器 2H 与电动车窗主开关 I3 的检测

连接器接头	电　阻　值
I3-2(L)-2H-13	小于 1 Ω
I3-9(UL)-2H-14	小于 1 Ω
I3-1(E)-车身搭铁	小于 1 Ω
2H-13-车身搭铁	无穷大
2H-14-车身搭铁	无穷大

若不正常，修理或更换配线或连接器；若正常，检查或更换主车身 ECU。

五、前门门锁电机的检测（以左前门为例）

车门锁电机根据接自 ECU（继电器）的信号锁住和打开车门。该电路的线路图如图 4-23 所示。左前门门锁电机如图 4-24 所示。

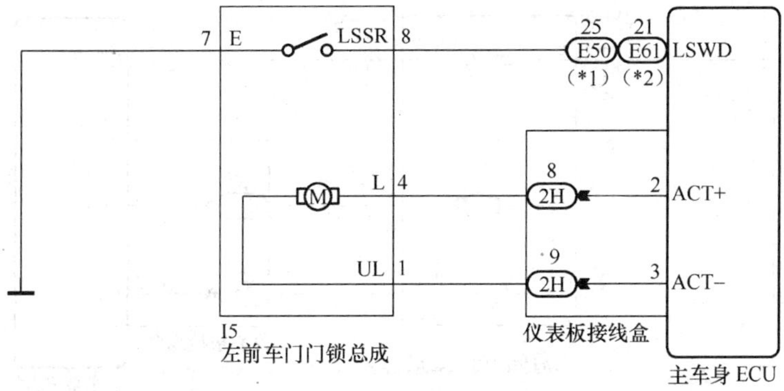

图 4-23 左前门门锁电机电路

1. 检查车门锁电机的运转声

检查车门锁控制开关按至锁住侧或打开侧时门锁马达的运转声（检查发生故障的车门）；正常情况下，能听到门锁电机的运转声。若不正常，修理或更换门锁控制熔断器；若正常，继续以下检查。

2. 检查车门锁电机（此项检查应在短时间 2s 内完成）

拆下车门装饰和维修孔盖；脱开门锁电机连接器；将正极（+）连接至门锁电机连接器 I5 的端子 4，负极（−）连至端子 1，正常状态应为门锁马达锁住车门；并且万用表测量 7-8 电阻为无穷大，将正极（+）连接至门锁马达连接器 I5 的端子 1，负极（−）连接至端子 4，正常状态应为门锁电机打开车门，并且万用表测量 7-8 电阻小于 1Ω。如图 4-24 所示。

若状态不正常，更换车门锁电机；若状态正常，继续下一步检查。

3. 检查主车身 ECU（继电器）与车门锁电机之间的配线和连接器

若不正常，修理或更换配线或连接器，若正常，更换主车身 ECU。

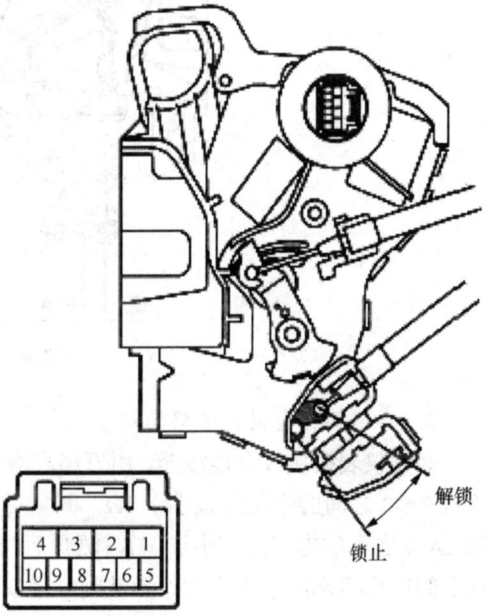

图 4-24 左前门门锁电机

六、后门门锁总成的检测（以左后门为例）

主车身 ECU（仪表板接线盒）接收锁止/解锁开关信号并根据这些信号激活门锁电动机，左后车门门锁总成电路如图 4-25 所示。

1. 检查后门门锁总成

拆下左后车门门锁总成，用蓄电池正极（+）连接端子 4，蓄电池负极（−）连接端子 1，后门门锁总成应该在锁止位置，测量端子 6 和 9 之间电阻应该无穷大；反过来用蓄电池正极（+）连接端子 1，蓄电池负极（−）连接端子 4，后门门锁总成应该在解锁位置，测量端子 6 和 9 之间电阻应该小于 1Ω。异常则更换后门门锁总成，正常则检查后门门锁电动机电路，如图 4-26 所示。

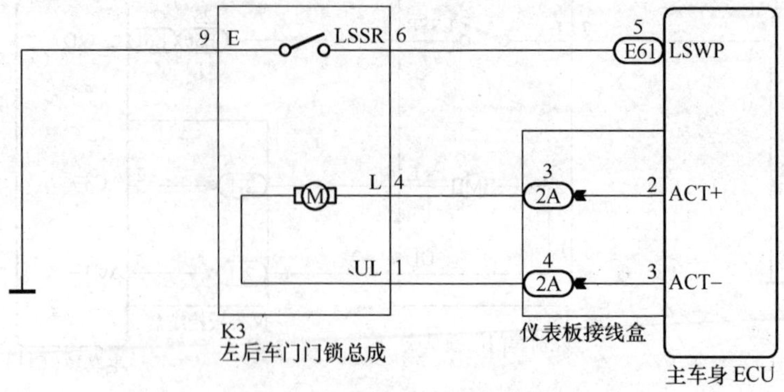

图 4-25　左后车门门锁总成电路

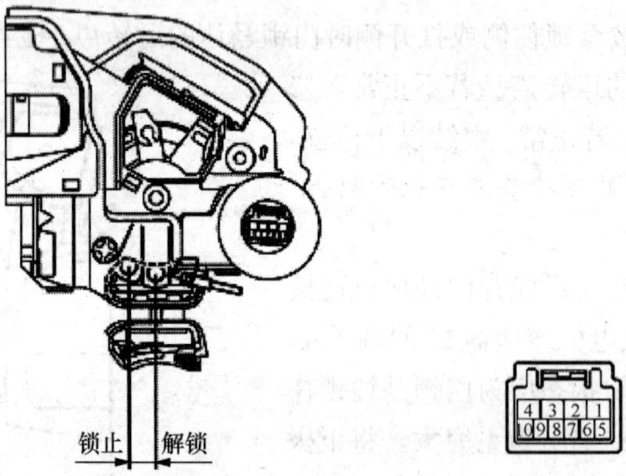

图 4-26　后门门锁总成

2. 后门门锁电动机电路的检查

断开仪表板接线盒连接器，用万用表测量后门门锁电动机连接器 K3-4（L）与主车身 ECU 连接器 2A-3 之间的电阻应该小于 1Ω，测量后门门锁电动机连接器 K3-1（UL）与主车身 ECU 连接器 2A-4 之间的电阻应该小于 1Ω，测量后门门锁电动机连接器 K3-1（UL）、K3-4（L）与车身搭铁之间的电阻都应该无穷大。异常则维修或更换线束或连接器，正常则检查车门解锁检测开关电路，如图 4-27 所示。

图 4-27　后门门锁电动机电路检查的连接器

3. 车门解锁检测开关电路检查

断开主车身 ECU（仪表板接线盒）连接器 E61，如图 4-28 所示，用万用表测量后门门锁电动机连接器 K3-6（LSSR）与主车身 ECU 连接器 E61-5 之间的电阻应该小于 1Ω，测量后门门锁电动机连接器 K3-6（LSSR）与车身搭铁电阻应该无穷大，测量后门门锁电动机连接器 K3-9（E）与车身搭铁之间的电阻都应该小于 1Ω。异常则维修或更换线束或连接器，正常则更换主车身 ECU（仪表板接线盒）。

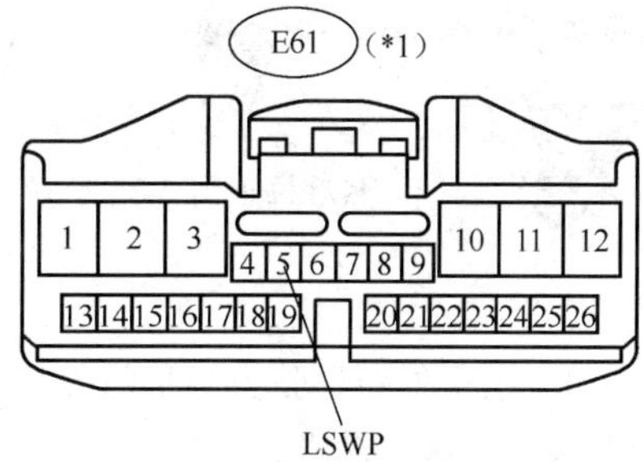

图 4-28　主车身 ECU 连接器 E61

七、前门门控灯开关总成的检测

1. 门控灯开关电路主车身 ECU（仪表板接线盒）检测

前门门控灯开关总成的状态（驾驶员侧）电路如图 4-29 所示。

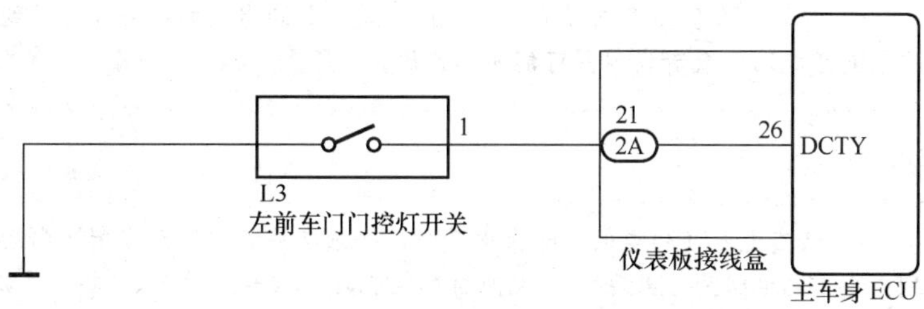

图 4-29　门控灯开关电路

拆下前排驾驶员侧车门门控灯开关，如图 4-30 所示，用万用表测量连接器 1 与开关搭铁，门控灯开关按下时（车门关闭）电阻应该无穷大，门控灯开关松开时（车门打开）电阻应该小于 1Ω。异常则更换门控灯开关总成，正常则检查前门门控灯开关电路。

2. 前门门控灯开关电路检查

断开仪表板接线盒连接器 2A，用万用表测量门灯开关连接器 L3-1 与主车身 ECU（仪表板接线盒）连接器 2A-21（DCTY）之间的电阻应该小于 1 Ω，门灯开关连接器 L3-1 与车身搭铁之间电阻应该无穷大，如图 4-31 所示。异常则维修或更换线束或连接器，正常则更换主车身 ECU。

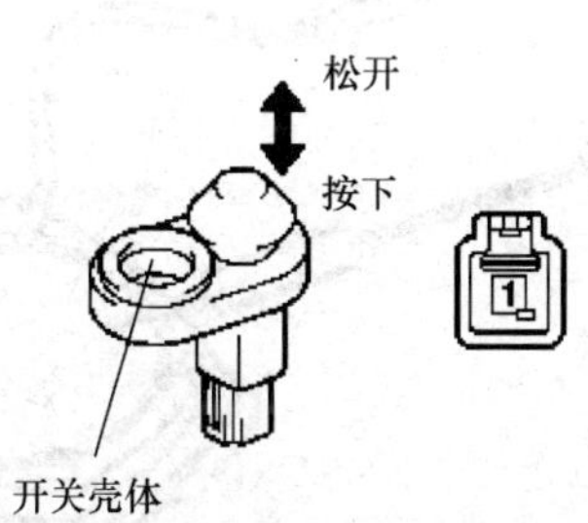

图 4-30　门灯开关

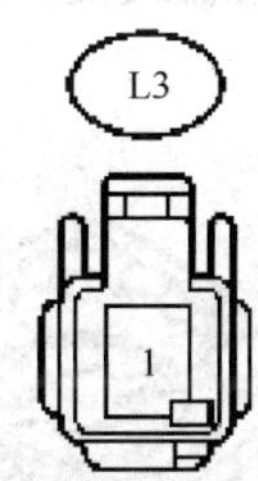

图 4-31　门灯开关连接器 L3

八、车门控制发射器的检查

1. 检查发射器的工作情况

① 取下发射器电池（锂电池）。

② 安装新的或电量充足的电池（锂电池）。

提示

若手头没有新电池或电量充足的锂电池时，可以将两节 1.5 V 新的干电池串联起来。然后按如图 4-32 所示，将引线与干电池相连，然后向发射器施加 3 V 电压。

③ 在车外距驾驶员侧车门外把手大约 1 m 处，通过将发射器的钥匙板对准车辆并按下发射器开关来测试发射器。

正常：通过发射器可以遥控操作门锁。LED 亮起一次以上。

提示

- 遥控发射器工作范围因使用者、手持发射器的方式和所处位置的不同而有所差异。
- 如果所在区域存在强电波或干扰，发射器的微弱电波可能会受到影响。发射器工作范围可能缩小或者发射器可能不起作用。

2. 检查电池电量

提示

- 检查电池（锂电池）剩余电量时，必须在将其安装到发射器内后方可检查（施加到电池上的电阻为 1.2kΩ）。当电池自测电能时（从车上拆下），电压读数将超过 2.5 V，直到电能耗尽。
- 如果发射器有故障，电池的剩余电量电压读数会不准确。

① 取下发射器电池（锂电池）。

② 将一根导线连接至发射器的负极（−）端子并安装电池。

③ 将检测仪正极（+）引线连接到电池（锂电池）的正极（+），并将检测仪负极（−）引线连接到上一步中连接的线束上，如图 4-33 所示。

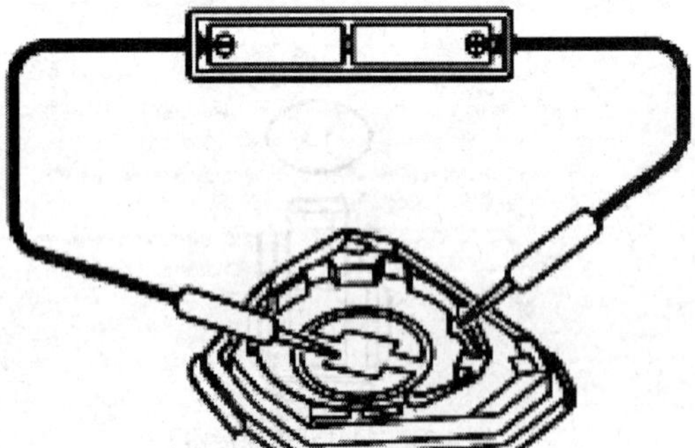

图 4-32　发射器的工作情况

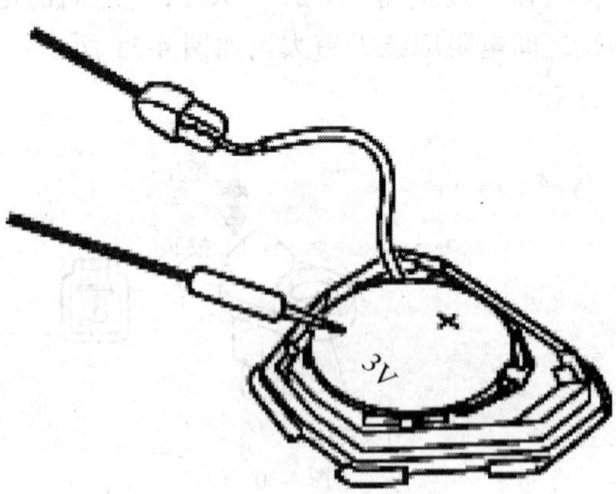

图 4-33　测量发射时的电压

④ 按下发射器上的一个开关大约 1s 时间。

⑤ 再次按下发射器上的发射器开关以检查电压。

电压：2.2 V 或更高。

提示

- 当电池温度低时，检查可能无法正常进行。当测试结果低于 2.2 V 时，将电池放置在温度为 18℃（64℉）的环境内 30min 或更长时间，然后再次进行测试。
- 按下开关后立即读取电压。按下开关 0.8s 后，自动断电功能起动，施加到电池的电阻终止。电池电压将为 2.5 V 或更高。
- 读取电压前应至少按下开关 3 次。如果电池温度正好恢复到 18℃（64℉），则第 1 次或第 2 次电压读数可能非常高。

九、汽车中控门锁故障检修

1. 全部门锁都不能工作

故障原因：

① 熔断器断路。

② 继电器损坏。

③ 门控开关触点烧蚀。

④ 搭铁点锈蚀或松动。

⑤ 连接线路断路。

维修思路：

① 检查熔断器是否断路；若熔断器良好，则应将门控开关接通，检查电机接线柱上的电压是否正常。

② 若电压为零，则应检查继电器和电源线路；若电压正常，则应检查搭铁线是否良好。

③ 搭铁不良时，应清洁、紧固搭铁线；若搭铁良好，应对开关和电动机进行检测。

2. 部分门锁不能工作

故障原因：

该门锁电机损坏或对应开关、连接导线断路。

维修思路：

先检查线路是否正常，再检查开关和电动机。

3. 汽车遥控器不能控制门锁

故障原因：

① 遥控器电池无电。

② 遥控器损坏。

③ 继电器损坏。

④ 熔断器断路。

⑤ 未锁警告灯开关总成烧蚀短路。

⑥ 电控单元损坏。

⑦ 线束断路。

维修思路：

① 检查遥控器发光二极管是否闪亮。按 3 次开关，检查发射器发光二极管是否亮 3 次。如果正常，说明遥控器无故障；如果不正常，则更换遥控器电池后，按 3 次开关，检查发射器发光二极管是否亮 3 次。如果不正常，更换门控发射器；如果正常，则说明是遥控器电池无电。

② 检查熔断器是否断路。

③ 检查无线门锁功能。按遥控器开关 1s，遥控器正对驾驶员一侧的车门外侧把手，距离车辆 1000mm。如果正常，无线门锁故障；如果不正常，转到下一步骤。

④ 检查未锁报警开关总成的导通性，如果不正常，更换未锁警告灯开关总成。

⑤ 检查继电器。

⑥ 检查线束或连接器。

4. 汽车中控门锁故障维修实际操作

在掌握了汽车中控门锁的维修知识后，现在我们一起来解决前面遇到的捷达轿车左前门中控锁开关能自动闭锁，但不能开锁的故障。

维修思路：

① 根据经验判断，这种故障现象多为开关或继电器故障，用换件维修法，更换左前门中控锁电动窗开关和仪表下的中控锁电动窗继电器，更换故障仍不能排除，则进行下一步。

② 检查线路，按照电路图检查，驾驶员侧中控锁开关 E150 到中控锁控制单元 J379 只有两根线，分别是黄色线控制闭锁和灰黑色线控制开锁，而且这两根线在线路中没有插头连接。

③ 利用万用表的导通挡直接测量中控锁开关 E150 的 2 号脚到中控锁控制单元 J379 的 8 号脚的通断，结果显示断路，所以中控锁控制单元 J379 接收不到中控锁开关 E150 的开锁信号。

④ 将左前门的线束从中央继电器处拔出，检查有无断路处，发现在车门铰链处线束有一处被磨破，将线束修复后故障排除。

课题五 5 汽车防盗系统

为了防止车辆被盗，许多汽车公司开始将汽车防盗装置作为汽车的标准配置，来提高汽车的市场竞争力。防盗报警系统通常与汽车中控门锁系统配合工作，当汽车处于防盗报警功能状态时，若有人企图不用钥匙强行进入汽车或打开发动机罩、行李箱门时，防盗报警系统的各种传感器便能检测到这种信息，立刻起动防盗报警系统，一方面发出报警，如灯光闪烁、喇叭鸣叫，另一方面是阻止车辆运行，如切断点火电路、起动电路及供油电路等。

工作情境描述

李先生有一台丰田花冠轿车，来厂前车况正常，想加一个防盗器，但加装防盗器后却无法起动，接着刘师傅在初步了解该型号防盗器基本结构和原理后，查阅了这款车防盗器有关维修技术资料，在系列检查、试验确认部位后，最后交质检验收交车。

相关知识

一、汽车防盗器的分类

汽车防盗器按其结构可分 3 类：机械式、电子式和网络式。

1. 机械式防盗器

主要是靠锁定离合、制动、节气门或转向盘以及变速杆来达到防盗的目的，它只防盗不报警。常见的结构形式有转向盘锁和变速手柄锁。

① 转向盘锁使用时，主要是转向盘与制动踏板连接在一起，使转向盘不能做大角度转向而制动汽车。而另一款式转向盘锁是在转向盘上加一枝长铁棒，也是使转向盘不能正常使用。

② 变速手柄锁在变速杆附近安装转速锁，可使变速器不能换挡。通常在停车后，把变速杆推回 0 位或 1 挡位置，加上变速器锁可使汽车不能换挡。

2. 电子式防盗器

电子防盗报警器（也称微电脑汽车防盗器），它主要是靠锁定点火或起动来达到防盗的目的，同时具有防盗和声音报警功能。

电子式防盗器是目前使用最广泛的类型，包括插片式、按键式和遥控式等。共有 4 种功能。

① 服务功能包括遥控车门、遥控起动、寻车和阻吓窃贼等。

② 警惕提示功能触发报警记录（提示车辆曾被人打开过车门）。

③ 报警提示功能，即当有人动车时发出警报。

④ 防盗功能，即当防盗器处于警戒状态时，切断汽车上的起动电路。

图 5-1 所示为奇瑞 QQ 汽车的遥控防盗钥匙。

3. 网络式防盗系统

该类汽车防盗系统分为卫星定位跟踪系统（简称GPS）和利用车载台（对讲机）通过中央控制中心定位监控遥控防盗钥匙。汽车防盗系统主要靠锁定点火或起动来达到防盗的目的，而同时还可通过 CPS 卫星定位系统（或其他网络系统），将报警信息和报警车辆所在位置无声地传送到报警中心。

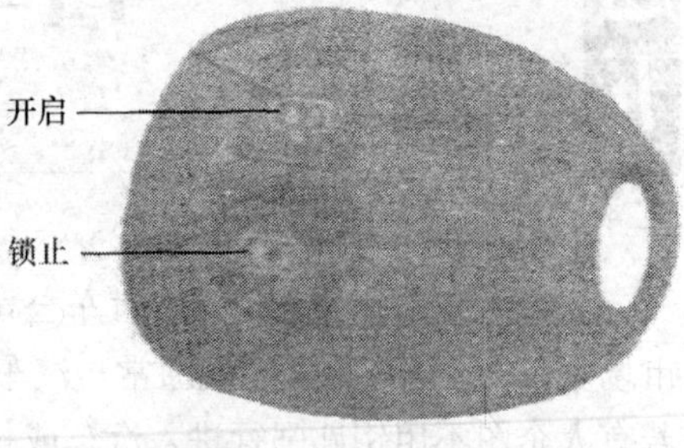

图 5-1　遥控防盗钥匙

二、汽车防盗系统的组成

图 5-2 所示为汽车电子防盗系统的组成。图 5-3 所示为防盗装置在车辆上的布置图。当用钥匙锁好所有车门时，该系统处于约 30s 检测时间报警状态。之后，系统中的指示器（通常为发光二极管——LED）开始断续闪光，表明系统处于报警状态。

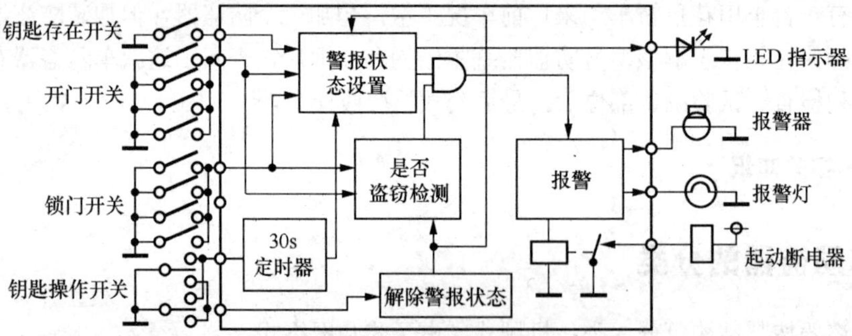

图 5-2　电子防盗系统的组成

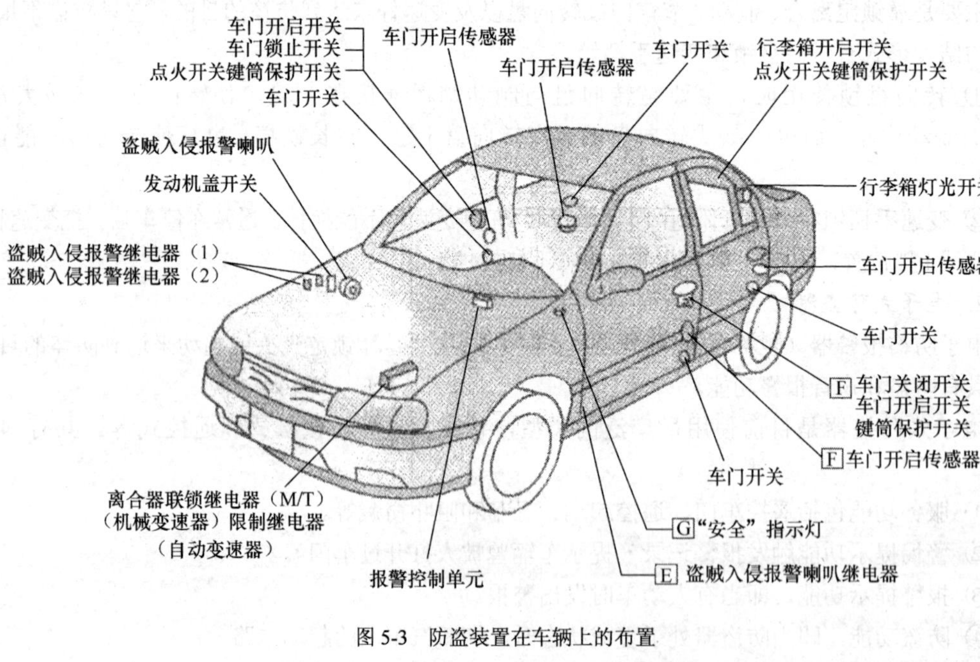

图 5-3　防盗装置在车辆上的布置

当第三方试图解除门锁或打开车门时（当所有输入开关均设定为关状态时），系统则发出警报。

当车主用其钥匙开启门锁时，这种报警状态或报警运转解除。

警报一般以闪烁灯或发声报警形式发出。警报发生后持续时间约为 1min，但起动电路直到车主用车钥匙打开汽车门锁之前始终处于断路状态。

三、汽车防盗系统技术原理

1. 点火控制型防盗器

这种防盗器主要采用控制点火装置的模块，对点火系统进行控制。

在车主离开汽车并打开防盗系统后，如有人非法进入车内，并试图用非法配制的点火钥匙起动车辆时，点火电路受控制模块防盗装置的作用，拒绝提供发动机运转所需的点火功能。同时也可防止点火开关的线路短接，并通过音响报警装置向车主或车场保管人员通报。

工作原理如下。当点火钥匙插入点火开关时。发射器钥匙 ECU 指令发射器钥匙线圈提供电磁能量，点火钥匙发射器芯片内的电容器将该能量储存起来，发射器芯片利用这一电能发射 ID 信号。套在点火钥匙胆内的线圈接收到由发射器芯片发射的 ID 码信号并放大送入发射器 ECU，发射器钥匙 ECU 立即判断这个 ID 码是否与其内存储的 ID 码一致。若钥匙正确，则发动机 ECU 输出信号，起动发动机，同时仪表板上的防起动指示灯将点亮 2s 左右后熄灭。表示防起动系统已完成对点火钥匙 ID 信号的识别；若钥匙不正确，或者 ID 码未被发射钥匙 ECU 识别，防起动指示灯将亮 2s 左右，然后转为闪烁状态，直至关闭点火开关时才熄灭。钥匙码的发射过程和接收过程如图 5-4 所示。

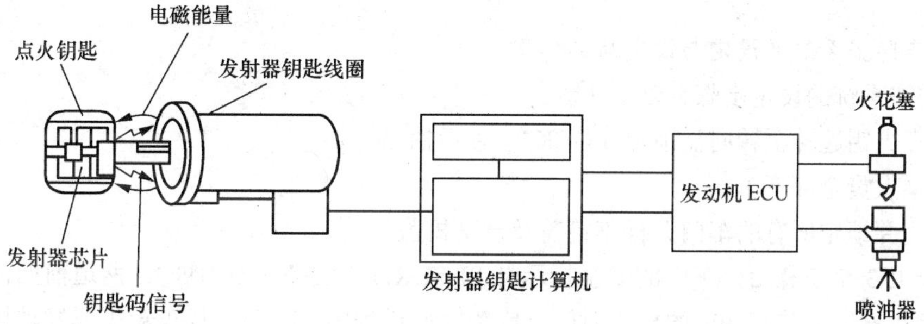

（a）钥匙码的发射过程

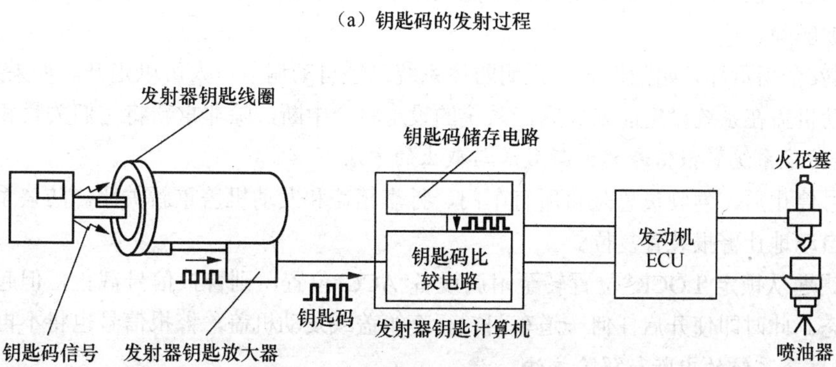

（b）钥匙码的接收过程

图 5-4　钥匙码的发射过程和接收过程

2. 油路防盗系统

工作原理如下。其基本原理与点火控制防盗系统相似，在汽车的油路中安装一套装置，控制供油系统。只要该系统进入工作状态，有人想要偷车，发动机供油系统将会拒绝提供所需燃油，起动防盗功能。

3. 其他防盗系统

（1）VOLVO 开发的新型防盗系统

瑞典 VOLVO 汽车公司为 S80 型轿车开发出一套新型防盗系统，其中既有机械方式也有电子方式，还有防砸功能。

工作原理如下。它的车门钥匙锁芯可以无阻力旋转，当盗贼用旋具或其他坚硬物体撬锁时，该锁芯可随撬动的物体旋转方向转动，而无法撬开。电子静止状态控制，一旦车主打开该系统离开汽车，如有人想移动该车，车辆就会拒绝进入行驶状态。它的前、后风窗玻璃和车窗玻璃都是采用特种玻璃，即使用铁锤或铁棒击打，玻璃也不会出现缝隙和漏洞，令盗贼的手无法伸进车内打开车门。

（2）利用电波控制的防盗系统

工作原理如下。它是在汽车上安装一个类似寻呼机的装置来对发动机点火系统进行控制，只要车主发现车辆被盗或车辆被抢劫后，通知总控制发射台，发出控制电波信号，使该车发动机无法运转。

四、汽车防盗系统的运用

1. 汽车防盗系统的设定与设定后的作用

汽车防盗系统的设定步骤有以下 3 步。

① 将点火钥匙转至转向盘锁定“LOCK”位置后抽出。

② 驾乘人员全部下车。

③ 关闭并锁定所有的车门、行李箱盖及发动机盖。

完成以上 3 个步骤后，车中的安全指示灯 SECURITY 发亮（不闪烁）。两道前门被锁定后，防盗系统将在设定之前有 30s 的检查时间，因为在此过程中，后门、行车箱盖或发动机盖可能还有某一道开启着。在 30s 内，若想起车内未完成的事又用钥匙或遥控器开启某一道前门，系统的防盗功能将被解除。

④ 看到安全指示灯开始闪烁时，说明防盗系统已经自动调节，人可以走开。如果某一车门、行李箱或发动机盖在系统设定前未关紧，系统的设定将会中断，除非重新将它们关紧和锁定。

2. 汽车防盗系统警报信号的重新激活与截止的方法

警报信号停止后，驾驶员总是将所有车门、行李箱盖和发动机盖重新关闭。防盗系统一旦再设定，也就自动地让警报装置复位。

将点火钥匙从锁定“LOCK”位置转至附属设备“ACC”位置，则警报信号截止，但起动回路仍处于断路状态。此时即使开启任何一道车门、行李箱盖或发动机盖，警报信号也将不再激活。

3. 汽车防盗系统的中断与解除方法

防盗系统设定过程中，若用主钥匙开启行李箱，则防盗系统暂时中断——既不能激活，也不能解除。行李箱盖开启的同时，若再将车门和发动机盖打开，这样，防盗系统唯有拆下电池电桩头才能使其激活。

为了重新恢复防盗系统的设定过程，应关闭和锁定所有的车门、行李箱盖和发动机盖。而且要注意，必须拔出主钥匙后行李箱盖才能闭锁，即关闭行李箱盖时，钥匙不能插在锁孔中。

用点火钥匙开启其中一道前门，此为防盗系统全部解除方式，与此同时，起动回路立即受激导通。

4. 汽车防盗系统安全指示灯

安全指示灯在防盗系统的使用中给出 3 种指示。指示灯闪烁，说明防盗系统已经设定，此时若开启车门、行李箱盖或发动机盖，必须用主钥匙；指示灯常亮，说明防盗系统进入预定的自动设定时期，此期间内车门和发动机盖用副钥匙也能开启，该指示灯在警报信号触发声同时也发亮；指示灯灭（如汽车在正常行驶中），说明防盗系统不起作用，可按常规操作开任何一道车门。

五、铁将军 5 键遥控汽车防盗报警系统的认知

1. 功能键简介

各功能键如图 5-5 所示。

按设定键：锁门，并进入声光防盗警戒状态。

按解除键：车门开锁，并解除防盗警戒状态。

按静音键：锁门，并进入静音防盗警戒状态。

按寻车键：喇叭鸣叫 15s，方向灯同步闪亮，声光寻车。

按尾门键：遥控开启尾门（行李箱）。

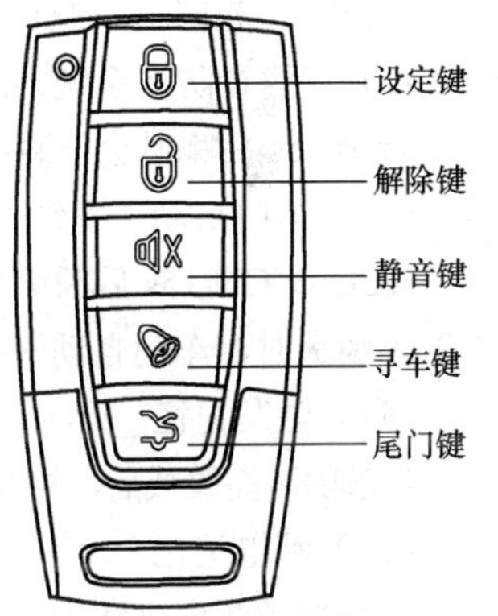

图 5-5 声光防盗

2. 基本功能

按一下键，车门上锁，方向灯闪一下，喇叭发出“Bi”一声提示，LED 警示灯闪亮，自动进入声光防盗警戒状态。

（1）静音防盗

按一下键，车门上锁，方向灯闪一下，LED 警示灯闪亮，自动进入静音防盗警戒状态。触发报警在声光警戒中，第一次受到振动触发，方向灯短闪 3 次，喇叭发出“BiBi、BiBi、BiBi”3 声提示；第二次受到振动触发，方向灯闪烁 5s，喇叭同步报警，若 15s 内再次受到触发，方向灯闪亮 30s，喇叭同步报警。引擎断电止动。

在静音警戒中，第一次受到振动触发，方向灯短闪 3 次，喇叭不报警；第二次受到振动触发，方向灯闪烁 5s，喇叭不报警，若 15s 内再次受到触发，方向灯闪亮 30s，喇叭不报警，引擎断电止动；开关触发时，无论在任何警戒状态，方向灯闪亮 30s，喇叭同步报警，同时，引擎断电止动。

（2）警戒解除和自动回复

按一下键，车门开锁，方向灯闪 2 次，喇叭发出“BiBi”两声提示，LED 停止闪烁；解除防盗警戒后，25s 内车门未打开或未被触发，防盗系统视作错误解除，会自动回复到原防盗警戒状态。

（3）遥控开启尾门（行李箱）

按键 1s，遥控开启尾门（行李箱）。

在防盗警戒状态，遥控开启尾门后，振动的检测、尾门检测将暂时停止，4min 后如果尾门没有关闭，系统将忽略尾门检测，并自动恢复振动传感器功能。

（4）尾门检测

在防盗警戒中，若尾门被撬，防盗报警器立即报警。

（5）寻车。

按一下键，喇叭鸣叫 15s，方向灯同步闪亮，告知车辆所在位置。

（6）紧急呼叫

在行驶中，长按键 2s，方向灯短闪一下，10s 后，方向灯快速闪亮，同时喇叭周期性报警，以起阻吓和呼叫作用，按键停止报警。

（7）求救

在行驶中，长按键 2s，喇叭鸣叫 30s，方向灯同步快速闪亮求救，发出呼叫信号；按任意键停止。

（8）提示设定防盗和自动投入防盗（程式选择※）

当停车关门 5s 后，防盗系统会发出“滴、滴、滴”3 声提示，提醒车主开启防盗系统。 如 1min 内仍未设定，将自动进入静音警戒状态，但车门不上锁。该种防盗器出厂设定为自动提示、无自动投入。

（9）提示关门

若开启声光防盗系统后，车门未关妥，5s 内喇叭响“滴、滴、滴”3 急声，方向灯同步闪 3 下（若开启静音防盗系统，只是方向灯闪 3 下）；车主应先解除防盗警戒，关妥车门后再开防盗系统，否则 35s 后喇叭会一直报警（警示 4min 后停止）。

（10）车门自动上下锁

ACC 或 ON 15s 后踩脚刹，自动锁门；其间若车主开关边门，15s 后踩脚刹，边门自动上锁；当停车熄火时，车门自动开锁；在行驶中，按键上锁；按键开锁。

（11）触发记忆

当解除防盗警戒后，打开车门，喇叭叫 2 声，如警示灯长亮 3s 后熄灭，表示车辆曾经被触发过。

（12）断电记忆

防盗器遭断电破坏后，不论时间长短，重新通电 5s 后，防盗系统会回复到断电前状态。

（13）路边停车警示

当停车打开车门时，方向灯立即闪亮 18s，提醒后方来车注意，避免意外发生。

任务实施

一、发动机盖门控灯开关与电路的检测

发动机盖门控灯开关与发动机盖锁安装在一起。发动机盖打开时开关断开，发动机盖关闭时开关接通。发动机罩控制灯开关电路如图 5-6 所示。

1. 发动机盖门控灯开关的检查

拆卸散热器上空气导流板，断开 1 号水软管卡夹支架，拆卸发动机盖锁总成，断开门控灯开关连接器 A60，用万用表电阻挡测量发动机盖门控灯开关的电阻，发动机盖门控灯开关在 LOCK 位置时电阻应该小于 1Ω，发动机盖门控灯开关在 UNLOCK 位置时电阻应该为 10kΩ 或更大。若导通情况不正常，更换发动机罩控制灯开关；若导通情况正常，继续下一步检查，如图 5-7 所示。

2. 发动机盖门控灯开关线束和连接器的检查

A60-1 与车身搭铁电阻始终小于 1Ω，电阻不正常则进行维修或更换线束或连接器；电阻正常则检查线束和连接器（防盗警报 ECU 总成—发动机盖门控灯开关）断开 ECU 连接器，测量 E75-4

（DSWH）—A60-2 之间的电阻应该小于 1Ω，E75-4（DSWH）—车身搭铁之间的电阻应该始终为 10kΩ 或更大。若导通情况不正常，应维修或更换线束或连接器；若正常，检查和更换防盗和门锁控制 ECU，如图 5-8 所示。

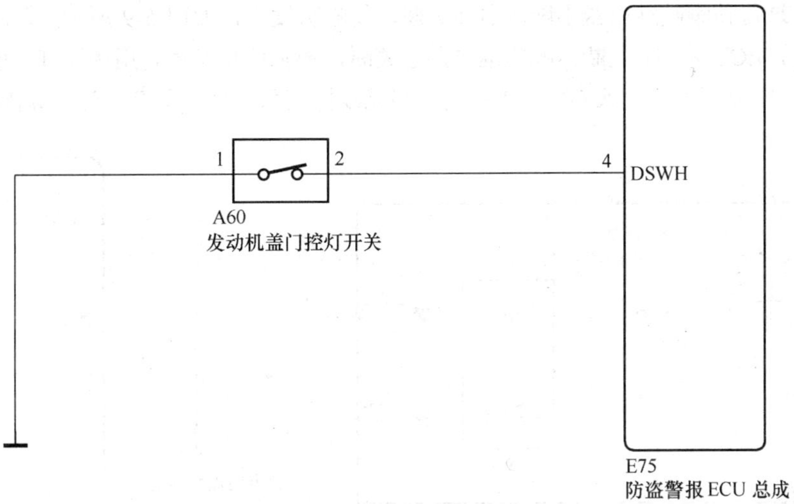

图 5-6　发动机罩控制灯开关电路

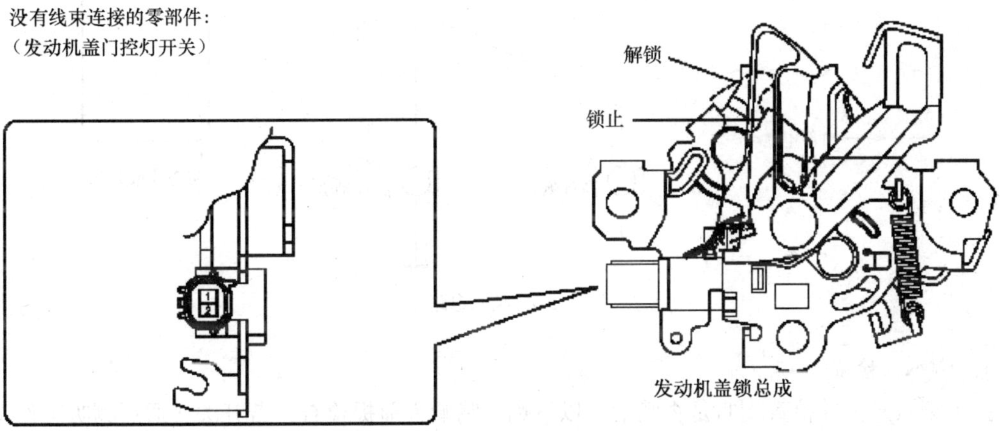

图 5-7　发动机盖门控灯开关的检查

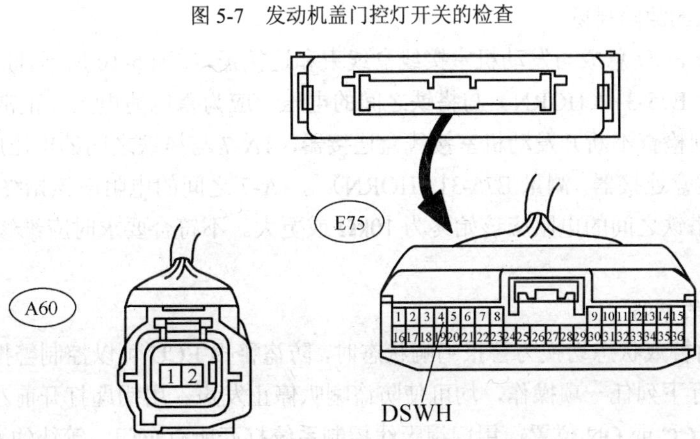

图 5-8　发动机盖门控灯开关线束和连接器的检查

二、喇叭电路的检查

当防盗系统由警戒状态切换为警报鸣响状态时，防盗警报 ECU 发送一个信号，使喇叭以 0.4s 的间隔鸣响。这促使喇叭继电器不断接通和关断，使喇叭发声，如图 5-9 所示。此时，若执行后面任一项操作，ECU 的 Tr 关断，喇叭继电器也关断，喇叭停止发声。用钥匙打开前左侧或右侧车门；将点火开关转到 ACC 或 ON 位置；用门锁无线控制系统打开所有车门，等待约 60s。

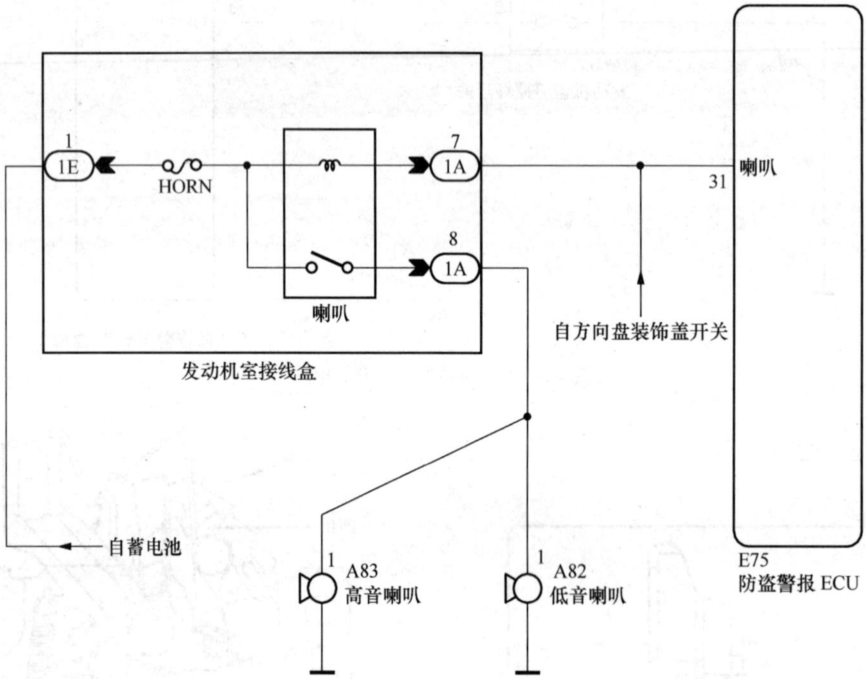

图 5-9　喇叭电路

1. 喇叭的检查

按下喇叭开关并检查喇叭是否鸣响。以下喇叭鸣响为前提检查，若开关接通后喇叭工作不正常，应先进行喇叭的故障排除。

检查防盗警报 ECU 总成与发动机室接线盒线束和连接器，如图 5-10 所示，断开防盗警报 ECU 连接器 E75，测量 E75-31（HORN）与搭铁之间的电压，应为蓄电池电压，正常则更换防盗警报 ECU 总成，异常则检查不断开发动机室接线盒连接器，1A-7 与搭铁之间的电压应为蓄电池电压，断开发动机室接线盒连接器，测量 E75-31（HORN）与 1A-7 之间的电阻应该始终小于 1Ω，E75-31（HORN）与车身搭铁之间的电阻应该始终为 10kΩ 或更大。不符合要求时应维修或更换线束或连接器。

2. 警报喇叭的电路

当防盗系统由警戒状态切换为警报鸣响状态时，防盗警报 ECU 可以控制警报喇叭，电路图如图 5-11 所示。执行下列任一项操作，均可使防盗喇叭停止发声。用钥匙打开前左侧或右侧车门；将点火开关转至 ACC 或 ON 位置；用门锁无线控制系统打开所有车门，等待约 60s。

检查警报喇叭总成，拆下警报喇叭总成，检查喇叭的工作情况。用蓄电池正极（+）与端子 1

连接，蓄电池负极（–）与喇叭体连接，如图 5-12 所示，喇叭应该鸣响。不正常则更换警报喇叭总成；正常则检查线束或连接器。

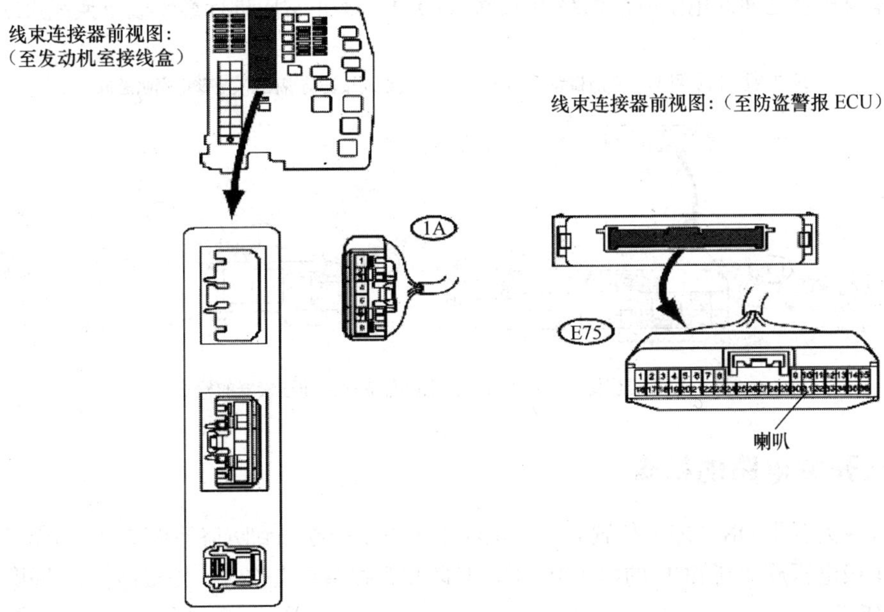

图 5-10　防盗警报 ECU 总成与发动机室接线盒线束和连接器

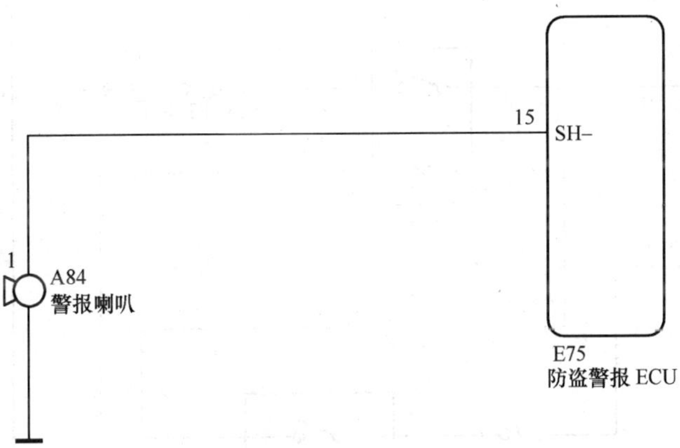

图 5-11　警报喇叭电路

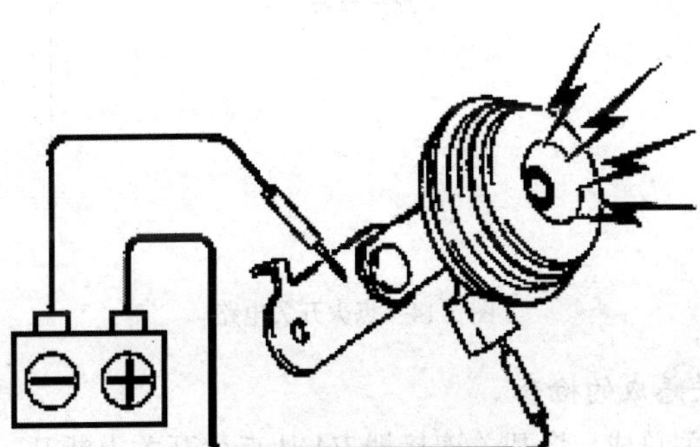

图 5-12　警报喇叭总成的检查

防盗警报 ECU 与警报喇叭总成检查线束和连接器，如图 5-13 所示，断开 ECU 连接器 E75 和喇叭连接器 A84，用万用表电阻挡测量 E75-15（SH-）与 A84-1 的电阻应该始终小于 1Ω，E75-15（SH-）与车身搭铁之间的电阻应该始终为 10kΩ 或更大。不正常应进行维修或更换线束或连接器。

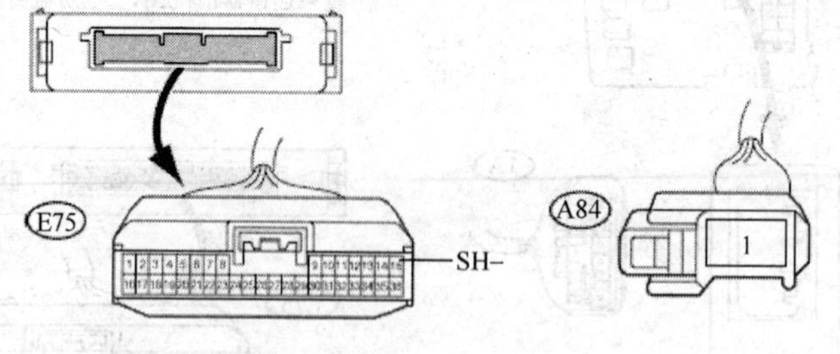

图 5-13　防盗警报 ECU 与警报喇叭总成线束和连接器的检查

三、点火开关电路的检查

当点火开关置于 ON（IG）位置时，蓄电池正极电压被施加到防盗警报 ECU 的端子 IG 上。当蓄电池正极电压施加到 ECU 的端子 IG 上，且防盗警报系统工作时，警报停止。点火开关电路如图 5-14 所示。

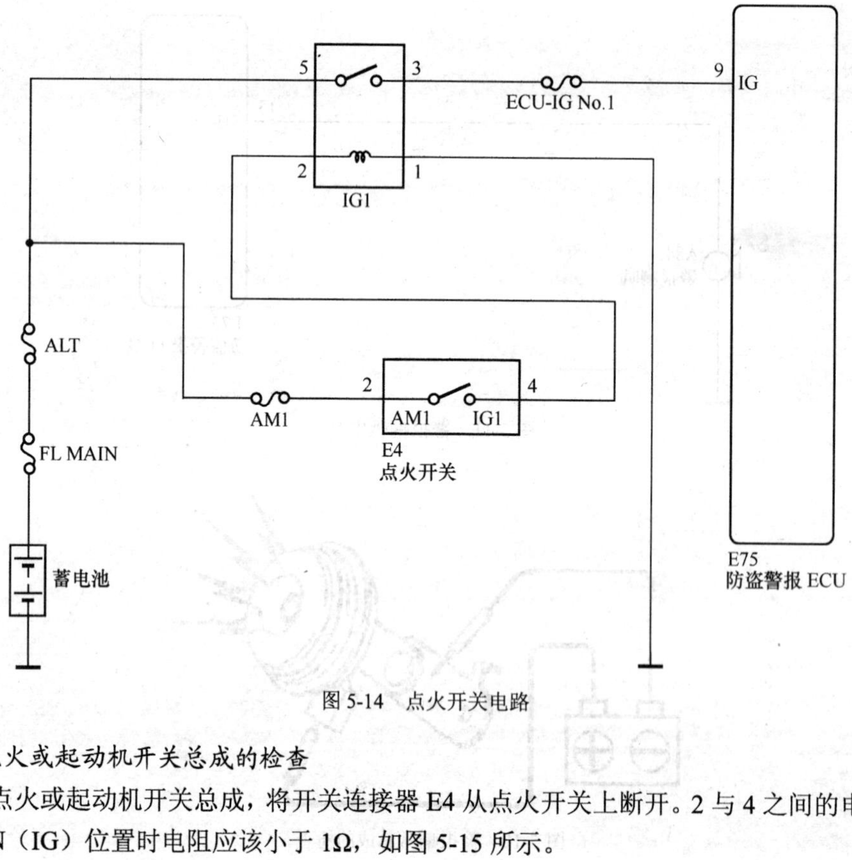

图 5-14　点火开关电路

1. 点火或起动机开关总成的检查

检查点火或起动机开关总成，将开关连接器 E4 从点火开关上断开。2 与 4 之间的电阻点火开关置于 ON（IG）位置时电阻应该小于 1Ω，如图 5-15 所示。

2. IG 电源线束或连接器的检查

IG 电源线束或连接器的检查，断开防盗警报 ECU 连接器 E75，重新连接开关连接器 E4，将点火开关置于 ON（IG）位置，E75-9（IG）与车身搭铁之间的电压应该为蓄电池电压。不正常则维修或更换线束或连接器，如图 5-16 所示。

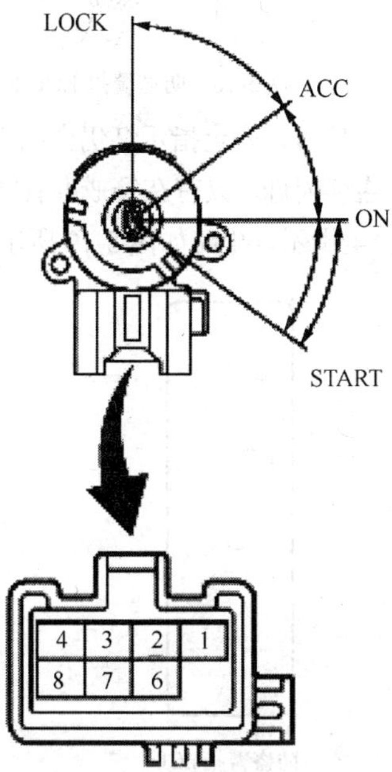

图 5-15 点火或起动机开关总成的检查

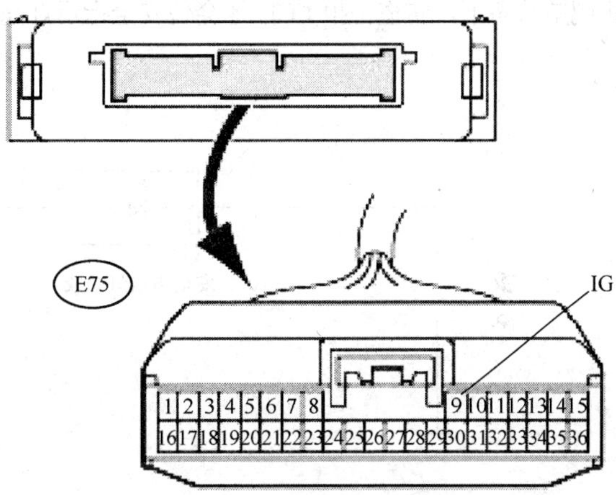

图 5-16 IG 电源线束或连接器的检查

3. 防盗警报 ECU 总成

图 5-17 所示为防盗警报 ECU 电源电路，该电路提供运行防盗警报 ECU 的电源。

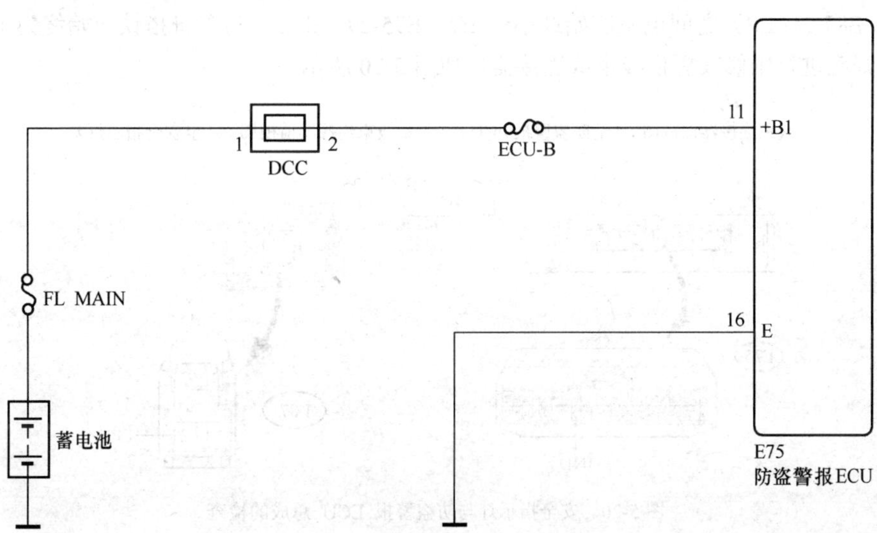

图 5-17 防盗警报 ECU 电源电路

检查防盗警报 ECU 总成，如图 5-18 所示，在不断开连接器 E75 的情况下，拆下防盗警报 ECU

总成，测量 E75-11（+B1）与 E75-16（E）之间的电压，应该始终为蓄电池电压，如果电压不正常就断开防盗警报 ECU 连接器 E75，测量 E75-11（+B1）与 E75-16（E）之间的电压，应该始终为蓄电池电压，E75-16（E）与车身搭铁之间的电阻应该小于 1Ω。不正常应进行维修或更换线束或连接器，若仍不正常更换防盗警报 ECU 总成。

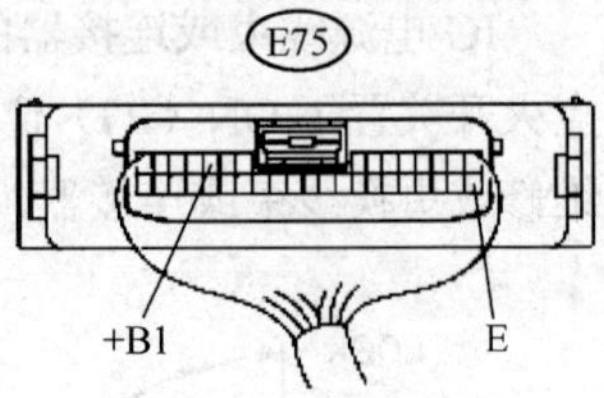

图 5-18　防盗警报 ECU 的检查

四、安全指示灯电路的检查

即使在防盗系统处于解除警戒状态时，因为停机系统输出了一个信号，安全指示灯仍会闪烁。在警戒状态下，由于从停机系统收到一个连续的信号，安全指示灯会连续闪烁。只有在警戒准备状态和警报鸣响状态下，防盗警报 ECU 才会使安全指示灯亮起或闪烁。安全指示灯电路如图 5-19 所示。

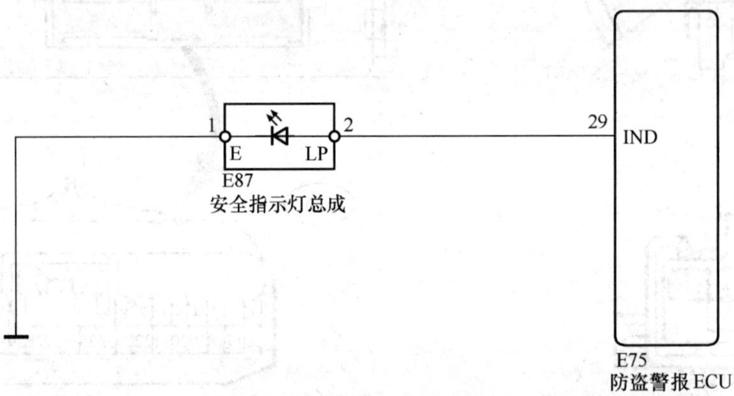

图 5-19　安全指示灯电路

1. 安全指示灯与防盗警报 ECU 总成的检查

安全指示灯与防盗警报 ECU 总成的检查，断开 ECU 连接器 E75，断开连接器 E87，测量 E75-29（IND）与 E87-2（LP）之间电阻应始终小于 1Ω，E75-29（IND）与车身搭铁应始终为 10kΩ 或更大。异常则应进行维修或更换线束或连接器，如图 5-20 所示。

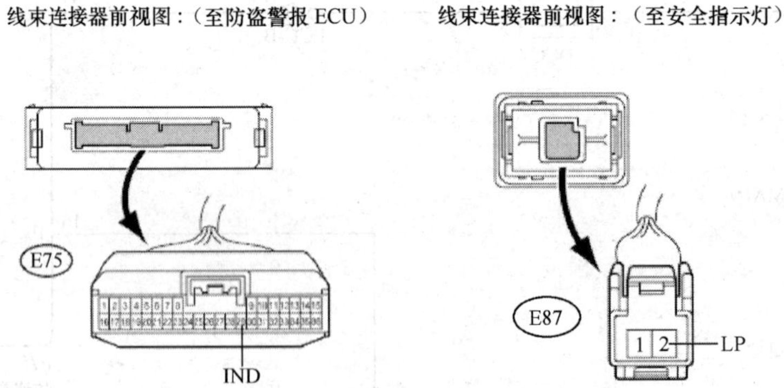

图 5-20　安全指示灯与防盗警报 ECU 总成的检查

2. 安全指示灯线束和连接器的检查

安全指示灯线束和连接器的检查，如图 5-21 所示，安全指示灯连接器 E87-1（E）与车身搭铁之间的电阻应该小于 1Ω。异常则应该维修或更换线束或连接器。

3. 安全指示灯的检查

检查安全指示灯，如图 5-22 所示，拆下指示灯，从线束背面将蓄电池电压施加到指示灯端子之间，检查安全指示灯的照明状态，蓄电池正极（+）接端子 E87-2（LP），蓄电池负极（−）接端子 E87-1（E）安全指示灯应亮起。

线束连接器前视图：（至安全指示灯）

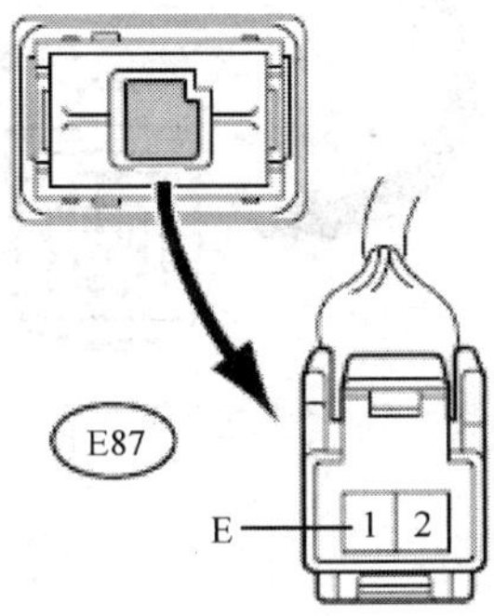

图 5-21 安全指示灯线束和连接器的检查

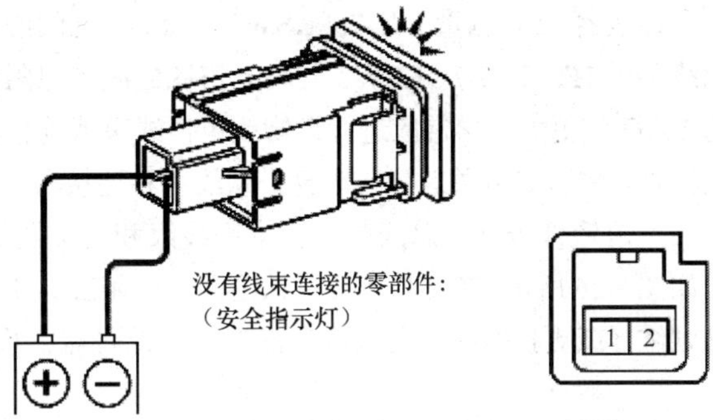

图 5-22 安全指示灯的检查

提示

- 如果正极（+）引线和负极（−）引线连接不正确，安全指示灯不会亮起。
- 电压高于 12V 时会损坏安全指示灯。
- 如果电压过低，则安全指示灯不会亮起。

五、解锁警告开关电路的检查

钥匙解锁警告开关在点火钥匙插入点火锁芯时接通，在点火钥匙从点火锁芯中拔出时断开。当钥匙解锁警告开关接通时，防盗警报 ECU 运行钥匙受限防止功能。解锁警告井关电路如图 5-23 所示。

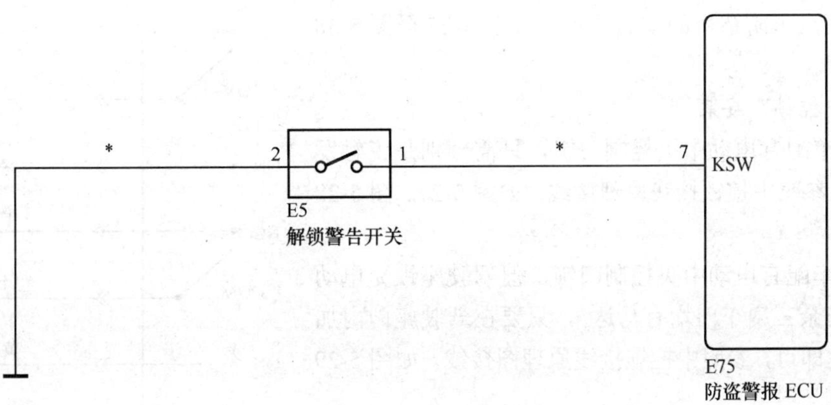

图 5-23 解锁警告井关电路

1. 解锁警告开关总成的检查

解锁警告开关总成的检查，拆下解锁警告开关总成，测量1与2之间的电阻，松开时（钥匙拔出）电阻应该为10kΩ或更大，按下（钥匙插入）时电阻应该小于1Ω。异常则更换解锁警告开关总成，如图5-24所示。

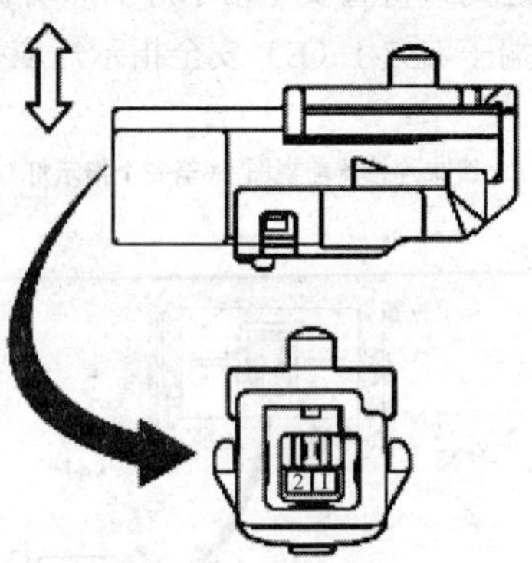

图5-24　解锁警告开关总成的检查

2. 防盗警报ECU总成与解锁警告开关总成线束和连接器的检查

（1）防盗警报ECU总成线束和连接器的检查

如图5-25所示，断开防盗警报ECU连接器E75和解锁警告开关连接器E5。测量E75-7（KSW）与E5-1之间的电阻应该始终小于1Ω，E75-7（KSW）与车身搭铁之间的电阻应该始终为10kΩ或更大。异常应进行维修或更换线束或连接器，正常则检查解锁警告开关总成与车身搭铁线束和连接器。

（2）解锁警告开关总成与车身搭铁线束和连接器的检查

如图5-26所示，E5-2与车身搭铁之间的电阻应该小于1Ω。异常则维修或更换线束或连接器；正常则更换防盗警报ECU总成。

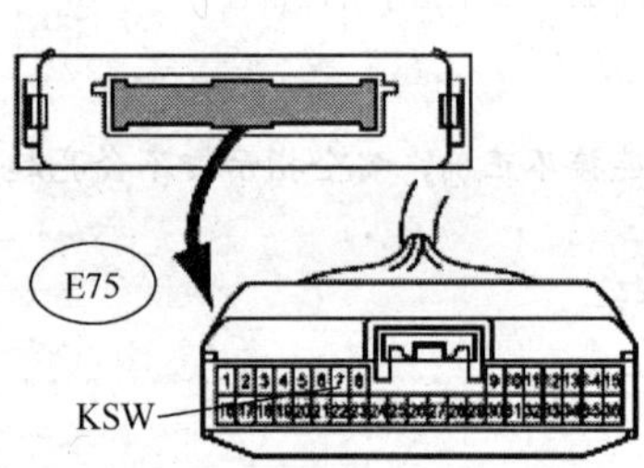

图5-25　防盗警报ECU 总成线束和连接器的检查

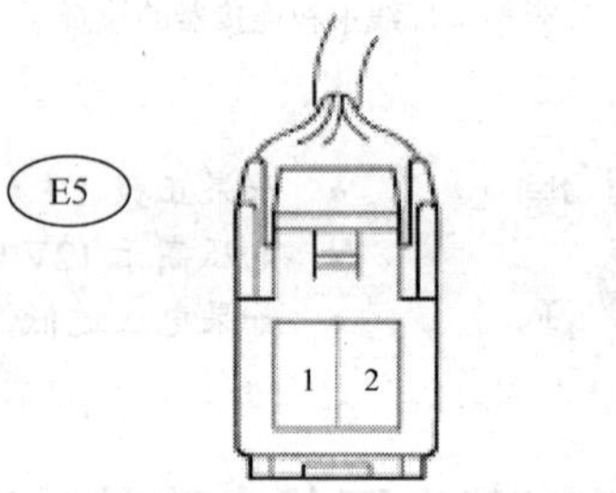

图5-26　解锁警告开关总成与车身搭铁线束和连接器的检查

六、防盗器的加装

1. 铁将军汽车防盗器安装

铁将军汽车防盗器的安装示意图如图5-27至图5-38所示。

2. “中控锁”安装

① 原车配有电动中央控制门锁，只需判别是正触发或负触发，参照中控锁接线原理接线，如图5-27、图5-28所示。

② 原车配有电动中央控制门锁，但驾驶座锁无电动机驱动（其余三扇车门均有马达），只要在驾驶座门内加装一个马达即可，参照中控锁接线原理图接线，如图5-29所示。

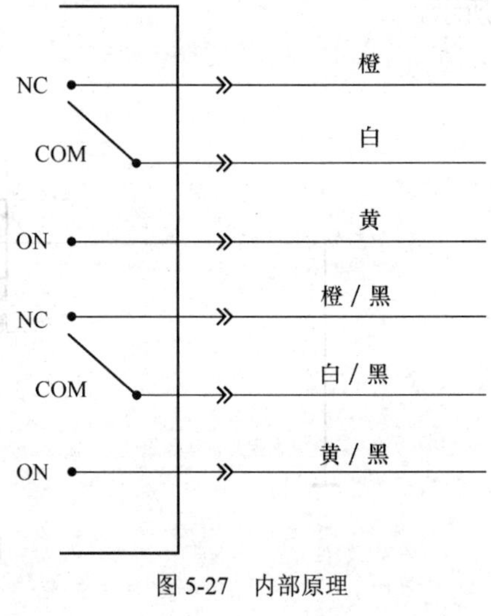

图5-27　内部原理

③ 原车配有启动中央控制门锁，防盗器主机内有条

线选择，可将条线短路器插在“气动”位参照中控锁接线原理图接线，如图 5-30 所示。

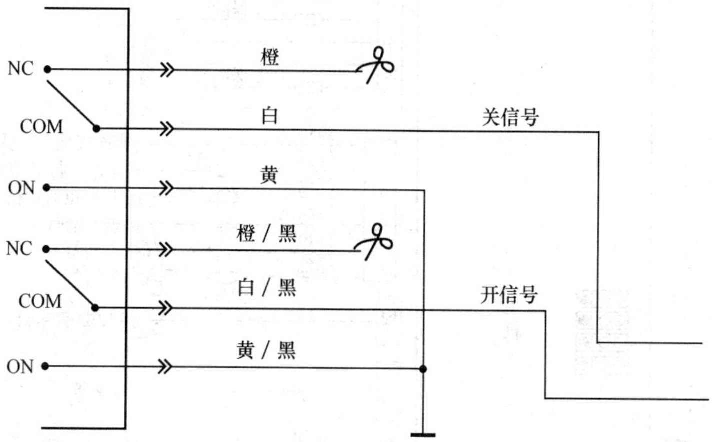

图 5-28　负触发

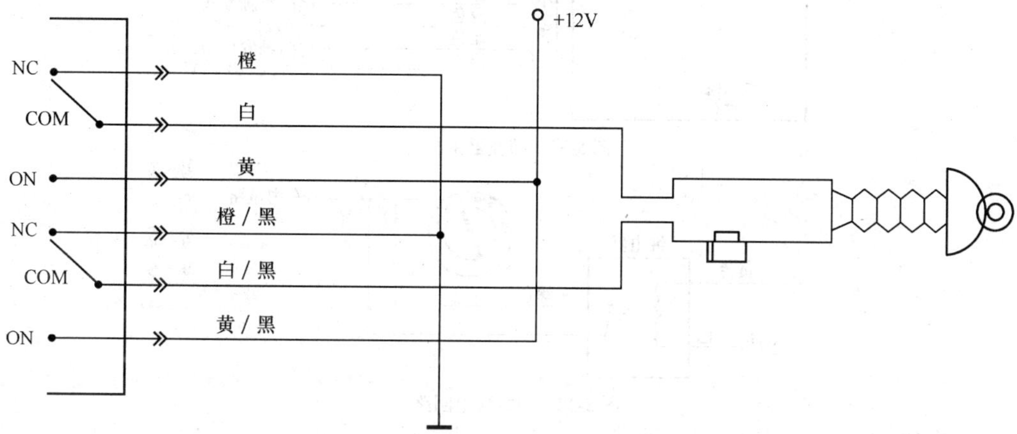

图 5-29　正负触发

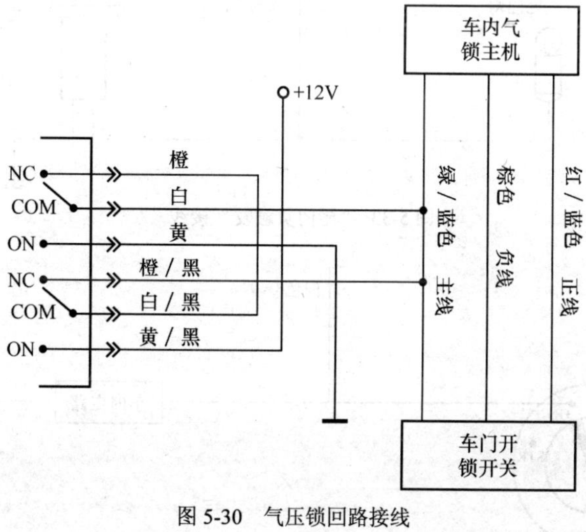

图 5-30　气压锁回路接线

④ 原车门锁无动力驱动，应加装一套中控锁电动机，参照中控锁接线原理接线。

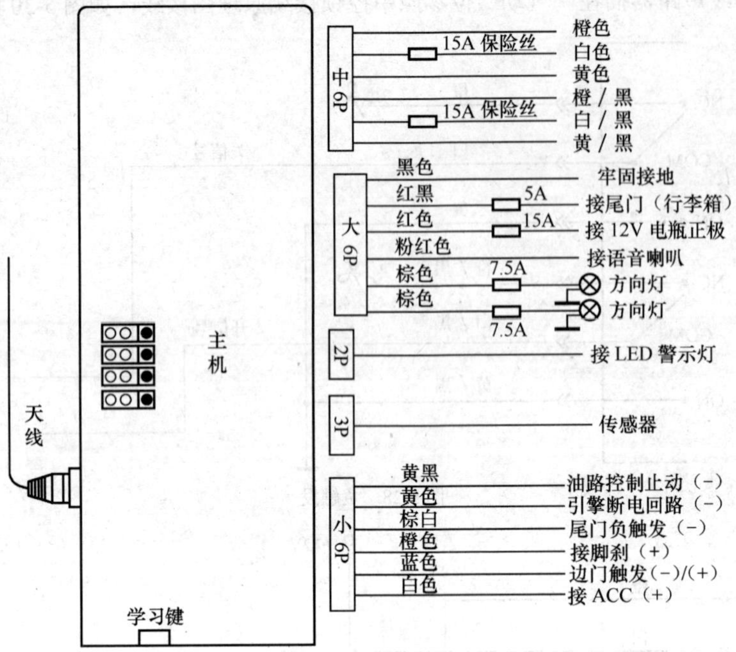

图 5-31　防盗器主机

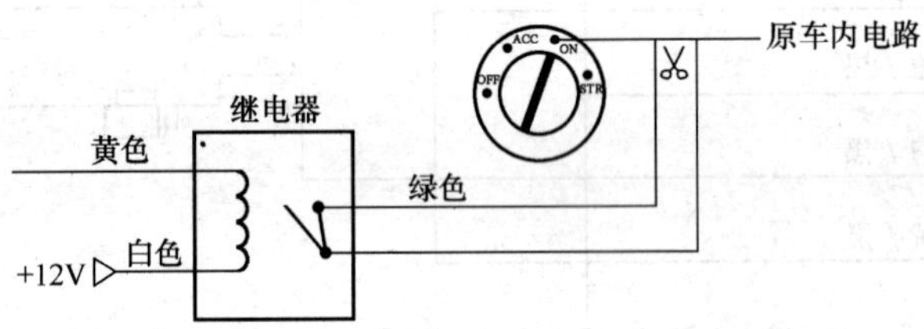

图 5-32　引擎断电回路

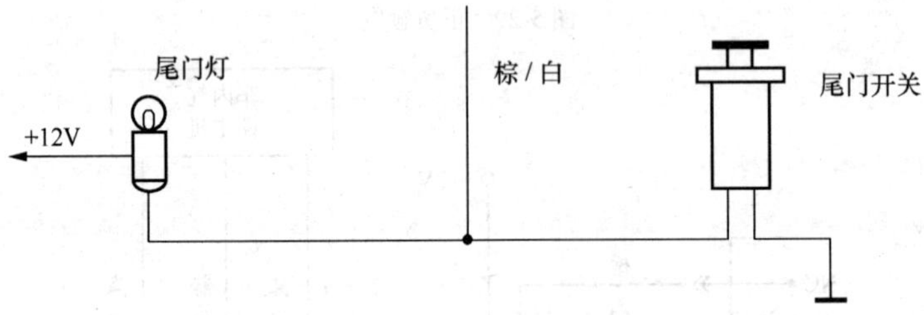

图 5-33　“尾门负触发”接线

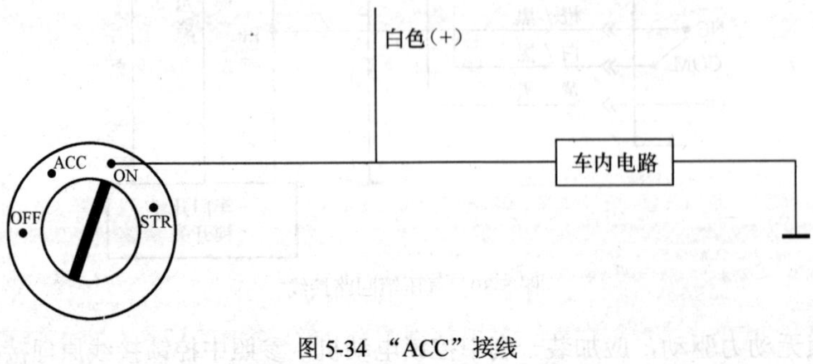

图 5-34　“ACC”接线

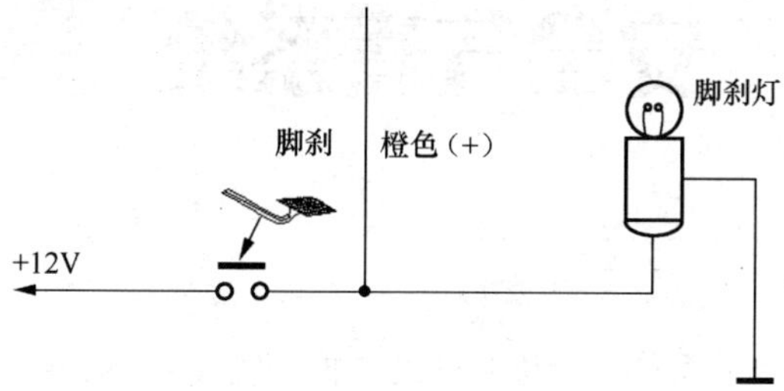

图 5-35 “脚刹”接线

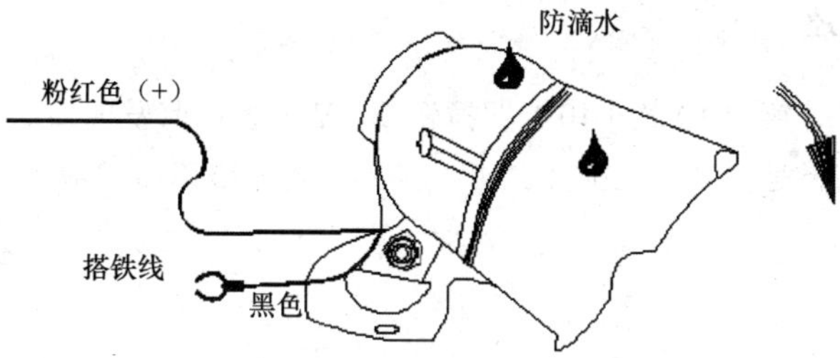

图 5-36 “语音喇叭”接线

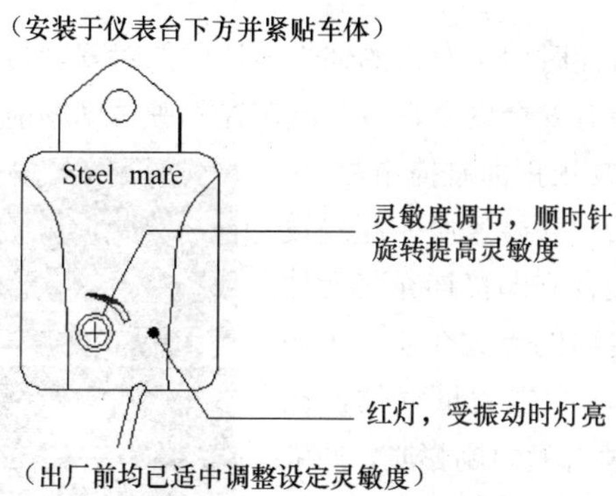

图 5-37 “振动传感器”的安装

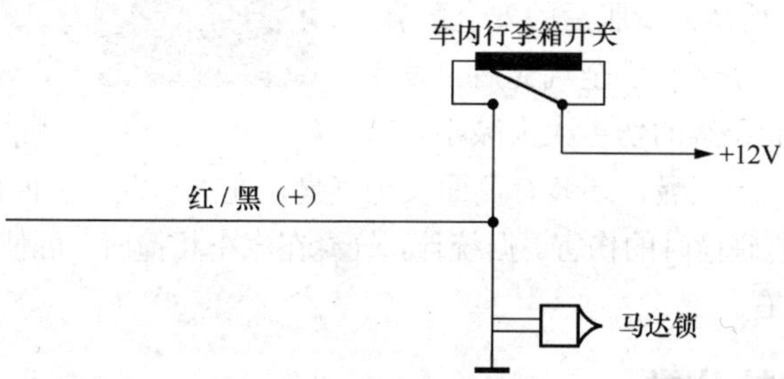

图 5-38 “行李箱”接线

3. 防盗器主机安装的注意事项

① 主机安装位置应在仪表台下方隐蔽处。

② 主机要避开漏水、漏油处安装。

③ 将线束按接线图相应的端子线连接。

④ 将主机和所有线束接头连接。

⑤ 确认无误后，将线束捆扎整齐。

课题六 安全气囊系统

安全气囊（Safe Air Bag）系统的全称是辅助防护系统（Supplemental Restraint System）或辅助防护安全气囊系统，英文缩写为SRS。

工作情境描述

陈先生两年前买了一辆2010款丰田卡罗拉轿车，某天上班前发现该车安全气囊灯常亮，于是进厂报修。经检查，结果是控制单元损坏。经一系列检查、维修后，最后交质检验收交车。

相关知识

一、安全气囊的作用

为了减小汽车发生正面碰撞时由于巨大的惯性所造成的对驾驶员和乘员的伤害，现在汽车在驾驶员前端转向盘中央普遍装有安全气囊，有些汽车在驾驶员副座前的工具箱上端和后排乘员座位上也装有安全气囊。当汽车发生正面碰撞事故时，安全气囊控制系统检测到冲击力（减速度）超过设定值时，安全气囊电子控制装置立即接连充气元件中的传爆管电路，点燃传爆管内的点火介质，火焰引燃点火药粉和气体发生剂，产生大量气体，在0.03s的时间内将气囊充气，使气囊急剧膨胀，冲破转向盘，缓冲对驾驶员和乘员的冲击，随后又将气囊中的气体放出，图6-1所示为膨胀后的安全气囊。

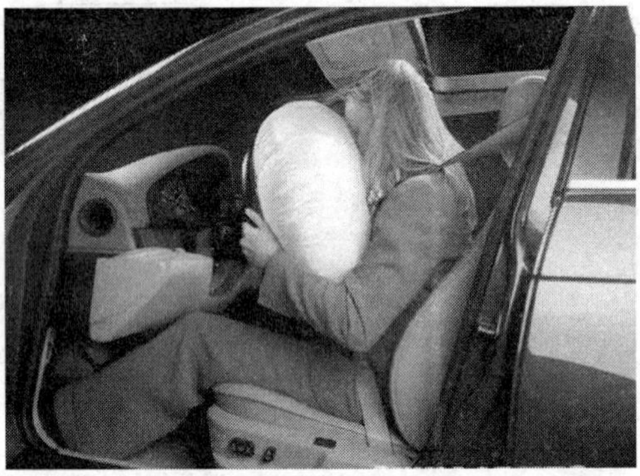

图6-1 膨胀后的安全气囊

实验和实践证明，汽车装有安全气囊后，发生正面碰撞事故对驾驶员和乘客的伤害大大减小。有些汽车不仅装有前端的安全气囊，还装有侧面安全气囊，在汽车发生侧面碰撞时，也能使侧向安全气囊充气，以减小侧向碰撞时的伤害。据统计，气囊在汽车相撞时. 可使头部受伤率减少25%，面部受伤率减少80%左右。

二、安全气囊系统的分类

按气囊数量分为单气囊系统（只装在驾驶员侧）、双气囊系统（驾驶员侧和副驾驶员侧各有一个安全气囊）；按气囊大小分为安全气囊（保护全身）、大型气囊（保护整个上身）、小型护面气囊（主要保护面部）。

按照保护对象的不同分为以下几种。

1. 驾驶员防撞安全气囊

驾驶员防撞安全气囊装在转向盘上，按体积的大小分两种。一种气囊是考虑到驾驶员没有佩带座椅安全带时汽车相撞，其体积较大，约 60L。另一种气囊是按照驾驶员佩带座椅安全带而设计的，其体积较小，约 40L。日本的安全气囊即属于此类，近年来，由于安全气囊的生产成本下降，日本防撞安全气囊规格有所增加。如本田汽车的驾驶员防撞安全气囊的体积为 60L。

2. 前排乘员防撞安全气囊

由于乘员在车内位置不固定，因此为使其在撞车时免受伤害，设计的防撞安全气囊也较大，有两种规格，一种约 160L，另一种约 75L（考虑了乘员受座椅安全带的约束）。

3. 后排乘员防撞安全气囊装在前排座椅上

4. 侧面防撞安全气囊

装在车门上，防止乘员受侧面撞击。

各种安全气囊的位置如图 6-2 所示。

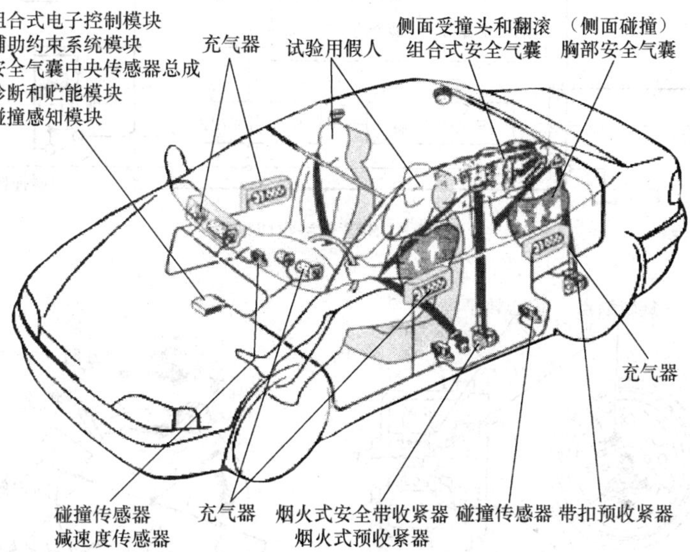

图 6-2 各种安全气囊的位置

三、安全气囊系统的组成

虽然安全气囊的种类较多，但其基本结构都是大同小异的，主要由电控部分和机械部分组成，图 6-3 所示为电子式安全气囊系统的组成框图。

1. 电控部分

安全气囊系统的电控部分由各种传感器、微处理器（CPU）、气囊和安全带预紧器的引爆装置、报警装置、接口、RAM 和 ROM 等组成。

（1）碰撞传感器

① 偏心锤式碰撞传感器（机械式传感器）。这种传感器一般安装在保险杠与挡泥板之间，用来感知低速碰撞的信号。传感器安装在一个密封的防振保护盒内。其结构如图 6-4 所示。

当传感器中的重锤的移动速度高于某一特定车速时（称为 TBD 车速，其大小决定于汽车的特性），重锤便将其机械能量直接传给引发器使气囊打开。

② 具体的工作原理如下。汽车正常行驶时，扭力弹簧将重锤、动触头定在上止点位置，传感器没有触发信号给中央控制器。当汽车碰撞时，减速度所产生的惯性克服弹簧的扭力而使重

锤产生运动，带动触桥转动，使动、静触头结合。此时，传感器向中央控制器发出接通信号，同时安全传感器也接通，CPU 发出引爆安全带预紧器传爆管的指令，使安全带拉紧而起到安全保护作用。

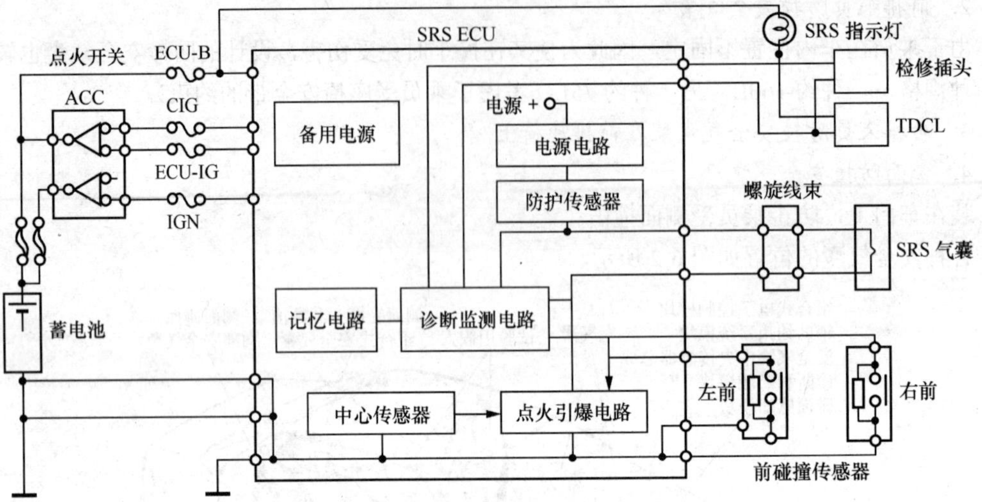

图 6-3　SRS 电路组成框图

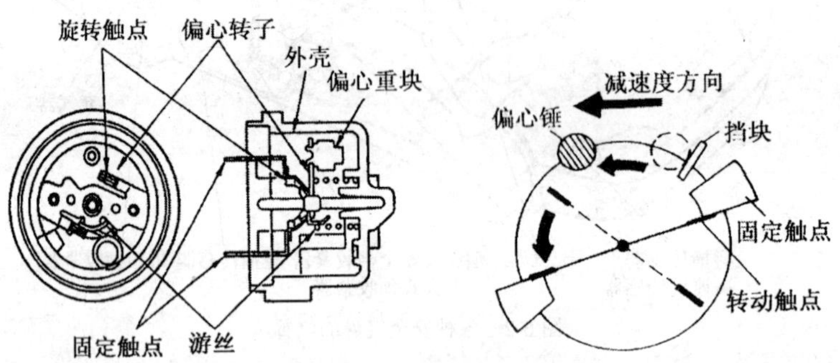

图 6-4　偏心锤式碰撞传感器结构

偏心锤式传感器有 4 个引脚，其中两个引脚接中央控制器，另外两个为自诊断引脚，如图 6-5 所示。电阻的作用是诊断本传感器与中央控制器之间是处于开路状态，还是处于正常状态。CPU 启动自检程序后，用程序开关把外电源通过一个电阻 4-1 线上，并测量 4-1 与 3-1 之间的电压。电压为设计值，则说明 4-1 与 3-1 两根线完好，如果电压为 0V，则说明 4-1 和 3-1 两线中间有一个是断路的。再人为地把传感器触头闭合，同样测 4-1 与 4-2 之间的电压，如果为 0V，则说明 4-1 线是完好的。同样可以自诊断其他线和其他传感器是否完好。

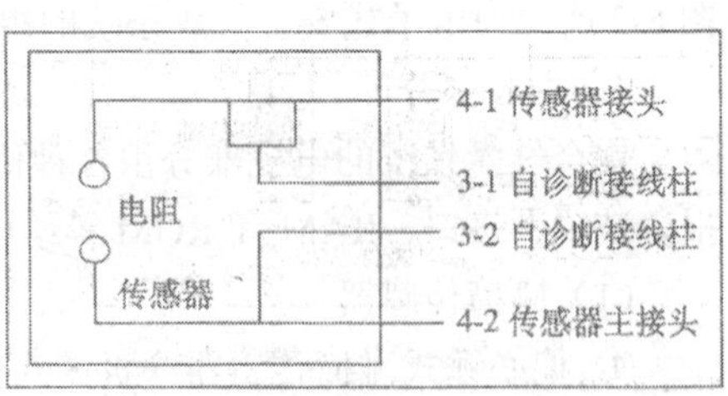

图 6-5　偏心锤式传感器接线图

③ 安全传感器（机电式传感器）。图 6-6 所示的安全传感器是一个水银常开开关。安全传感器用来防止系统在非碰撞状况引起气囊的误动作，一般装在中央控制器内。当发生碰撞时，足够大的减速度力将水银上抛，接通传爆管电路。

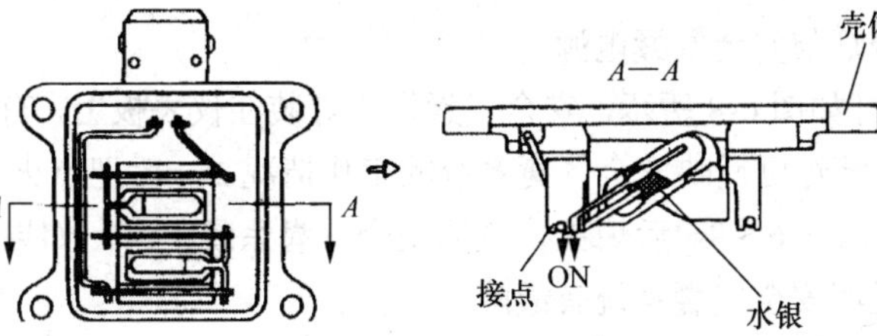

图 6-6　安全传感器

④ 中央安全气囊传感器（电子式传感器）。电子式传感器对汽车正向加速度进行连续测量，并将结果输送给微处理器，微处理器内有一套复杂碰撞信号处理程序，能够判定气囊是否需要打开。如需要，微处理器便会接通点火电路，如果机电式保险传感器也闭合，则引发器接通，气囊打开。

中央安全气囊传感器是一个半导体压力传感器的结构，如图 6-7（a）所示。其悬臂架压在半导体应变片的两端。当汽车发生碰撞时，半导体应变片在悬臂减速惯性的作用下发生弯曲应变。

电阻的变化引起动态应变仪输出电压发生变化。

汽车的速度越大，碰撞后产生加速度的力越大，则输出的电压也越大。由于半导体压力传感器输出特性受温度影响较大，故应用晶体管的基极发射极间的电压 U_{be}。的温度变化来消除传感器输出特性的变化。所以半导体压力传感器要求有稳定的电源，它的线路图如图 6-7（b）所示。

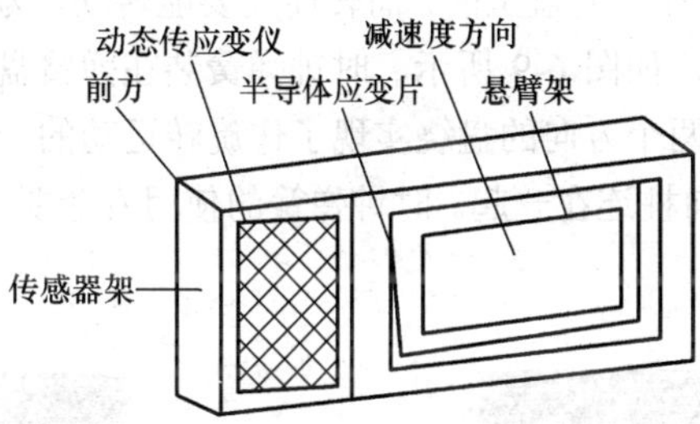

（a）机构图

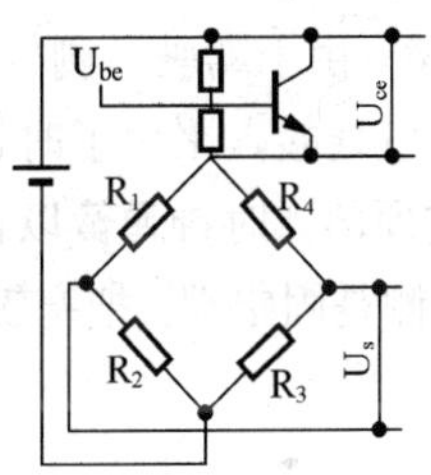

（b）线路图

图 6-7　中央传感器（半导体压力传感器）

中央安全气囊传感器装在中央控制器内，用来感知高速碰撞的信息，并将其输送到 CPU，引爆气囊传爆管，使气囊打开。同时前方另有一个传感器也引爆了预紧器的传爆管，即全带预紧器和气囊同时起作用。有的前方传感器有两对动、静触头，在低速碰撞时，第一对触头闭合引爆安全带预紧器，在高速碰撞时第二对触头接通，安全带预紧器及气囊同时动作。中央安全气囊传感器的作用是增加可靠性。三种传感器的比较见表 6-1。

表 6-1　三种传感器的比较

	机械式	机电式	电子式
优点	结构简单；不需要电路；安装与更换方便；不需要安装空间	调整特性方便，只需改变传感器的数量和位置；能连续检查组件内部	结构简单，不需要安装空间；可连续检查组件内部；调整特性方便，只需改变电脑程序
缺点	不能连续检查组件内部为有效检测碰撞信号（特别是乘客侧），需要有附加装置	使用麻烦，需要有安装传感器和电器部件的空间	需对各车型分别进行电脑编程；需对各车身结构进行特殊控制

（2）安全气囊报警灯与安全气囊电源

① 安全气囊报警灯如图 6-8 所示，安全气囊报警灯装在仪表板上，有的用图形显示，有的用字母显示。安全气囊报警灯可反映安全气囊系统的工作情况。一般把点火开关置于“ON”挡后报警灯先闪亮（或不间断亮）6～8s 后熄灭，说明安全气囊系统正常，如果安全气囊报警灯不亮，或不停地闪或常亮则说明安全气囊系统有故障。

若控制块出现异常，不能控制报警灯，报警灯便在其他电路的直接控制下作出异常显示，有如下几种情况。控制块无点火电压，报警灯常亮；控制块无内部工作电压，控制块未接通，报警灯经线束连接器的短接条接通。

② 安全气囊电源能给气囊引爆器供电的渠道有两种。

（a）系统中的电容器。接通点火开关期间（发动机工作时），电能存储装置（电容器）就会连续不断地充电。如果蓄电池没电，这个存电装置可以提供能量来引爆气囊的引爆器（点火器/点火装置），而且电容器中所储存的电量能够满足 6s 之内的断电需求，并能保留足够的电量，在蓄电池无电时使气囊膨胀。

（b）蓄电池。蓄电池是一种备用设备，也是一种为引爆点火器供电的装置。它是通过电源输出导线把电流送给安全气囊电脑的。

（3）电气连接件

气囊系统的电气连接件包括线束、时钟弹簧与连接器（插接器）。

① 时钟弹簧。由于驾驶员侧气囊是装在转向盘上的，而转向盘要能转动，为了实现这种静止端与活动端的电气连接，采用了时钟弹簧，如图 6-9 所示，时钟弹簧装在弹簧盘里，弹簧盘用螺栓固定在转向柱顶部。时钟弹簧以正、反两个方向的盘绕实现了作旋转运动的一端与固定端的电气连接。弹簧内侧是固定端，把塞键与转向柱连在一起。时钟弹簧的使用寿命要求不低于 10 万次循环。

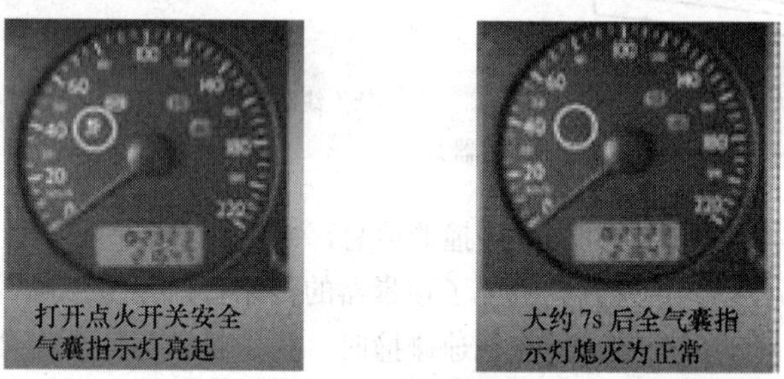

图 6-8 安全气囊报警灯

图 6-9 时钟弹簧

时钟弹簧卷绕中心与转向柱的圆心的同心度对于能否保证气囊系统的性能关系很大，如偏差过大，可能导致时钟弹簧旋转过量而造成永久性伤害。考虑到偏差无法避免，时钟弹簧在正、反两个方向上都要留出半圈的余量。另外，在初次安装时就应注意这个问题。每次拆卸均应做好标记，以保证能准确还原。

② 连接器。气囊系统的连接器特别强调可靠性，采取了双保险装置锁定和分断自动短接等措施，如图 6-10 所示。连接器分断后，引发器的电源端和地线端会自动短接，防止因误通电或静电造成引发器误触发。连接控制块的连接器还多了一个自检机构，如果结合不良会给安全气囊的保养警告灯发出信号使它常亮。

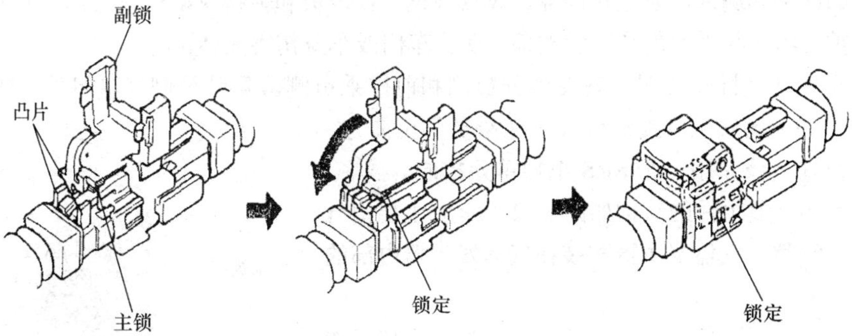

（a）主锁打开（副锁被挡住） （b）主锁完全锁定（副锁可合上） （c）双锁锁定

图 6-10　连接器双保险装置

> **提示**
>
> 具有这种机构的连接器（插头和插座）是由两个锁紧装置锁定的，增加了连接的可靠性。如果主锁未锁定，两个凸片就会妨碍和阻止副锁的锁定。

③ 线束。安全气囊系统的线束采用了特殊的包装和色标，这一方面是为了便于检查，另一方面是为了保证在碰撞中能保持线路的连接。

（4）存储器中央控制器有两种不同的存储器

① 易失性存储器（RAM）。它是既能读又能写的存储器，也叫随机存储器或读写存储器，是CPU 在工作过程中用来存储中间结果并随机存取数据的部件。例如气囊在自检中发现左前方传感器有故障，CPU 将其代码找出后，就放在 RAM 中供随时显示用。其特点是一旦电源切断，存放在其中的信息就丢失。

② 非易失性存储器（ROM）。非易失性存储器也叫只读存储器，用来存放气囊运行的所有固定程序和一些不变的量，例如自检中各主要元器件的故障编码等。它只能输出，断电后存放在里面的信息仍然存在。

（5）诊断监视器

诊断监视器并不控制气囊的动作，它仅监视气囊装置的故障并开通气囊警告灯。它有一个微处理器，对监视器内的电路进行自检并显示气囊系统存在的故障。诊断监视器有备用电源，即使蓄电池及其线路在传感器闭合前损坏，也能使气囊打开。每接通点火线路 0.5s 后气囊指示灯亮，若 6s 后熄灭，表明气囊系统无故障。

（6）中央控制器

中央控制器由 CPU、RAM、ROM、接口和驱动器等电子电路组成。多数是由单片机加上其他电路所组成。一般做成两块印刷电路板，外壳用金属制作，一方面是为了增加机械强度，另一方面是为了屏蔽外界的电磁波干扰。它通过牢固的插接件，把传感器的输入信号以及引爆器、报警器等的输出信号和中央控制器连接起来。一般电路图上的接线标号就是插接件上的标号。

2. 机械部分

（1）气囊组件

气囊组件按功能分为正面气囊组件和侧面气囊组件两大类。正面气囊组件的功用是保护驾驶员和乘员的面部和胸部。防止转向盘、风窗玻璃、仪表板和前排座椅伤害人体。侧面气囊组件的功用是保护驾驶员与乘员的头部和腰部，防止车门或车身伤害人体。

汽车安全气囊目前普遍装备在驾驶员侧和前排乘员侧。驾驶员侧气囊组件安装在转向盘的中央，前排乘员侧安全气囊组件安装在乘员侧正前方，两个气囊组件一般共用一个 SRS 电控单元控制。

驾驶员侧气囊组件的结构如图 6-11 所示，主要由气囊装饰盖、气囊、气体发生器和装在气体发生器内部的点火器等组成。

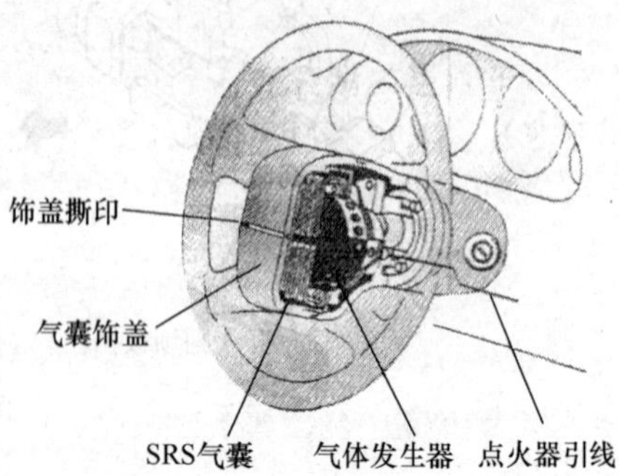

图 6-11　驾驶员侧气囊组件的结构

① 气囊。气囊通常是由防裂性能好的聚酰胺织物（如尼龙）制成，这是一种较软的泡沫材料。经硫化处理，以减少气囊吹胀时的惯性力，为密封气体，气囊的里层涂有聚氯丁二烯。气囊背面（与驾驶员或乘员方向相反一面）或顶部有 2～4 个排气孔。当驾驶员在惯性作用下压到气囊上时，气囊受压便从排气孔排气，持续时间不到 1s，从而吸收驾驶员与气囊碰撞的动能，使人体不致受到伤害。

② 气体发生器。气体发生器的功用是在点火器引爆点火剂时，产生气体向 SRS 气囊充气使气囊胀开。气体发生器用专用螺栓和专用螺母固定在气囊支架上。由点火器、点火剂、金属过滤器及氮气发生剂等组成，如图 6-12 所示。当碰撞传感器向 SRS 电控单元输送撞击信号时，SRS 电控单元便向点火器发出指令，点火器点燃点火剂。点火剂引爆时，迅速产生大量热量使充气剂受热分解并释放大量的氮气，通过金属过滤器的冷却、降压，迅速充胀气囊，使气囊爆胀。

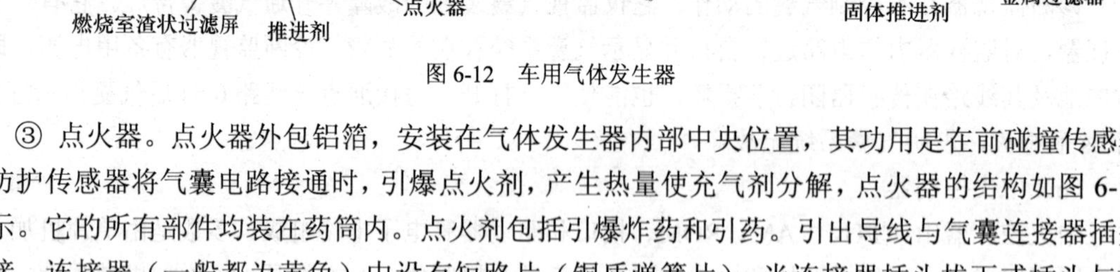

图 6-12　车用气体发生器

③ 点火器。点火器外包铝箔，安装在气体发生器内部中央位置，其功用是在前碰撞传感器和防护传感器将气囊电路接通时，引爆点火剂，产生热量使充气剂分解，点火器的结构如图 6-13 所示。它的所有部件均装在药筒内。点火剂包括引爆炸药和引药。引出导线与气囊连接器插头连接，连接器（一般都为黄色）中设有短路片（铜质弹簧片）。当连接器插头拔下或插头与插座未完全结合时，短路片将两根引线短接，防止静电或误通电将电热丝电路接通而造成气囊误胀开。

当 SRS 电控单元发出点火指令时，电热丝电路接通，电热丝迅速红热引爆引药，引爆炸药瞬间爆炸产生热量，药筒内温度和压力急剧升高并冲破药筒，使充气剂（叠氮化钠）受热分解释放氮气充入 SRS 气囊。

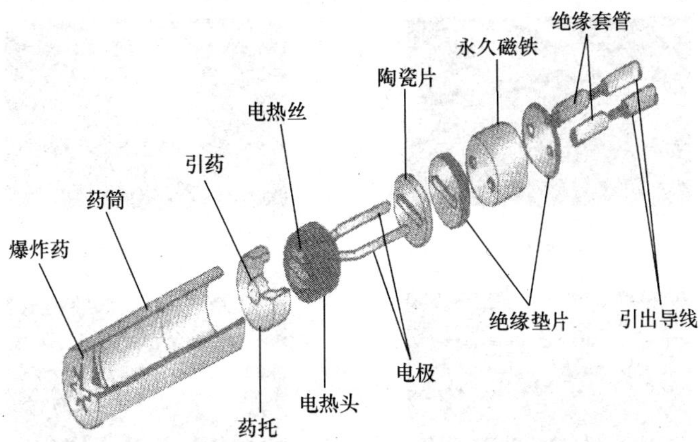

图 6-13 点火器组件

（2）安全带预紧器

安全带预紧器安装在前排座椅的左右两外侧，它包括电雷管、气化剂、气缸活塞和导线等。当汽车发生碰撞时，电雷管（引爆管）由 CPU 控制接通电源引爆气化剂，活塞在膨胀气体作用下迅速下移，并带动安全带迅速预紧，将驾乘人员向座椅靠背拉动，防止他们冲向汽车前方。

四、安全气囊控制原理

1. 安全气囊系统的工作原理

当汽车遭受正面碰撞和侧面碰撞时，安全气囊系统的工作原理完全相同。以正面碰撞为例，说明安全气囊系统控制原理，如图 6-14 所示。当汽车遭受前方一定角度范围内的碰撞时，安装在汽车前部和 SRS 的 ECU 内部的碰撞传感器都会检测到汽车突然减速的信号，并将信号输入 SRS 的 ECU，以便判断是否发生碰撞。当汽车遭受碰撞且减速度达到设定值时，SRS 的 ECU 发出控制指令将气囊组件中的点火器（电雷管）电路接通，电雷管引爆使点火剂（引药）受热爆炸（即电热丝通电发热引爆炸药）。点火剂引爆时，迅速产生大量热量，使充气剂受热分解并释放出大量氮气充入气囊，气囊便冲开气囊组件上的装饰盖板鼓向驾驶员和乘员，使驾驶员和乘员面部和胸部压靠在充满气体的气囊上，在人体与车内构件之间铺垫了一个气垫，将人体与车内构件之间的碰撞变为弹性碰撞，通过气囊产生变形和排气来吸收人体碰撞产生的动能，从而达到保护人体的目的。

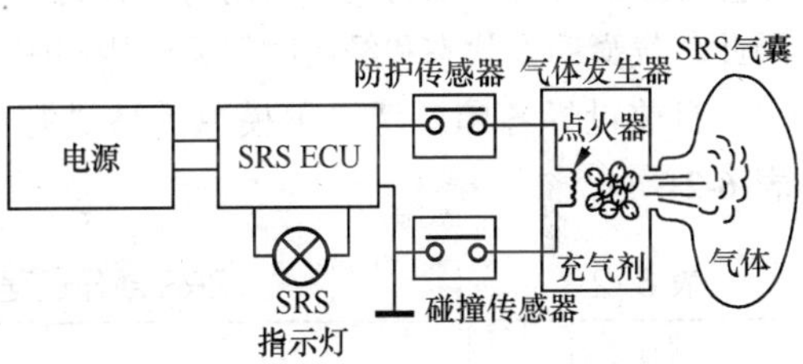

图 6-14 安全气囊系统碰撞的工作原理

2. 安全气囊的动作过程

据德国博世（BOSCH）公司在奥迪（Audi）轿车上试验研究表明：当汽车以车速为 50km/h 碰撞时，安全气囊系统 SRS 的动作时序如图 6-15（a）、图 6-15（b）、图 6-15（c）、图 6-15（d）所示。

① 碰撞约 10ms 后，SRS 达到引爆极限，点火器引爆点火剂并产生大量热量，使充气剂受热分解，驾驶员尚未动作，如图 6-15（a）所示。

② 碰撞约 40ms 后，气囊完全充满，体积最大，驾驶员向前移动，安全带斜系在驾驶员身上并拉紧，部分冲击能量已被吸收，如图 6-15（b）所示。

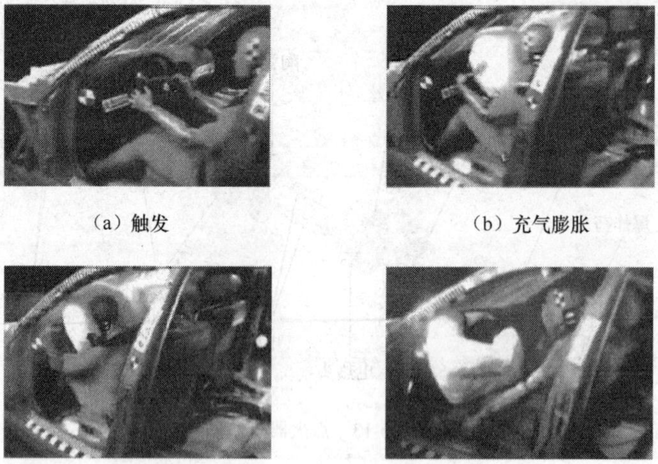

（a）触发　（b）充气膨胀　（c）头部陷入　（d）气囊压漏

图 6-15　安全气囊系统 SRS 的动作时序

③ 碰撞约 60ms 后，驾驶员头部及身体上部压向气囊，气囊的排气孔在气体和人体压力作用下排气节流吸收人体与气囊之间弹性碰撞产生的动能，如图 6-15（c）所示。

④ 碰撞约 110ms 后，大部分气体已从气囊逸出，驾驶员身体上部回到座椅靠背上，车前方恢复视野，如图 6-15（d）所示。

⑤ 碰撞约 120ms 后，碰撞危害解除，车速降低直至为零。

由此可见，气囊在碰撞过程中动作时间极短。从开始充气到完全充满约为 30ms；从汽车遭受碰撞开始到气囊收缩为止，所用时间仅为 120ms 左右，而人的眼皮眨一下所用时间约为 200ms。因此，气囊动作状态和经历时间无法用肉眼确认。

目前世界各国广泛采用模拟人体进行碰撞试验。SRS 动作过程与经历时间之间的关系见表 6-2。

表 6-2　SRS 动作过程与经历时间之间的关系

碰撞之后经历时间	0	10ms	40ms	60ms	110ms	120ms
SRS 气囊动作状态	遭受碰撞	点火引爆开始充气	气囊充满人体前移	排气节流吸收动能	人体复位恢复视野	危害解除车速降零

3．防止误爆机构

图 6-16 所示的线束连接图中，从 SRS 的 ECU 至 SRS 气囊点火器之间的连接器 2、5、8 均采用了防止气囊误爆机构，如图 6-17 所示。防止误爆机构为一块铜质弹簧片，称为短路片，其作用是当连接器拔开（插头拔下或插头与插座未完全结合）时，短路片（弹簧片）自动将靠近 SRS 气囊点火器一侧插座上的两个引线端子短接，防止静电或误通电将点火器电路接通而造成气囊误爆开。

短路片一般设在连接器插座上，当插头与插座正常连接时，插头的绝缘壳体将短路片向上顶起，如图 6-17（a）所示，短路片与连接器端子脱开，插头引线端子与插座引线端子接触良好，点火器电热丝电路处于正常连接状态。

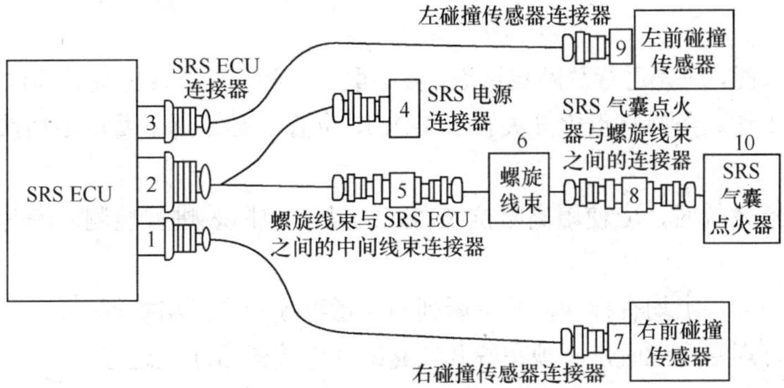

图 6-16　SRS 气囊点火器之间的连接器

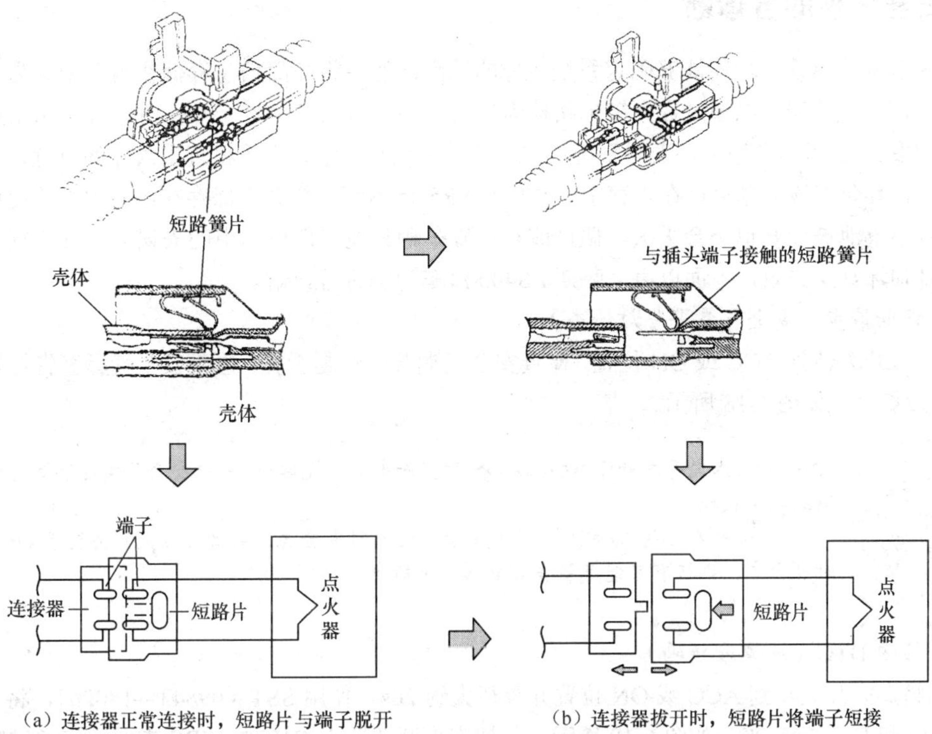

图 6-17　安全气囊系统防误爆机构结构原理

当插头与插座脱开时，短路片将气囊点火器一侧插座上的引线端子短接，使点火器电热丝与短路片构成回路，如图 6-17（b）所示，此时即使将电源加到点火器一侧连接器插座上，由于电源被短路片短路，点火器仍然不会引爆气囊，从而达到防止 SRS 气囊误爆的目的。

任务实施

一、安全气囊维修知识的熟悉

使用安全气囊应注意以下几点。

① 安全气囊装置若发生事故引爆后，必须更换气囊组件的全部元件，该装置只能工作一次。

② 维修安全气囊时，应送专业部门检修。自己尝试性维修是不可取的，易造成不必要的损失

或伤害。

③ 在进行维修时，应先进行故障自诊断，务必取下故障代码，找出故障部位，然后进行维修。

④ 任何检修工作，务必将点火开关置于 LOCK 位置。必须拆下蓄电池搭铁线防止备用电源使气囊误爆。

⑤ 在诊断电路系统时，应使用高阻抗（10kΩ以上）电阻表进行检测。绝对不允许测量点火器的电阻。

⑥ 安全气囊的部件上均有标牌，其上所列的注意事项均应严格执行。

⑦ 在车轮进行焊修作业时，必须在脱开气囊组件连接器后才能进行。

⑧ 报废的安全气囊，应拆下在车外引爆，以防伤人。

二、安全气囊的自诊断

SRS 系统的自诊断功能能够确定系统故障的原因，然后将故障信息存储在内存中。为了方便故障检修，这些数据可以通过数据链电路检索获得。当把点火开关置于 ON 时，SRS 指示灯将会变亮，如果 6s 后指示灯熄灭，表明系统正常。如果系统不正常，系统将查出故障的位置，并指出问题所在，且会将该信息存储在内存中，并打开 SRS 指示灯。数据将保存在内存中，即使点火开关关闭或蓄电池被断开也不会丢失。碰撞或在维修车辆其他部件过程中的失误会使安全气囊系统部分元件损坏甚至失效，下面以雷克萨斯 LS400 汽车为例进行讲解。

1. 诊断检查（安全气囊警告灯检查）

将点火开关转到 ACC 或 ON 位置，检查安全气囊警告灯是否亮；检查安全气囊警告灯是否在大约 6s 后熄灭，如图 6-18 所示。

提示

① 当点火开关处于 ACC 或 ON 位置而警告灯亮起时，中央安全气囊传感器总成就探测到故障代码。

② 如果在大约 6s 之后安全气囊警告灯有时也会亮，或者在点火开关置于 OFF 位置时也会亮，则极有可能是警告灯电路发生短路。

2. 检索 DTC（故障诊断码）

① 将点火开关转到 ACC 或 ON 位置并等待大约 20s。使用 SST（09843—18020），将 TDCL 的端子 Tc 和 E_1 连接起来，如图 6-19 所示，并把点火开关置于 ON 时，SRS 指示灯将通过闪烁次数来表示原始的故障诊断码。注意：切勿接错端子，以免造成故障。

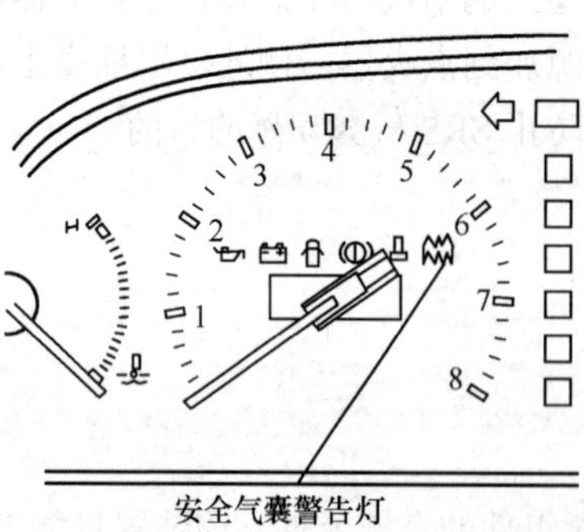

图 6-18　安全气囊警告灯

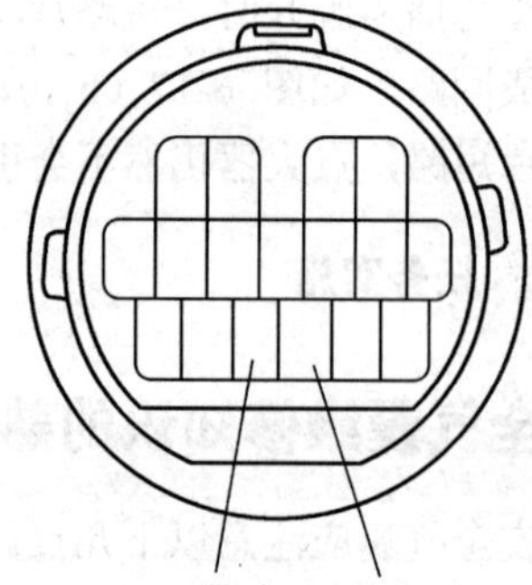

图 6-19　TDCL 的端子 Tc 和 E_1 连接

② 诊断代码的读取。读取由警告灯闪亮的次数所表示的诊断代码。

（a）正常代码显示：灯光闪动每秒 2 次，如图 6-20 所示。

（b）故障代码显示：万一发生故障，灯会闪亮。输出代码的第一个数就代表二位数诊断代码的首位；经过 1.5s 的暂停，输出代码的第二个数，它代表二位数诊断代码的末位数。如果有二个以上的代码输出，它们之间将会有 2.5s 的暂停。在所有的代码都输出之后，停顿 4.0s 后将会重复输出，如图 6-21 所示。

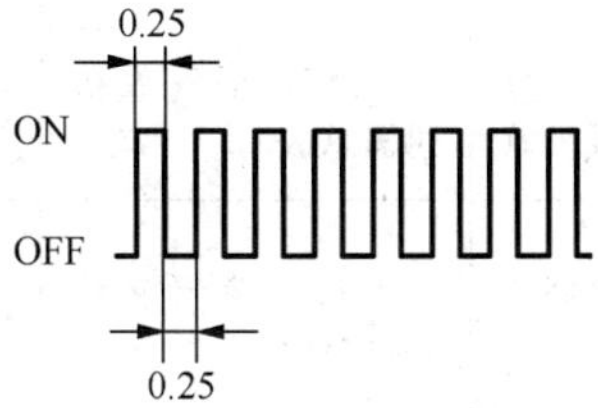

图 6-20　正常代码显示

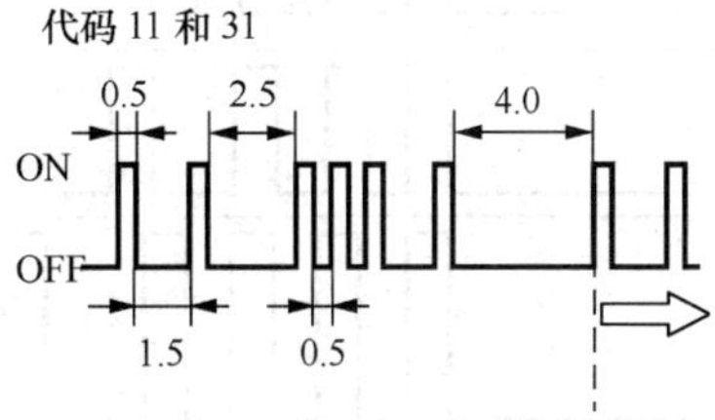

图 6-21　故障代码显示

提示

（1）在有许多故障代码的情况下，显示出的代码会由小到大。

（2）如果某一诊断代码不输出或连接不断地输出，则应进入 Tc 端子电路进行检查。

（c）查看并记下代码指示之后，根据代码指示的故障检修程序进行操作，见表 6-3。

表 6-3　雷克萨斯 LS400 安全气囊系统故障诊断代码（DTC）

代码编号	闪烁方式	诊断	故障部位	安全气囊警告灯
正常		系统正常		OFF
		电源电压下降	蓄电池中央安全气囊传感器总成	ON
11		传爆管或前安全气囊传感器电路短路（对地）	转向盘衬垫（传爆管）；前安全气囊传感器；螺旋型电缆；中央安全气囊传感器总成配线	ON
12		传爆管或前安全气囊传感器电路短路（对+B）	转向盘衬垫（传爆管）；前安全气囊传感器；螺旋型电缆；中央安全气囊传感器总成配线	ON
13	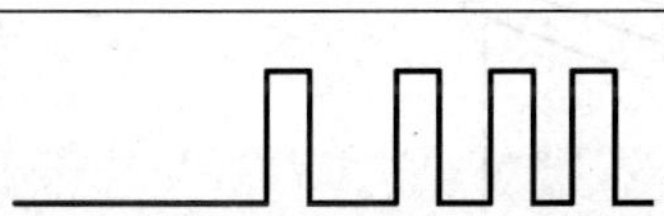	传爆管短路（D+配线 D-配线之间）	转向盘衬垫（传爆管）；螺旋型电缆；中央安全气囊传感器总成配线	ON
14	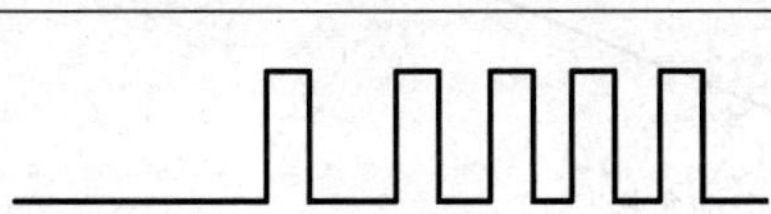	传爆管电路开路	转向盘衬垫（传爆管）；螺旋型电缆；中央安全气囊传感器总成配线	ON

续表

代码编号	闪烁方式	诊断	故障部位	安全气囊警告灯
15		前安全气囊传感器电路开路	前安全气囊传感器；中央安全气囊传感器总成配线	ON
22	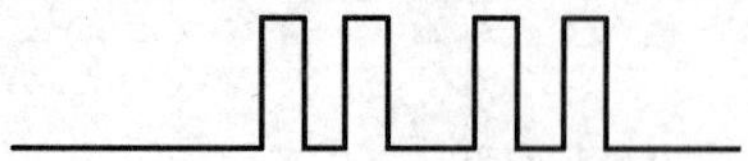	安全气囊警告灯系统失效	安全气囊警告灯；中央安全气囊传感器总成配线	ON
31	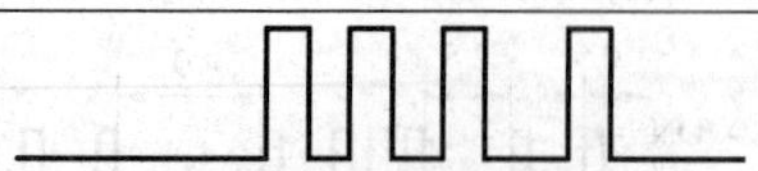	中央安全气囊传感器总成失效	中央安全气囊传感器总成	ON
41	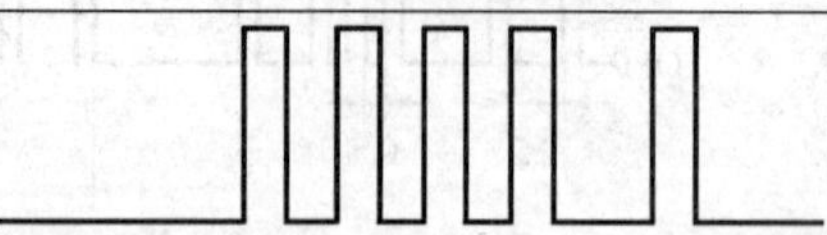	储存在存储器中的故障	中央安全气囊传感器总成	ON

提示

① 安全气囊警告灯亮起而且诊断代码正常，这意味着电源电压下降。中央安全气囊传感器总成没有将这种故障存入存储器，电源电压复正常后约 10s，安全气囊警告灯将会自动熄灭。

② 如果安全气囊警告灯系统发生故障，代码 22 就被记录下来。如果警告灯系统发生了开路故障，安全气囊警告灯就不会亮，所以在该故障修好之前，诊断代码（包括代码 22）就不能确认。

③ 如果安全气囊系统发生故障，就会输出故障代码 11 到 31。在修好故障代码 11 到 31 所指示出的故障之后，代码 11 到 31 将会从存储中清除，代之是代码 41 的输出。一旦检测到故障，安全气囊警告灯将一直亮着。即使故障已排除，直到代码 41 被清除，警告灯才熄灭。

④ 当有 2 个以上的代码显示出来时，首先出现的是最小的数字。

⑤ 如果出现了一个在表上没有列举的代码，那么中央安全气囊传感器总成就出了毛病。

3. 诊断代码的清除

（1）故障代码（除代码 41）的清除

在点火开关处于 OFF 位置上时，拆下蓄电池负极（–）电缆或 ECU-B 保险丝 10s 或更长时间，如图 6-22 所示。

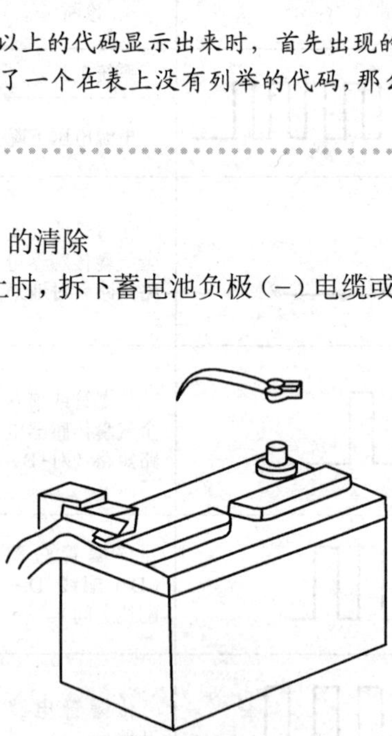

图 6-22　拆下蓄电池负极

提示

在取消了故障代码之后要将蓄电池接上时，一定要将点火开关置于 LOCK 位置。如果点火开关在 ACC 或 ON 位置时就将蓄电池接上，就会造成诊断系统不能正常工作。

备注：（1）这种方法不能清除代码 41。

（2）温度越低，蓄电池负极端子电缆拆下后等待的时间就越长。

（3）其他的存储系统（时钟、音响系统）也将被清除。

（2）储存在存储器中故障代码 41 的清除

① 将维修线连到 TDCL 的端子 Tc 和 AB 上。

② 将点火开关转到 ACC 或 ON 处并等 6s。

③ 首先从 Tc 端子开始，交替地将车身接地与 Tc 和 AB 相接触二次，每个循环的时间为 1.0 ± 0.5s。最后保持车身接地与 Tc 端子相接触。如图 6-23 所示。

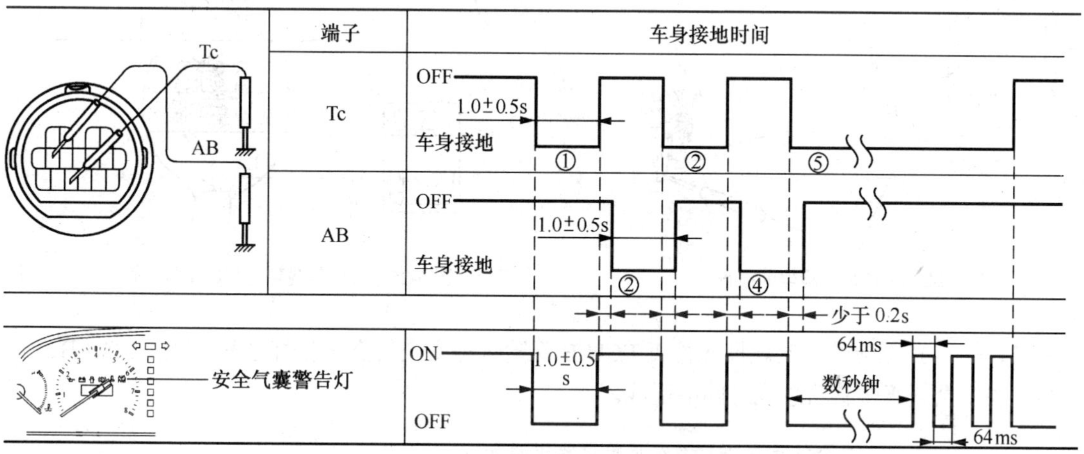

图 6-23　存储器中故障代码 41 的清除

提示

当修理线在车身接地和 Tc、AB 端子之间交替相连，要在将它从一个端子转到另一端子的同时把其接地断开。其间的时间间隔必须遵守下述条件。如果超出了这些条件，代码 41 将不能清除掉。

（3）数秒钟之后，安全气囊警告灯将会以 64ms 的周期开始闪亮，代码的取消就完成了。

提示

这一方法取消的不只是代码 41，其他的故障代码也立刻取消了。除了故障排除步骤所介绍的，只有在修理步骤完成时才能使用这一方法。

三、SRS 指示灯电路故障检修

1. SRS 指示灯不亮的检修

（1）拆下 ECU-B 保险丝，检查 ECU-B 保险丝的导通。如图 6-24 所示，即使用肉眼检查时保险丝似乎是正常的，它也可能是已经烧掉的。如果保险丝正常，将其装上检查安全气囊警告灯电路；如果保险丝不正常则更换保险丝，检查 ECU-B 保险丝是否再次烧掉。

（2）检查安全气囊警告灯电路。

从蓄电池上拆下负极（–）电缆，脱开中央安全气囊传感器总成。将负极（–）连到蓄电池上将点火开关置于 ACC 或 ON。测量中央安全气囊传感器总成的配线侧连接器端子 LA 的电压应为蓄电池电压，如图 6-25 所示。不正常则修理安全气囊警告灯电路；正常则更换中央安全气囊传感器总成。

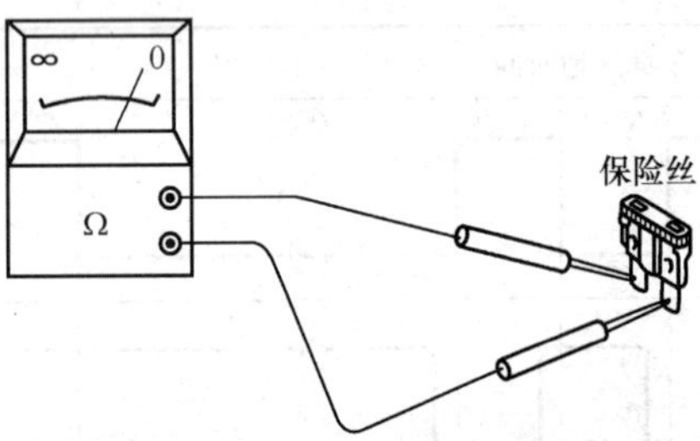

图 6-24 ECU-B 保险丝的检查

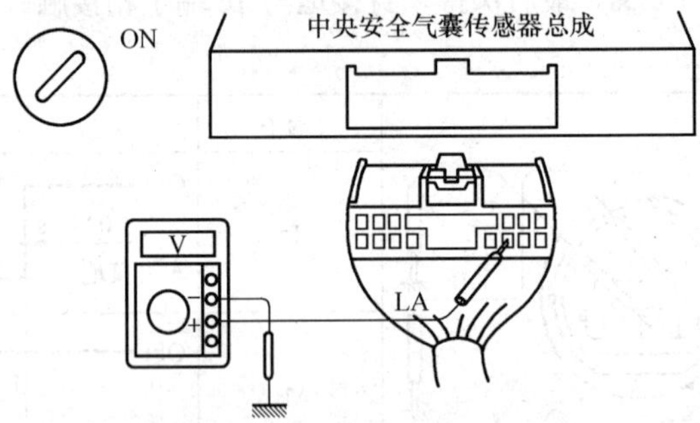

图 6-25 安全气囊警告灯电路的检查

（3）ECU-B 保险丝再次烧掉应检查 ECU-B 保险丝与安全气囊警告灯之间，以及 ECU-B 保险丝与中央安全气囊传感器总成之间的配线。

提示

安全气囊警告灯系统故障电路说明如下。

安全气囊警告灯位于组合仪表上。

安全气囊系统正常时，安全气囊警告灯在点火开关由 LOCK 位置转到 ACC 或 ON 位置之后会亮起约 6s，接着就会自动熄灭。

如果安全气囊系统有故障，安全气囊警告灯就会亮起以通知驾驶员有异常情况。

当把 TDCL 的端子 Tc 和 E_1 连接起来时，诊断代码就以安全气囊警告灯闪光的方式显示出来。

安全气囊警告灯电路装有一个电气连接检查机构，当连接器与中央安全气囊传感器连接不正确时，就可被该机构检测出。

如果连接器和中央安全气囊传感器总成连接不好，安全气囊警告灯就不会亮。

如果安全气囊警告灯系统发生故障，诊断代码 22 就将被记录下来。

如果安全气囊警告灯系统有开路故障，安全气囊警告灯就不会亮，所以在故障修复之前，诊断代码（包括代码 22）是不能认的。

2. SRS 指示灯常亮的检查

将点火开关转到 LOCK。从蓄电池上脱开负极（–）电缆，脱开中央安全气囊传感器总成连接器，将负极（–）电缆接到蓄电池上，将点火开关置于 ACC 或 ON，检查安全气囊警告灯是否熄灭。安全气囊警告灯不熄灭则检查安全气囊警告灯电路，或 TDCL 的 AB 端子电路，或检查连接器短路；安全气囊警告灯熄灭则更换中央安全气囊传感器总成。

四、传爆管或前安全气囊传感器电路的检查

1. 传爆管与前安全气囊传感器电路的认识

传爆管与前安全气囊传感器电路如图 6-26 所示。

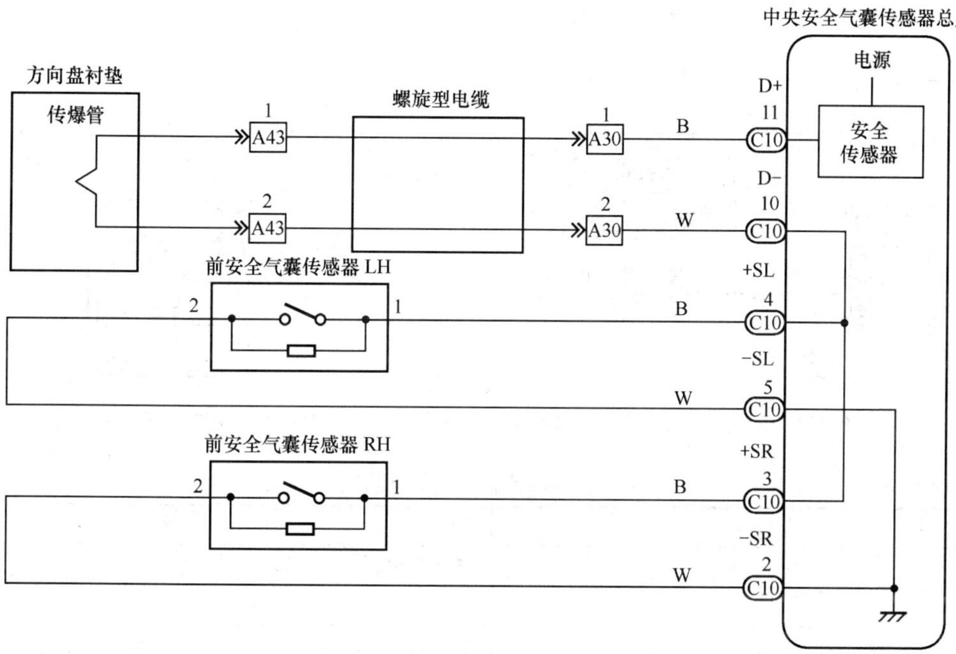

图 6-26　传爆管与前安全气囊传感器电路

2. 前安全气囊传感器电路的检查

① 脱开蓄电池负极（-）端子电缆，并至少等待 20s 后拆下方向盘衬垫，如图 6-27 所示，存放方向盘衬垫时，一定要使衬垫的上表面朝上。

② 脱开中央安全气囊传感器总成连接器。测量中央安全气囊传感器总成配线侧连接器端子+SR 和-SR，+SL 和-SL 之间的电阻，如图 6-28 所示，电阻应为 755～885Ω。不正常应检查前安全气囊传感器。

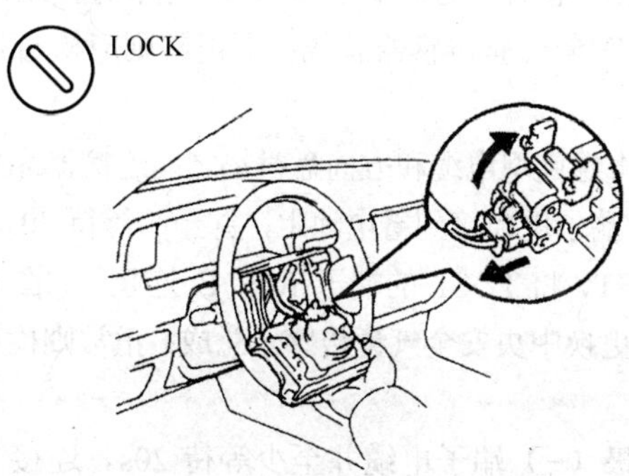

图 6-27　拆下方向盘衬垫

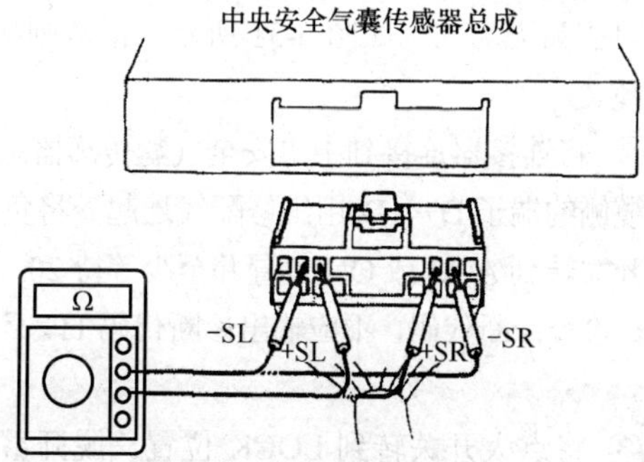

图 6-28　连接器端子电阻测量

③ 测量中央安全气囊传感器总成配线侧连接器端子+SR、+SL 与车身接地之间的电阻应为无

穷大，如图 6-29 所示。不正常应修理或更换中央安全气囊传感器总成和前安全气囊传感器之间的配线和连接器。

④ 前安全气囊传感器的检查如图 6-30 所示。从前安全气囊传感器上脱开连接器，测量前安全气囊传感器每个端子之间的电阻，正常电阻见表 6-4。不正常则更换前安全气囊传感器；正常则更换中央安全气囊传感器总成和前安全气囊传感器之间的连接器。

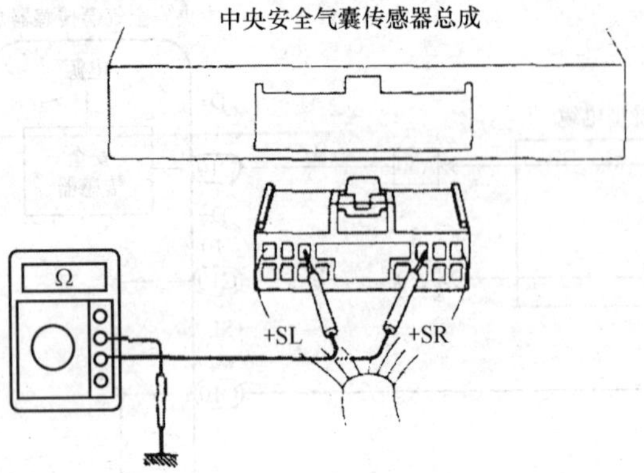

图 6-29　中央安全气囊传感器总成配线

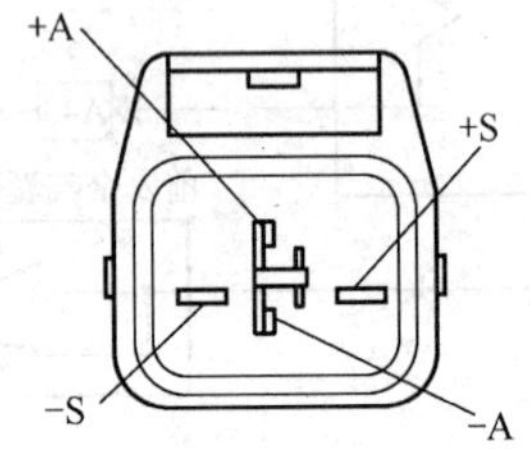

图 6-30　前安全气囊传感器的检查

表 6-4　前安全气囊传感器端子电阻值

端子	电阻
+S— +A	755～885Ω
+S— −S	
−S— −A	小于 1Ω

提示

（1）欧姆表探头与前安全气囊传感器端子接触不能太用力。
（2）确保前安全气囊传感器连接器连接可靠。

3. 传爆管电路的检查

① 测量螺旋型电缆和方向盘衬垫之间连接器在螺旋型电缆侧的端子 D+，D-与车身接地之间的电阻应为无穷大，如图 6-31 所示。正常则检查中央安全气囊传感器总成；不正常则应检查螺旋型电缆。

② 将连接器连接到中央安全气囊传感器总成上，将螺旋型电缆和方向盘衬垫之间连接器靠螺旋型电缆侧的端子 D+、D-用维修配线连起，将负极（−）端子电缆接到蓄电池上，并至少等待 20s。将点火开关转到 ACC 或 ON 位置并至少等待 20s。利用 SST，将 TDCL 的端子 Tc 和 E_1 连起，如图 6-32 所示。检查诊断代码，不应输出诊断代码 11。不正常则更换中央安全气囊传感器总成；正常则检查传爆管。

③ 将点火开关转到 LOCK 位置。脱开蓄电池负极（−）端子电缆并至少等待 20s。连接方向盘衬垫连接器，负极（−）端子电缆连到蓄电池上并至少等待 20s，点火开关转到 ACC 或 ON 位置并至少等待 20s。利用 SST，将 TDCL 的端子 Tc 和 E_1 连起。检查诊断代码，不应输出诊断代

码 11，如图 6-33 所示。不正常则更换方向盘衬垫。

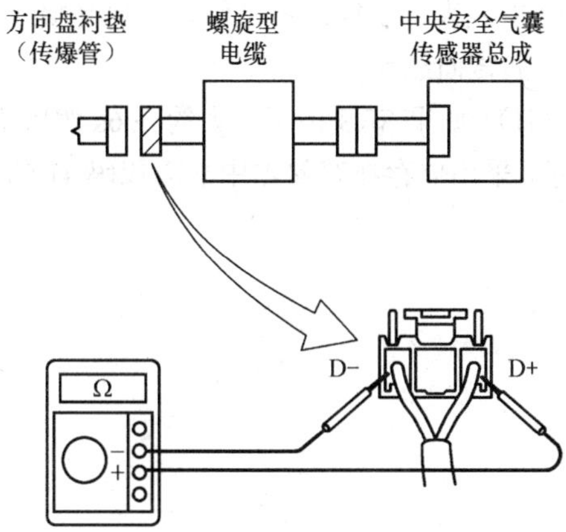

图 6-31　螺旋型电缆侧的端子测量

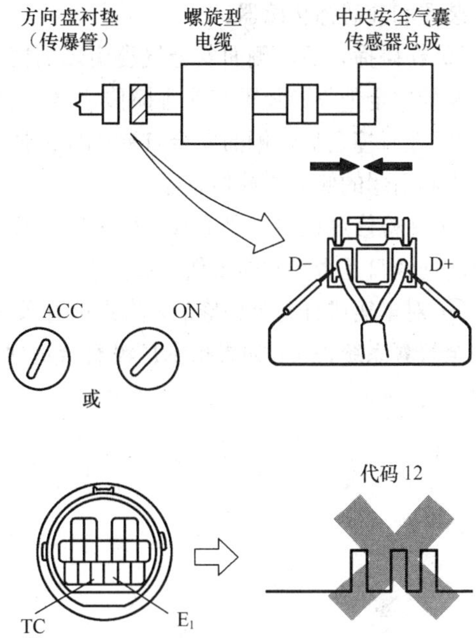

图 6-32　中央安全气囊传感器总成

④ 脱开中央安全气囊传感器总成和螺旋型电缆之间的连接器。测量螺旋型电缆和方向盘衬垫间连接器在螺旋型电缆一侧的端子 D+、D−与车身接地之间的电阻应为无穷大。不正常则修理或更换螺旋型电缆，如图 6-34 所示。

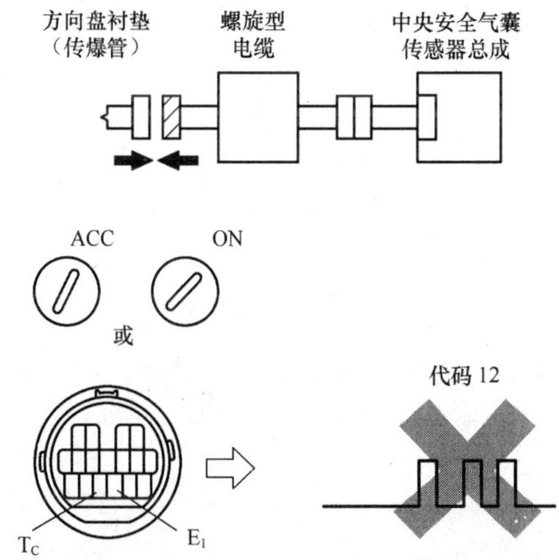

图 6-33　传爆管的检查

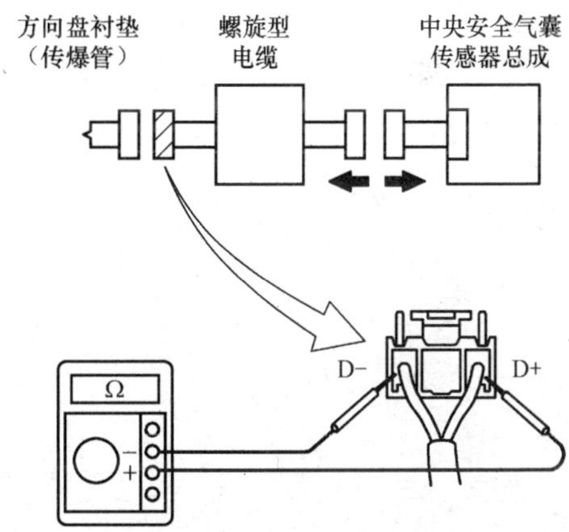

图 6-34　中央安全气囊传感器

五、气囊引爆后组件的检查

注意

在进行任何 SRS 检修之前，要利用自诊断系统读出故障代码对于引爆较不明显的构件，如座椅安全带收紧装置、前碰撞传感器以及侧面安全气囊传感器等，参考故障代码检修索引。

① 在碰撞之后，座椅安全带收紧装置引爆的情况下，要更换下列组件：座椅安全带收紧装置、SRS 装置和前碰撞传感器。

② 在碰撞之后，侧面安全气囊引爆的情况下，要更换下列组件：SRS 装置、引爆的安全气囊、座椅安全带收紧装置和前碰撞传感器。

③ 在碰撞之后，侧面安全气囊引爆的情况下，要更换下列组件：SRS 装置、引爆的侧面安全气囊和引爆的侧面碰撞传感器。

④ 在检修过程中。要检修下列区域：检查所有 SRS 线束，更换而不是修补任何受损线束，检查转向线盘是否受到热损伤，如果有任何损伤，则更换转向线盘。

⑤ 对车辆进行完全检修后，将点火开关置于 ON（II），如果 SRS 指示灯大约亮 6s 然后熄灭，则安全气囊系统正常。如果指示灯没有合适地进行指示，采用储存在存储器中故障代码 41 的方法清除。

课题七 7

汽车仪表报警显示装置

为了使驾驶员及时获取汽车各系统工作状况的相关信息，在驾驶员前方装有配备了各种仪表的仪表板。汽车上常见的仪表分为组合仪表和集成仪表两类。

工作情境描述

王先生接通点火开关，发现燃油表的指针指向“0”，如图 7-1 所示，后到加油站加油，发现无论油箱存油多少，指针始终指向“0”处不动。维修店的朱师傅对该组合仪表进行识别，在初步了解该组合仪表基本结构和原理后，查阅了这款车组合仪表有关维修技术资料，在系列检查、试验确认部位后，对该组合仪表拆检维修，最后交质检验收交车。

图 7-1　燃油表的指针指向“0”

相关知识

一、组合仪表

组合仪表是将一些可以独立工作的仪表、指示灯等组合而成，如燃油表、冷却液存量表、冷却液温度表、发动机转速表、车速表、机油压力表和机油温度表等。这些仪表可以单独维修或更换，各仪表信号线直接与传感器相连，如图 7-2 所示。

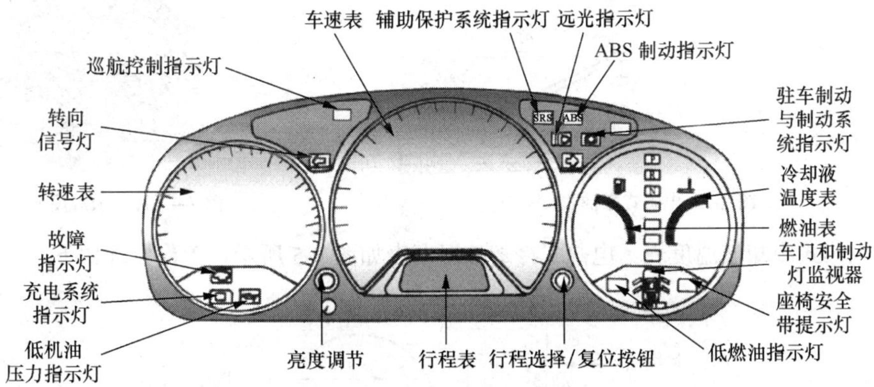

图 7-2　广州本田雅阁轿车仪表板

1. 燃油表

燃油表用来指示油箱内储存油量的多少，它和装在油箱内的传感器一起完成指示工作。燃油指示表有电磁式、电热式和动磁式 3 种，传感器则采用可变电阻式。下面以电磁式燃油表为例，说明汽车燃油表的工作原理。

电磁式燃油表的基本结构如图 7-3 所示。燃油表中有两个绕在铁心上的线圈，中间有转子，转子连有指针，传感器由可变电阻、滑杆和浮子组成，浮子浮在油面上，随油面的高低而改变位置。

当油箱内没有燃油时，浮子下降，电阻被短路，此时右线圈也被短路，通过其中的电流为零，不显示磁性，而左线圈在全部电源电压的作用下，通过其中的电流产生磁场，吸引转子，使指针在“E”位。

当油箱中的油量增加，浮子上升，电阻部分接入，这时一部分电阻与右线圈并联，同时又与左线圈串联，其电路电流分成两条支路电流：蓄电池正极→点火开关→左线圈→电阻→搭铁→蓄电池负极；蓄电池正极→点火开关→右线圈→搭铁→蓄电池负极。此时左线圈由于串联了电阻，电流减小，磁场减弱，而右线圈中有电流通过产生磁场。转子处于两个磁场的共同作用下，向右偏移，指针指向高刻度位置。

当油箱中装满油时，浮子带着滑片移到电阻的最左端，电阻全部接入电路中。此时左线圈中的电流更小，磁场更弱，而右线圈中的电流增大，磁场加强，转子便带动指针向右偏移，指针在满油“F”位置。

有的汽车还装有副油箱，此时燃油表指的是主、副油箱的总油量。

2. *冷却液温度表*

冷却液温度表用来显示发动机冷却液的工作温度，如图 7-4 所示。冷却液温度表的工作电路由装在仪表板上的冷却液温度表和装在发动机冷却水套中的冷却液温度传感器两部分组成，常用的冷却液温度表有电热式和电磁式两种。

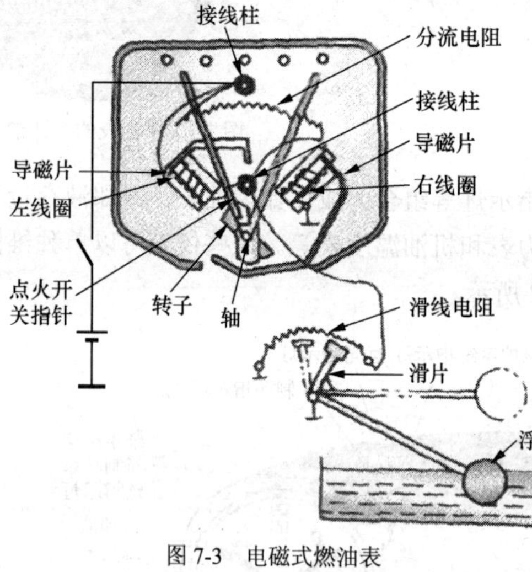

图 7-3　电磁式燃油表

图 7-4　冷却液温度表

（1）电热式冷却液温度表。电热式冷却液温度表如图 7-5 所示，工作原理如下。

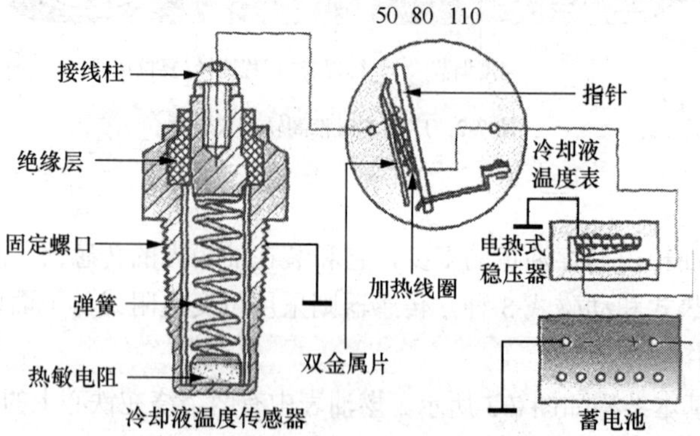

图 7-5　电热式冷却液温度表的结构原理

当发动机冷却液温度较低时，传感器负温度系数热敏电阻阻值较大，冷却液温度表电路电流较小，冷却液温度表加热线圈温度较低，双金属片受热弯曲变形量较小，拉动指针指示低温区；当发动机冷却液温度上升后，负温度系数热敏电阻阻值减小，冷却液温度表电流增大，冷却液温度表加热线圈温度上升，双金属片受热弯曲变形量增大，指针被推动指示高温区。

（2）电磁式冷却液温度表。电磁式冷却液温度表如图 7-6 所示，工作原理如下。

冷却液温度表内有两个互成一定角度的铁心，铁心上分别绕有磁化线圈 L_1 、L_2 。其中 L_2 与冷却液温度传感器串联，两个铁心的下端对着带指针的偏转衔铁。当冷却液温度高时，由于热敏电阻传感器的阻值小，流经 L_2 中的电流大，磁场强，吸引衔铁向高温方向偏转，指针指向高温；当冷却液温度低时，由于热敏电阻传感器的阻值大，因此 L_2 中的电流小，而 L_1 中的电流大，磁场强，吸引衔铁向低温方向偏转，指针指向低温。

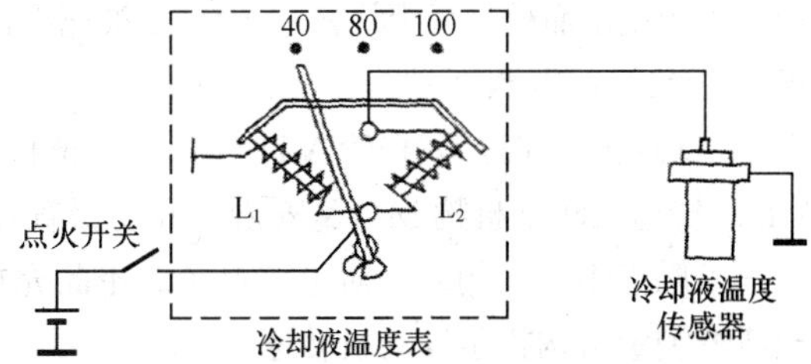

图 7-6 电磁式冷却液温度表的结构原理

3. 机油压力表

机油压力表的作用是在发动机运转时，指示发动机机油压力的大小，它由油压指示表和油压传感器两大部分组成，两者用导线相连接，指示表装在仪表板上，其作用是使指针的偏转角随电路中的电流的大小不同而改变，以指示出油压大小；传感器配合指示表工作，装在发动机主油道上或粗滤器壳上，承受油压，使电路中的电流随油压的改变而改变。机油压力表有电热式和电磁式两种，后者应用较多。

机油压力表的正常指示值是发动机低速运转时压力最低不小于 150kPa，正常压力一般应在 200～400kPa，最高压力不应超过 500kPa。

电磁式油压表的结构及电路如图 7-7 所示。油压传感器是利用油压大小推动滑臂来改变可变电阻阻值的，当压力增大时，其电阻值减小。油压指示表中有两个正十字交叉线圈，中间放置永久磁铁转子，转子上连有指针。

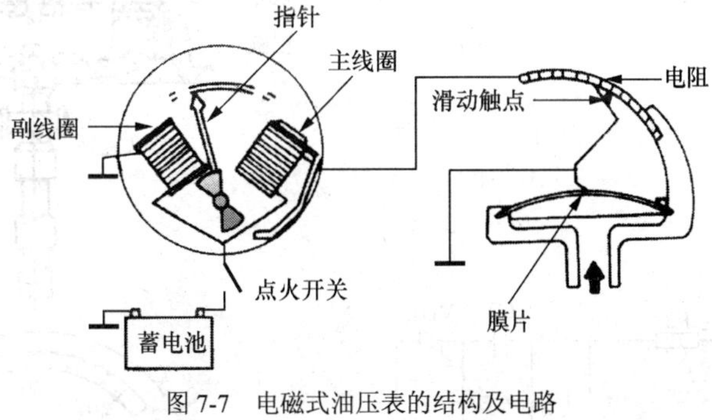

图 7-7 电磁式油压表的结构及电路

当油压较低时，传感器中电阻值增大，右线圈中电流相对减小，左线圈中电流相对增大，转子转向合成磁场方向，带动指针指向较低油压值；当油压升高时，传感器中的电阻值减小，右线圈中的电流相对增大，而左线圈的电流相对减小，转子朝合成磁场方向转动，使指针指向较高值。

4. 发动机转速表

发动机转速表是用来测量发动机的曲轴转速的。转速表按结构可以分为机械式和电子式。现在汽车应用最广泛的是电子式转速表。电子式转速表按转速信号的获取方式不同可分为从点火系获取信号的转速表，测取飞轮（或正时齿轮）转速的转速表和从发电机上获取转速信号的转速表。如桑塔纳、帕萨特等汽车从点火系中获取发动机的转速信号，奥迪汽车则从飞轮上获取。

图 7-8 所示为利用电容充放电的脉冲式电子转速表原理图，其信号取自点火系初级电路。当发动机工作时，分电器触点不断开闭，其开闭的次数与发动机转速成正比。当触点闭合时，三极管 VTl 无电压而处于截止状态。电容 C2 被充电，电流流向为蓄电池“+”→电阻 R3→电容器 C2→二极管 VD2→蓄电池“–”。

当触点分开时，三极管 VTl 的基极电位接近蓄电池正极而导通，此时电容 C2 便通过三极管 VTl，转速表测量机构 M（毫安表）和二极管 VDl 构成放电电路，从而驱动转速表测量机构。

当触点不断开闭时，对电容器 C2 不断充放电，放电电流平均值与发动机转速成正比，通过转速表测量机构指示发动机转速。

发动机转速表指针示值乘以 1000 表示发动机转速。使用转速表能使驾驶员正确选择换挡时机，防止发动机超速运转。转速表上都标有红色危险区，发动机转速一般不得越过危险标线，否则会造成发动机早期损坏。

5. 车速里程表

车速里程表用来指示汽车行驶速度和汽车累计行驶总里程，它由车速表和里程表两部分组成，可分为机械式车速里程表、电子式车速里程表和数字式车速里程表。

（1）机械式车速里程表

常见的机械式车速里程表是利用磁感应原理计算里程的，如图 7-9 所示。

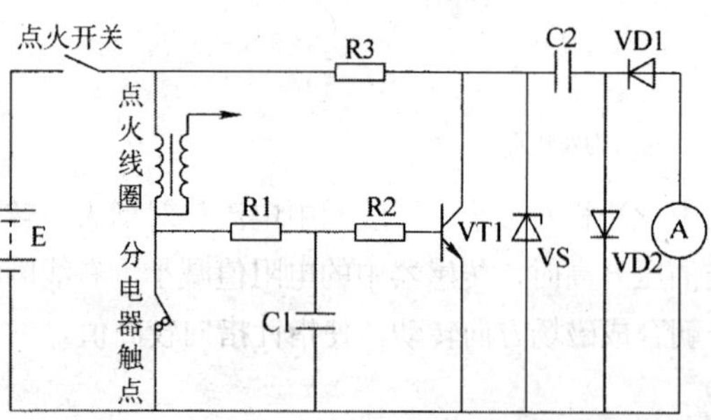

图 7-8　电容充放电的脉冲式电子转速表原理

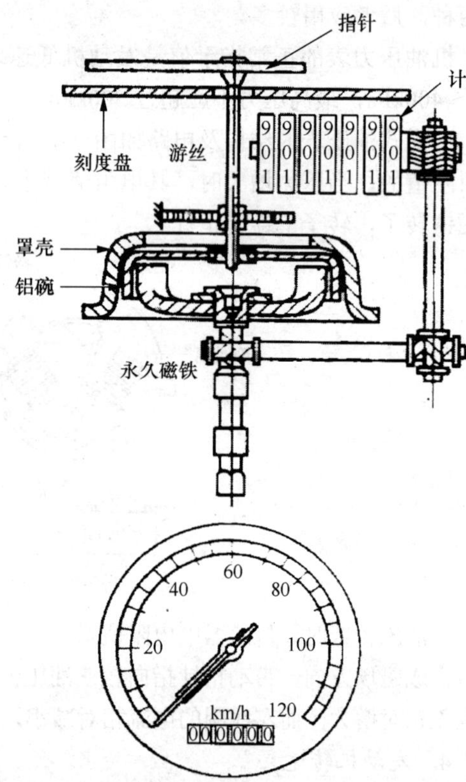

图 7-9　机械式车速里程表

机械式车速里程表没有电路连接，而是由汽车的变速器或分动器接软轴驱动仪表的主动轴的。汽车行驶时，主动轴带动U形永久磁铁旋转，在感应罩上产生涡流，涡流受永久磁铁的作用产生转矩，驱动感应罩克服盘形弹簧的弹力做同向偏转，从而带动指针在刻度盘上指示相应的车速值。车速越快，永久磁铁旋转越快，感应罩上的涡流转矩越大，感应罩带着指针偏转的角度越大，指示的车速值也就越高。里程表主动轴的旋转还带动三套蜗轮蜗杆按一定传动比传动，从而逐级带动计数轮转。机械式车速里程表计数器为十进制，里程表计数轮每转一圈，相邻的左边计数轮就自动加1，从右向左一次为l/10km、1km、10km等，以此类推。汽车停车后，永久磁铁以及蜗轮蜗杆均停止转动，感应罩上的涡流转矩消失，在盘形弹簧作用下，转速表指针回零，同时，里程表也停止计数。车速里程表的数值直接受车轮半径的影响，不同车轮半径的车速里程表不能相互换用。

（2）电子式车速里程表

电子式车速里程表是一个带有通电线圈的指针机构，在恒定磁场下受磁场力的作用。当汽车以不同车速行驶时，在车速里程表传感器上就产生一个不同频率的脉冲信号，如图7-10中的B端送到单稳态触发电路，用以控制恒流源的输出，从而改变了车速表指针机构中的线圈电流，于是它在恒定磁场中受到的作用力大小就发生了变化，因而车速表指针就指示出相对应的行驶车速。带有里程小计的里程表是一个步进电动机，通过减速齿轮驱动两个鼓形机械十进位计数器，其中小计里程用作日行驶里程记录，只能记录到999.9km，而里程表累计记录可达999 999km。汽车行驶速度不同时，B端的脉冲信号频率不同，经64分频电路给步进电动机的电源信号也不同，使其旋转速度及里程积累速度也不同。里程小计可以随时清零。

电子式车速里程表传感器如图7-10和图7-11所示。它是由一个干簧管继电器和一个带有4对磁极的塑料磁环组成。干簧管继电器的触点在磁场作用强时闭合，磁场作用弱时断开。带有磁极的塑料磁环安装在变速器输出轴的突缘上，干簧管继电器安装在变速器壳体上并靠近塑料磁环。塑料磁环随着汽车的行驶不断地转动，作用在干簧管继电器上的磁场强度不断变化，干簧管继电器触点闭合时B点为低电位，触点断开时B点为高电位，于是，输出端就获得了脉冲信号。车速里程表传感器中的干簧管继电器触点的开闭频率，应该和变速器输出轴的转速及电子式车速里程表的基本工作频率相互匹配。

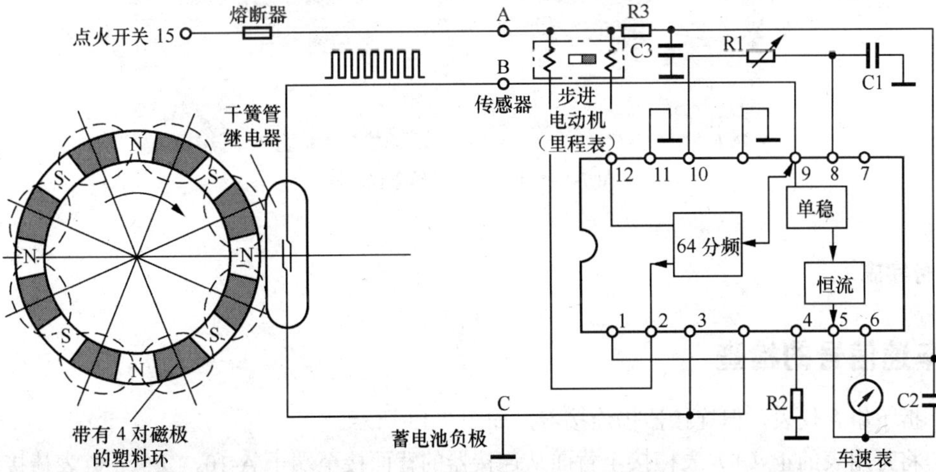

图7-10 电子式车速里程表

电子里程表从变速器后部的霍尔效应传感器中取得脉冲信号，通过导线传送给指示器，避免了机械式车速里程表用软轴传输转距所带来的很多弊端，并且精度高、指针平稳、寿命长。

车速表由永久磁铁、矩形塑料框内线圈、针轴、里程表电子模块、步进电动机、机械计数器组成。

（3）数字式车速里程表

现在新出的车型，有很多使用的是数字式车速里程表。数字式车速里程表是数字式组合仪表的一部分。从车速传感器发出，经主车速传感器缓冲器的车速信号频率与车速有关。组合仪表中的微处理器把车速信号转变为车速和里程供车速表和里程表显示。里程数据存放在非挥发存储器中，存储器不需供电也能保存信息。驾驶员可以通过车速表和里程表直接读出相关数据。

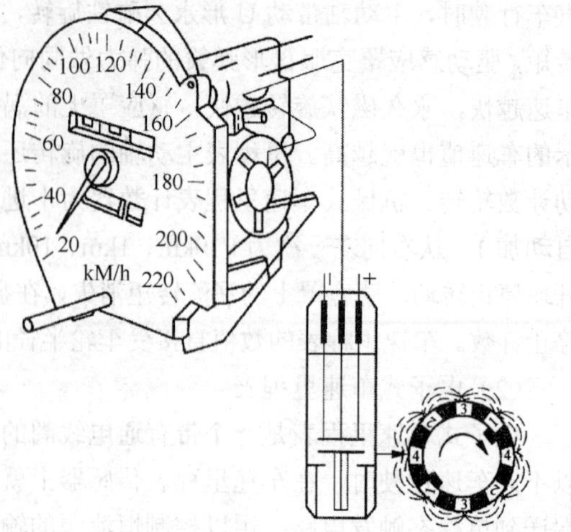

图 7-11　桑塔纳 2000 型汽车使用的电子式车速里程表

二、集成仪表

在新款集成仪表内部全部装有大规模集成电路及微处理器，有的还集成了车载电脑、防盗电脑网相关数据总线等，如丰田卡罗拉轿车，如图 7-12 所示。各种仪表信号通过数据总线直接与传感器相连，各种信号经微处理器运算处理后，由微处理器推动步进电动机来操纵指针式仪表，如发动机转速表、车速表、燃油表、冷却液温度表、指示灯等。有些指示灯也是由开关控制电路间接控制的，这样可以防止故障报警及各系统故障灯在信号线路出现故障时不能反映相应系统的状态，在线路断路时及时点亮相应的指示灯。

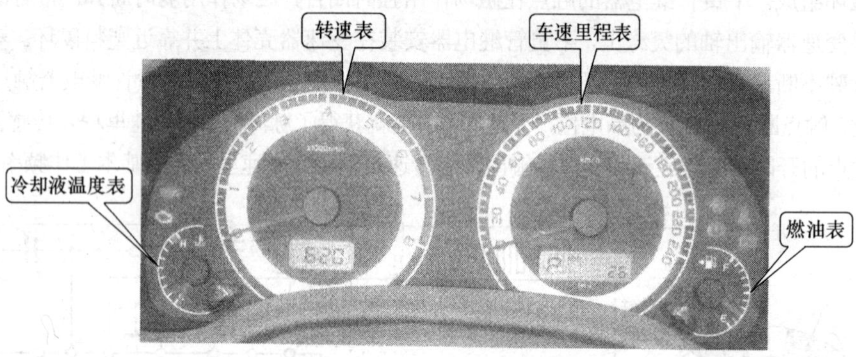

图 7-12　丰田卡罗拉轿车仪表板

任务实施

一、车速信号的检查

① 拆下组合仪表，但连接器仍连接着，如图 7-13 所示。

② 将万用表的正（+）表棒接至背面从连接器的背面接至端子 A-10，负（－）表棒接地。

③ 顶起车辆。

④ 点火开关转到 ON。

⑤ 转动传动轴。

⑥ 检查端子 A-10 与接地之间的电压在 0～5V 或 5V 以上变化。

如果不符合规定，检查车速传感器或配线。

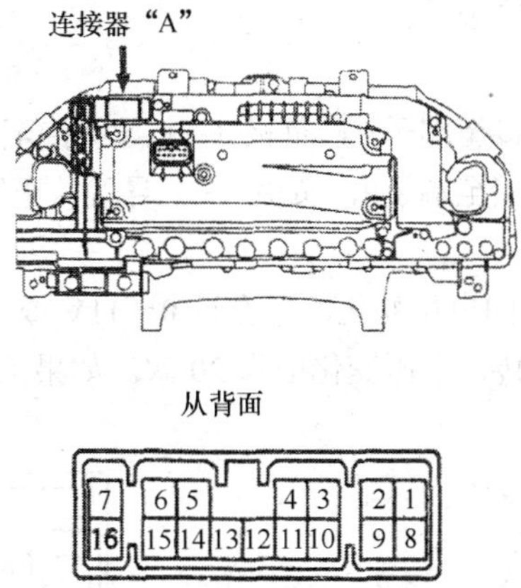

图 7-13　车速信号配线插头

二、车速警告钟的检查

① 蓄电池的电压加在警告钟的两端，检查警告钟是否发声，如图 7-14 所示。

备注：如果倾斜警告钟，声音将会有畸变。如果工作情况不符规定，更换警告钟。

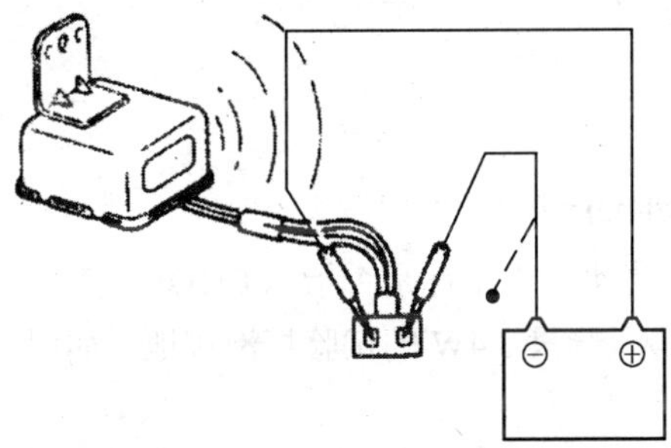

图 7-14　警告钟的测试

② 脱开连接器，检查位于仪表厢侧连接器和检查面，见表 7-1。

表 7-1　警告钟的测试

检查项目	万用表连接	条件	规定值
导通	J1—SP4	常态	导通
导通	J2—N1	常态	导通

如果导通不符规定，更换电路板。

三、车速传感器的拆卸与安装

1. 拆卸车速传感器

① 顶起车辆。

② 脱开连接器和控制杆。

③ 拆下螺栓和传感器。如图 7-15 所示。

2. 安装车速传感器

安装时，按拆卸时的相反顺序进行。

3. 检查车速传感器

① 将蓄电池正极（+）导线接至端子 2，负极（−）导线接至端子 3。

② 将测试表正极（+）导线接至端子 1，负极（−）导线接至端子 3。

③ 转动转轴。

④ 检查端子 1 和端子 3 之间的电压变化，应在近 0～11V 或 11V 以上范围。如图 7-16 所示。

备注：车速传感器轴每转一转，电压变化应为 20 次。如果工作情况不符规定，更换传感器。

图 7-15 车速传感器

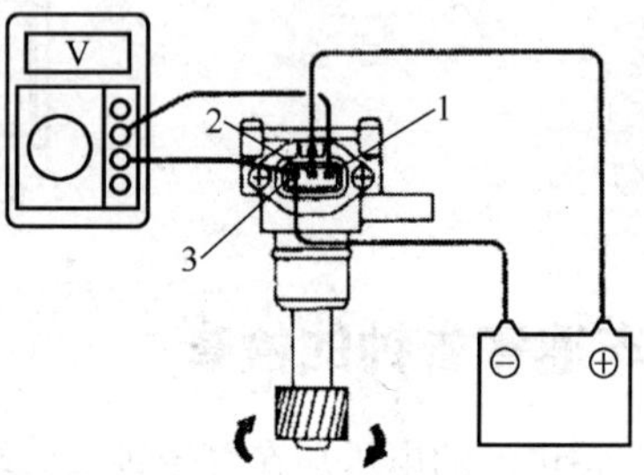

图 7-16 车速传感器检查

四、水温表的检查

1. 检查水温表

① 脱开水温传感器，如图 7-17 所示。

② 点火开关转到 ON，检查水温表指针是否指示 COOL（冷）。

③ 把配线侧连接器端子串入一只 3.4W 的试验灯泡接地，如图 7-18 所示。

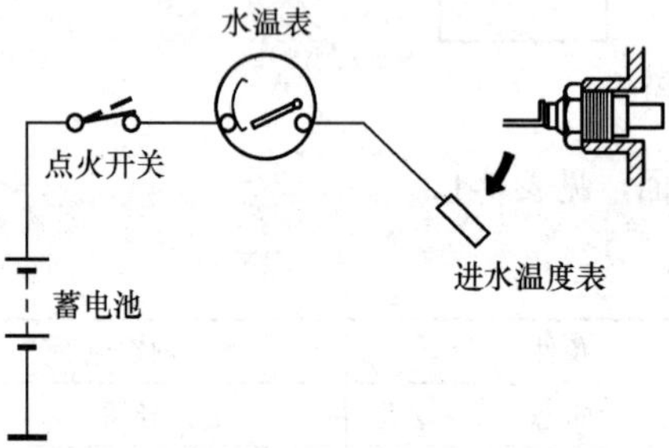

图 7-17 脱开水温传感器

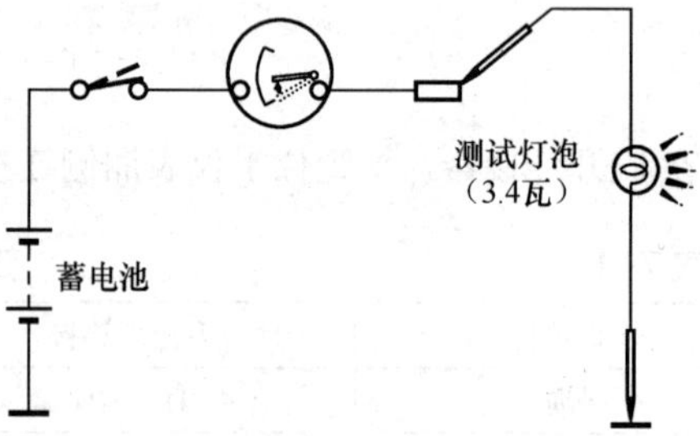

图 7-18 连接试验灯泡接地

④ 点火开关转到 ON，检查灯泡是否亮，水温表指针应移向热端。

如果工作情况不符规定要求，测试水温表的电阻值。

2. 测试水温表的电阻值

① 拧下 3 个螺钉。

② 测试各端子间的电阻值，如图 7-19 所示，电阻值见表 7-2。

备注：接上测试导线，使欧姆表的电流按图表所示的顺序流过。

表 7-2 水温表的电阻值

测试端子	电阻（Ω）
A—B	约 54（54）
A—C	约 146（88）
B—C	约 200（58）

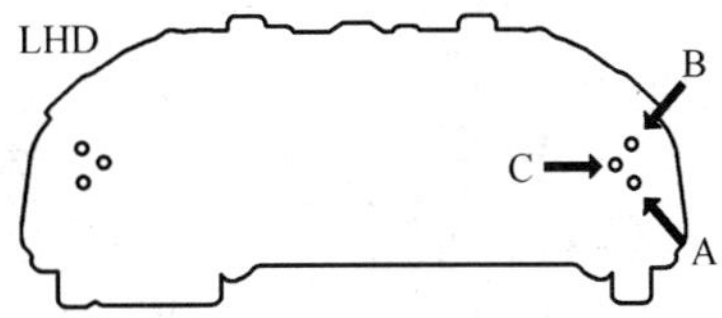

图 7-19 水温表的电阻值测量

3. 检查水温传感器（见图 7-19）

测量端子与传感器间的电阻，如图 7-20 所示，电阻值见表 7-3。

表 7-3 水温传感器的电阻值

水温℃	电阻（Ω）
50	约 249
115	约 28

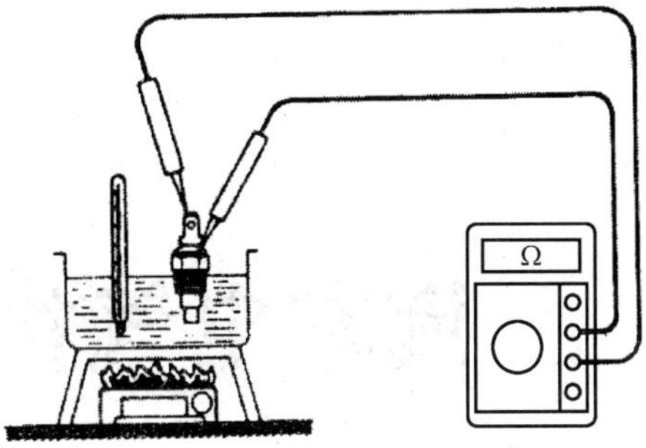

图 7-20 水温传感器检查

如果电阻值不符规定要求，更换水温传感器。

五、真空开关的检查

1. 检查真空开关

① 在无真空度的状态下，检查端子与开关本体应导通。

② 真空度在 100±25mmHg（13.3±3.34kPa）以上状态下，检查开关端子与本体应不导通，如图 7-21 所示。

若导通不符规定，应更换开关。

2. 检查经济行驶监控器指示灯

① 点火开关接通，检查灯泡应亮（淡黄色）。如果灯泡不亮，检查灯泡或真空开关。

② 脱开真空开关连接器，检查灯泡应亮（绿色）。如果灯炮不亮，应检查灯泡或仪表电路，如图 7-22 所示。

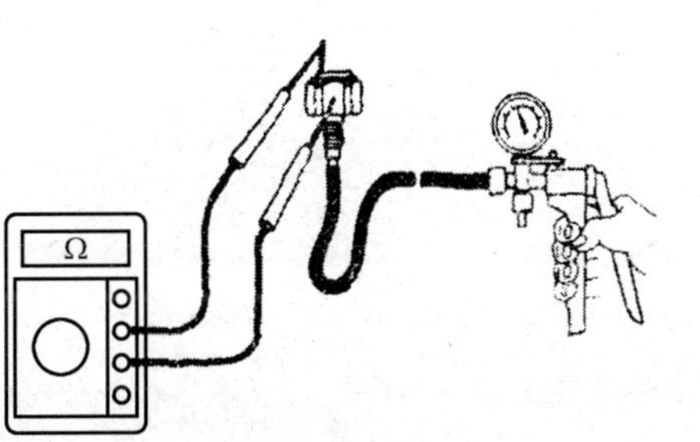

图 7-21 真空开关的检查

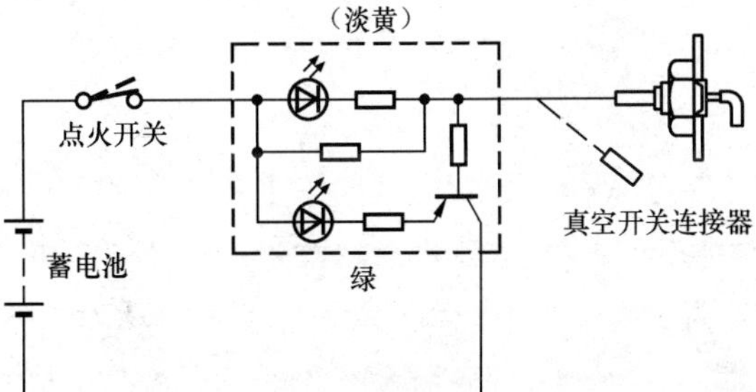

图 7-22 经济行驶监控器指示灯的检查

汽车电气构造与维修课程

学习指导书

课题	课题一　电动后视镜系统的构造与维修		
学习项目	电动后视镜系统的检修	课时	10

学习活动 1　电动后视镜组成、构造及原理

学习目标：

（1）能叙述电动后视镜的组成、作用及构造。

（2）能叙述电动后视镜的工作原理。

建议学时： 4 学时

学习地点： 一体化教室

引导问题：

一、请查阅教材及其他资料，总结并完成下面的空格

① 按安装位置分类，后视镜可分为____________、外后视镜和____________ 3 种。

② 电动后视镜由____________、传接机构和控制开关等组成。

③ 按后视镜的镜面形状分类，后视镜可分为平面镜、____________以及____________ 3 种。

④ 车外调节式是在车停止状态下，通过用手直接调节____________的方式来完成的调节。一般的大型汽车、载货汽车和低档客车都采用____________。

⑤ 按后视镜的调节方式分类，可以分为____________和车内调节两种。

二、请填写下图各部件的名称

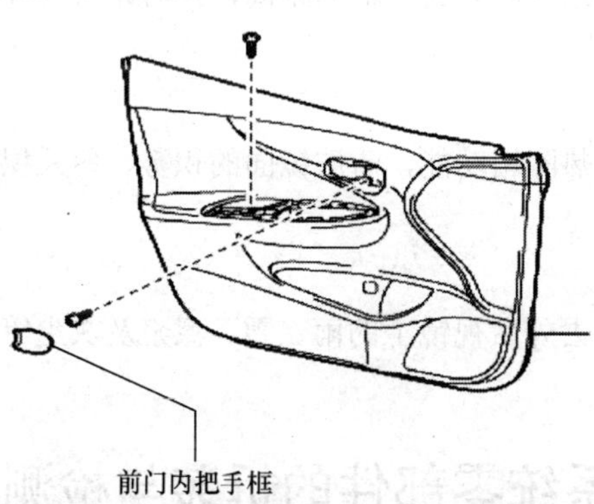

题图 1-1

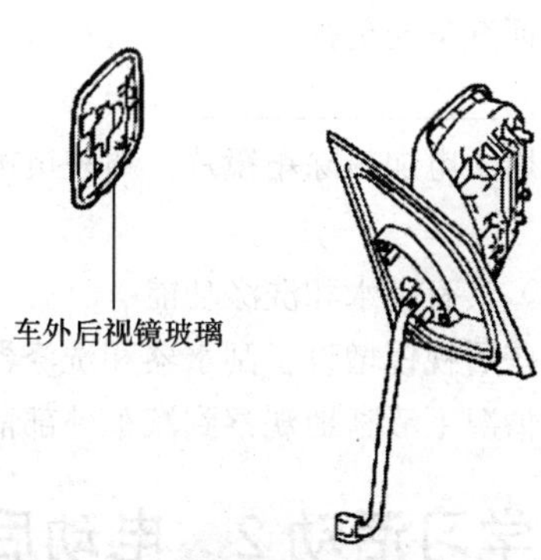

题图 1-2

① ____________　　　　② ____________

三、原理分析

题图 1-3 所示为电动后视镜的工作原理，请分析电动后视镜是如何工作的。

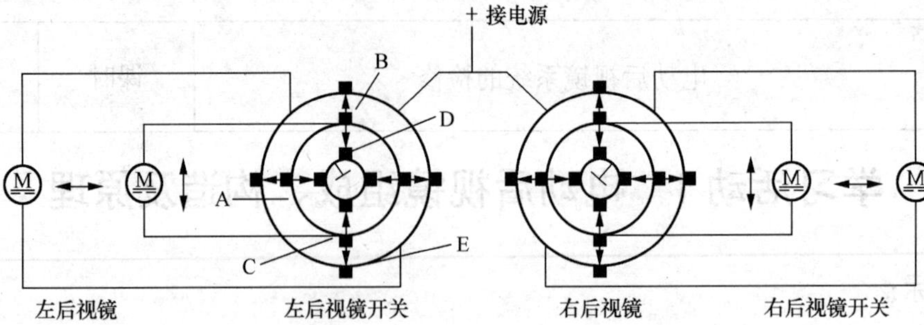

题图 1-3

① 当控制开关向下扳时，触头 B 与 D，C 与 E 分别相通，电流经电源→触头 E→__________→电动机→__________→触头 D→接地，电动机即转动使后视镜作__________（水平/垂直）方向运动。

② 当开关向上扳时，触头 B 与 E，C 与 D 分别接触，电流经电源→触头 E→__________→电动机→__________→触头 D→接地，由于流过电动机的电流发生改变，因此电动机反方向转动，后视镜作__________（水平/垂直）方向运动。

四、请将电动后视镜的主要功能补充完整

目前，中、高档汽车上使用较多的是电动后视镜，其功能主要有以下几个方面。

（1）具有记忆存储功能

当其他人驾驶过汽车后，车主可以非常轻松地开启记忆存储功能，使所有内在设施恢复至最佳设定状态。

（2）__________

该功能可防擦伤及缩小停车泊位空间，保证在后视安全性上把损害程度降低到最小限度。

（3）具有测距和测速功能

驾驶员可通过这种特殊的后视镜，看清后面跟随而来的车辆的距离，并估计出其行驶的速度，保证汽车安全行驶。

（4）__________

采用了电加热除霜镜片，驾驶员可以开启加热除霜功能，清洁镜面的积雾、冬天积霜和雨水等。

（5）具有刮水和洗涤功能

有些后视镜增设了刮水器和洗涤器，用于刮去外后视镜上的雨、雪、泥浆及灰尘等，可以在各种情况下清晰地观察到汽车外部情况。

学习活动 2　电动后视镜系统零部件的拆装与检测

学习目标：

（1）能运用网络资源、图片、动画等形式，介绍电动后视镜及开关的拆装步骤。

（2）能查阅维修手册，按要求对实训车辆电动后视镜及开关进行检测。

建议学时： 4 学时

学习地点： 一体化教室

引导问题：

一、请查阅教材、资料及给出的相关知识，补充电动后视镜及开关的拆卸步骤

① 拆卸前门内把手框，如题图 1-4 所示。

② ________________，如题图 1-5 所示。

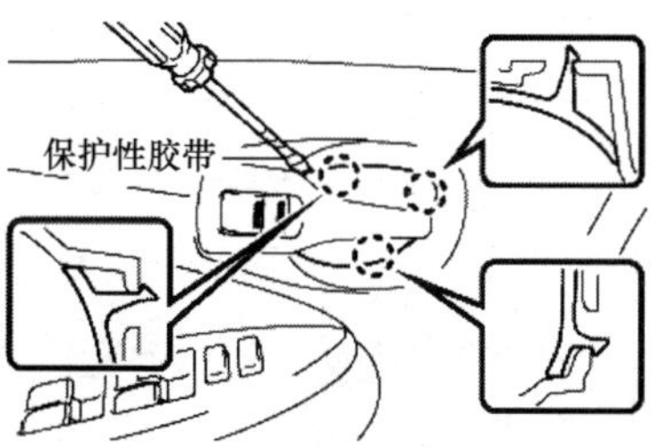

题图 1-4

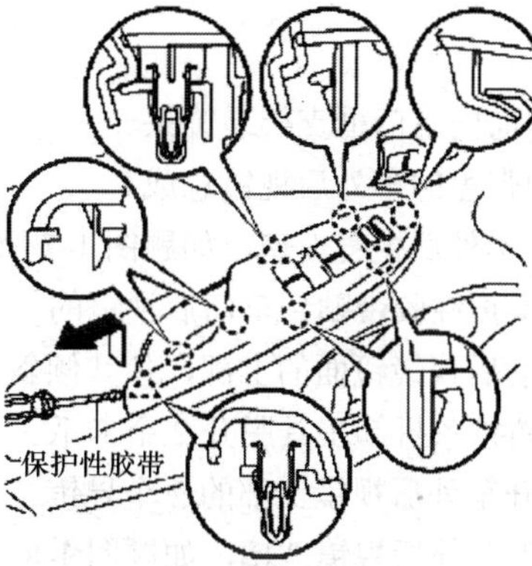

题图 1-5

使用头部缠有保护胶带的螺丝刀，脱开 2 个卡子和 6 个卡爪，拆下________________，断开连接器。

③ 拆卸门控灯总成。

④ 拆卸前门装饰板分总成，如题图 1-6 所示。

使用头部缠有保护胶带的螺丝刀，脱开卡爪并断开车门扶手盖。拆下 2 个螺钉，使用卡子拆卸工具，脱开____________个卡子，脱开____________个卡爪并从前门玻璃内密封条上分开前门装饰板分总成。脱开 2 个卡爪，并断开____________。

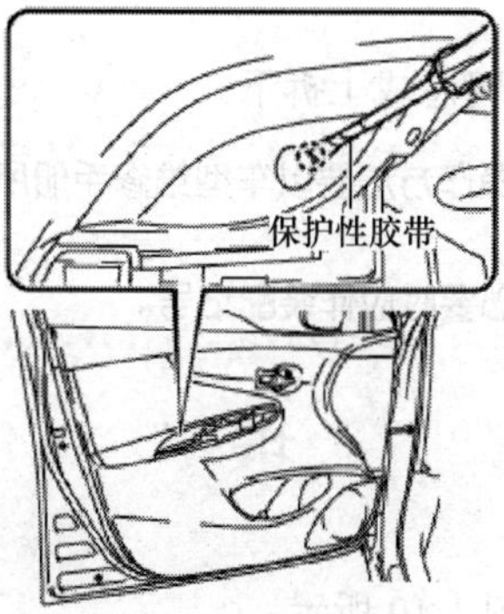

（a）

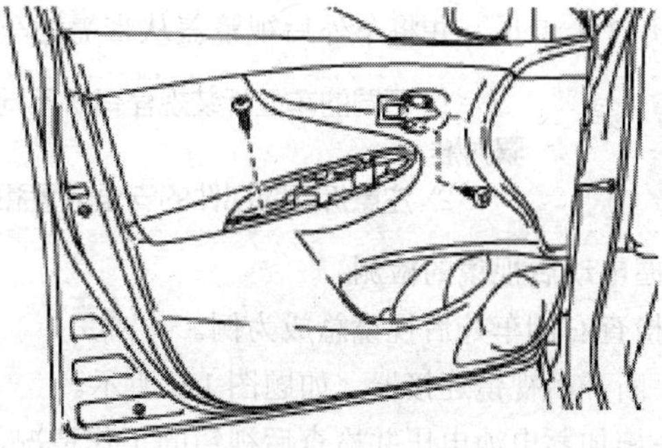

（b）

题图 1-6

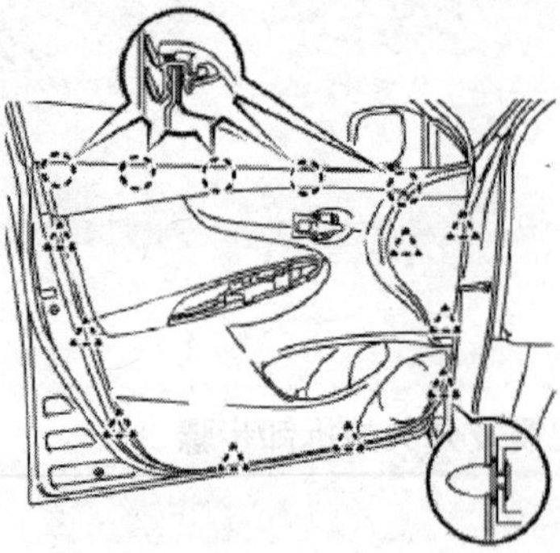

（c）

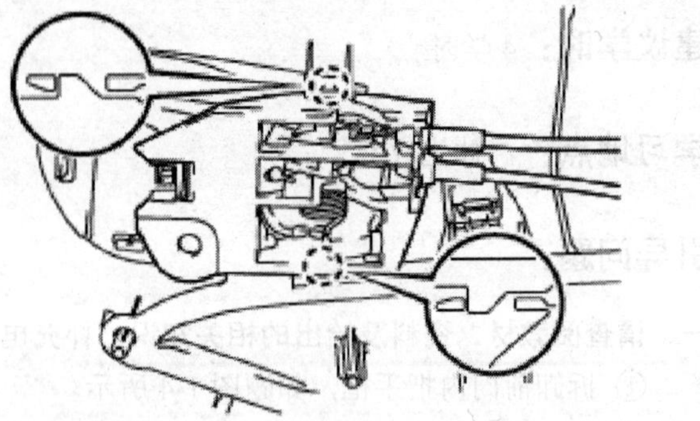

（d）

题图 1-6（续）

⑤ 拆卸前门下门框支架装饰条。

⑥ 拆卸带盖的车外后视镜总成。

⑦ 拆卸车外后视镜玻璃，如题图 1-7 所示。

（a）将保护性胶带贴到车门后视镜的____________。

（b）推动后视镜镜面的上部，使其倾斜。

（c）用防护条拆卸工具脱开 2 个卡爪。

（d）脱开车外后视镜上部的 2 个导销。

（e）拆下车外后视镜玻璃，如题图 1-8 所示。

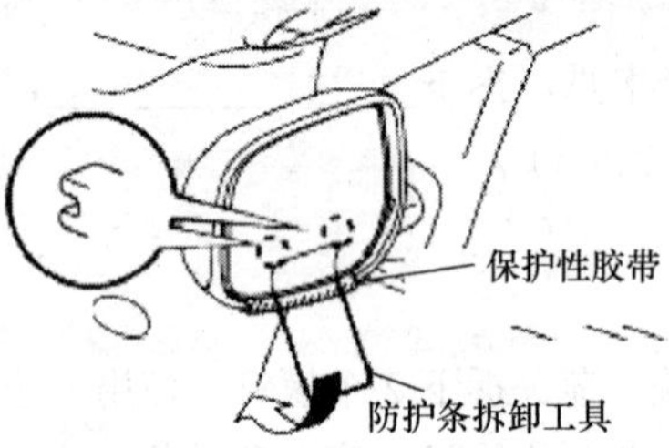

题图 1-7

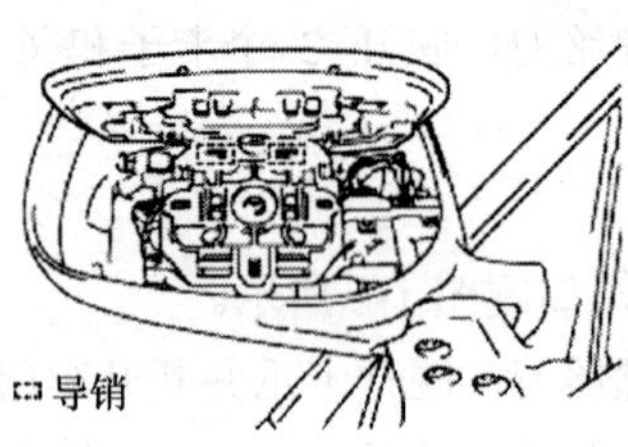

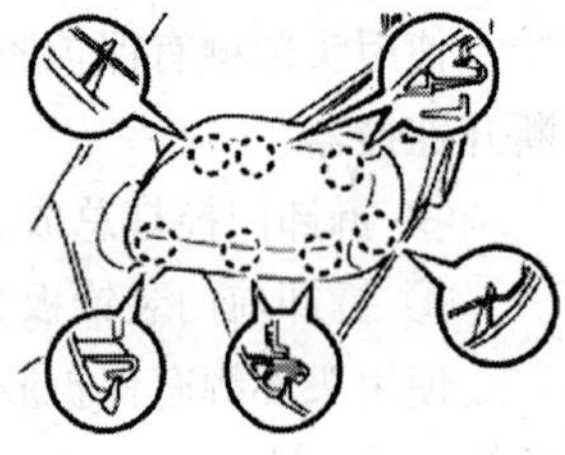

题图 1-8

⑧ ________________________。

脱开 7 个卡爪，并将车外后视镜盖从带盖的车外后视镜总成上拆下。

> **提示**
> ① 不同的车型拆装规程有所不同，具体操作方法要以车型维修手册所规定的步骤为准。
> ② 注意拆卸零部件的安全位置和方向，必要时应作装配记号。

二、掌握电动后视镜的检测

以检查右侧车外后视镜总成为例。

① 断开后视镜连接器，如题图 1-9 所示。

② 施加蓄电池电压并检查后视镜的工作情况，如题图 1-10 所示。

没有线束连接的零部件：(车外后视镜)

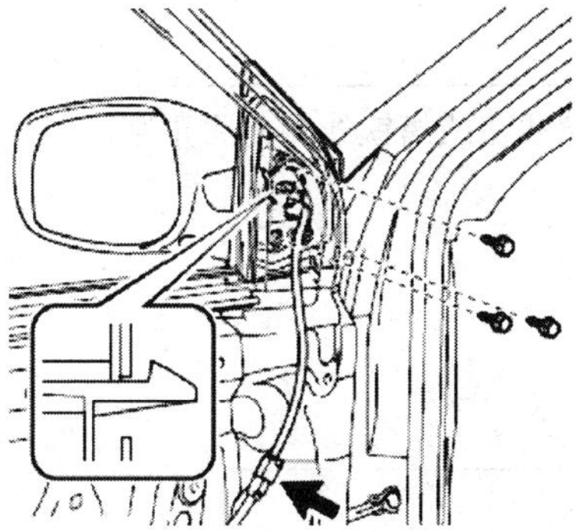

题图 1-9

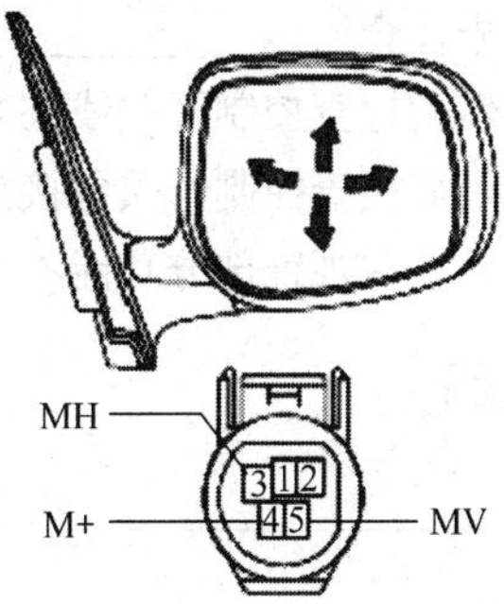

题图 1-10

(a) 蓄电池正极（+）→端子 5（MV），蓄电池负极（-）→端子 4（M+），后视镜应该

□ 上翻　　□ 下翻

(b) 蓄电池正极（+）→端子 4（M+），蓄电池负极（-）→端子 5（MV），后视镜应该

□ 上翻　　□ 下翻

(c) 蓄电池正极（+）→端子 3（MH），蓄电池负极（-）→端子 4（M+），后视镜应该

□ 左转　　□ 右转

(d) 蓄电池正极（+）→端子 4（M+），蓄电池负极（-）→端子 3（MH），后视镜应该

□ 左转　　□ 右转

学习活动 3　电动后视镜系统故障的判断与排除

学习目标：

（1）能借助网络资源、图片、动画等形式，看懂维修手册。

（2）能进行电动后视镜典型故障的排除。

建议学时：2 学时

学习地点：一体化教室

引导问题：

一、请查阅教材，完成下面的空格

电动后视镜常见的故障有电动后视镜都不工作、电动后视镜部分功能不正常。

1. 电动后视镜都不工作

故障原因：

____。

维修思路：

① 先检查____。

② 然后检查控制开关线头有无脱落、松动、电源线路或搭铁线路是否正常。

③ 最后检查控制开关各接点通断情况。

2．电动后视镜部分功能不正常

故障原因：

____。

维修思路：

① 先检查____。

② 再检查开关。

③ 最后检查电动机。

二、知识拓展

一丰田威驰轿车出现右边的电动后视镜只能上下调整，而不能左右调整的故障现象。

分析：____

____

____

____

____。

学习评价表

<table>
<tr><td>课程名称</td><td colspan="2">电动后视镜系统的构造与维修</td><td>学习项目</td><td colspan="2">电动后视镜系统的检修</td></tr>
<tr><td>学生姓名</td><td colspan="2"></td><td>学习小组</td><td colspan="2"></td></tr>
<tr><td colspan="2">评价等级 / 评价内容</td><td>优</td><td>良</td><td>中</td><td>差</td></tr>
<tr><td colspan="2">相关知识的掌握</td><td></td><td></td><td></td><td></td></tr>
<tr><td colspan="2">任务实施</td><td></td><td></td><td></td><td></td></tr>
<tr><td colspan="2">工作页的完成</td><td></td><td></td><td></td><td></td></tr>
<tr><td colspan="2">6S 管理</td><td></td><td></td><td></td><td></td></tr>
<tr><td colspan="2">纪律</td><td></td><td></td><td></td><td></td></tr>
<tr><td colspan="2">团队合作</td><td></td><td></td><td></td><td></td></tr>
<tr><td colspan="2">教师综合评价</td><td></td><td></td><td></td><td></td></tr>
<tr><td colspan="6">教师评语：</td></tr>
</table>

课题	课题二　电动车窗系统的构造与维修		
学习项目	电动车窗系统的检修	课时	10

学习活动 1　电动车窗组成、构造及工作原理

学习目标：

（1）能运用网络资源、图片、动画等形式，介绍电动车窗的构造及工作原理。

（2）能查阅维修手册，按要求对实训车辆电动车窗及开关进行拆装。

建议学时： 4 学时

学习地点： 一体化教室

引导问题：

一、请查阅教材，完成下面的空格

① 电动车窗主要由玻璃升降器、＿＿＿＿＿＿、开关（主控开关、分控开关）等组成。

② 电动车窗上采用的电动机有＿＿＿＿＿＿和＿＿＿＿＿＿两种。

③ 齿扇式玻璃升降器通过＿＿＿＿＿＿来实现换向作用。

④ 所有车窗系统都有两套控制开关，一套是＿＿＿＿＿＿，安装在驾驶员侧车门扶手上或仪表板上，由驾驶员控制玻璃升降，另一套为＿＿＿＿＿＿，安装在乘客侧车窗中部，可由乘客操纵。

⑤ 天窗电动机通过传动装置向天窗的开闭提供动力，能双向转动，即通过改变电流的方向以改变＿＿＿＿＿＿的旋转方向，实现天窗的开闭。

二、请填写下面空格

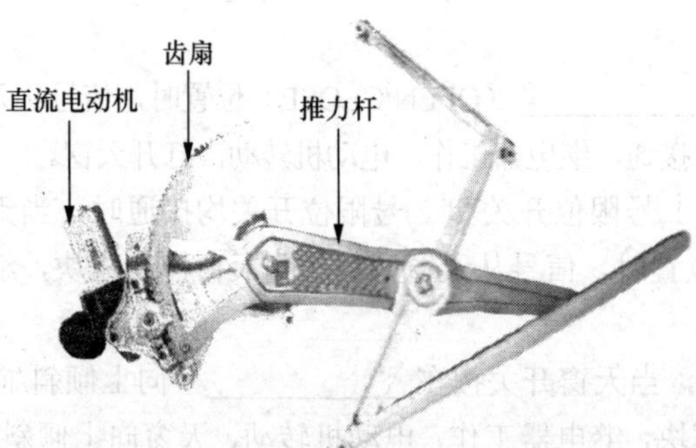

题图 2-1

① ＿＿＿＿＿＿式玻璃升降器

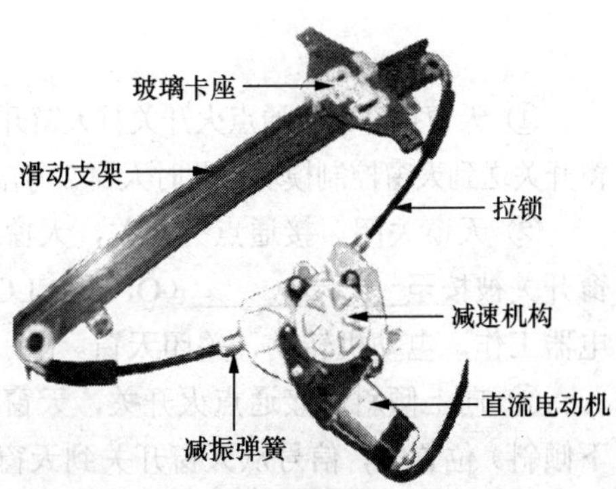

题图 2-2

② ＿＿＿＿＿＿式玻璃升降器

题图 2-3

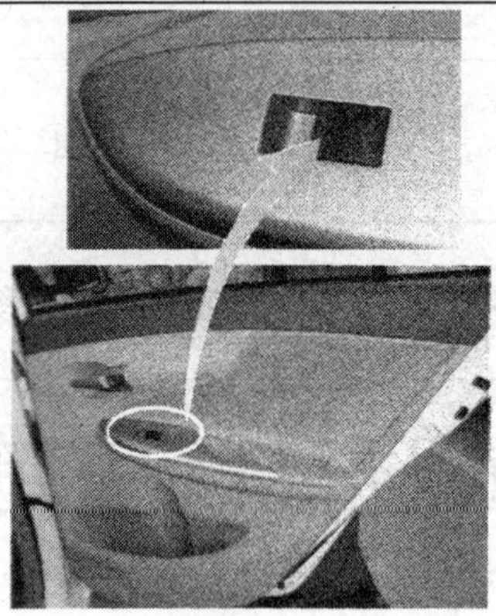

题图 2-4

③ ____________开关　　　　④ ____________开关

三、题图 2-5 所示为电动天窗的控制电路，请分析电动天窗是如何工作的

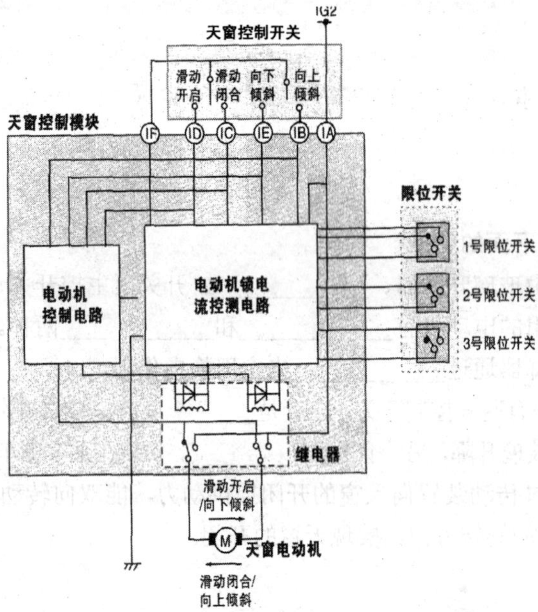

题图 2-5

① 天窗打开。接通点火开关且天窗开关按至__________（OPEN/CLOSE）位置时，信号从天窗开关送到天窗控制模块，此时天窗 2 号限位开关接通，继电器工作，电动机转动，打开天窗。

② 天窗关闭。接通点火开关，天窗打开且 1 号限位开关和 2 号限位开关均接通时，当天窗开关被按至___________（OPEN/CLOSE）位置时，信号从天窗开关送到天窗控制模块，继电器工作，电动机转动，关闭天窗。

③ 向上倾斜。接通点火开关，天窗关闭时，当天窗开关按在____________（向上倾斜/向下倾斜）位置时，信号从天窗开关到天窗控制模块，继电器工作，电动机转动，天窗向上倾斜。

④ 向下倾斜。接通点火开关，1 号限位开关和 2 号限位开关均断开，当天窗开关按在________________（向上倾斜/向下倾斜）位置时，信号从天窗控制开关输送给天窗模块，继电器工作，电动机转动，天窗下倾。

⑤ 倾斜提示系统。天窗处于向上倾斜状态时，将点火开关从 ON 挡转至 ACC 挡或 OFF 挡，则天窗控制模块接通____________，____________响起以提醒驾驶员，天窗处于倾斜状态。

学习活动 2　电动车窗系统零部件的拆装与检测

学习目标：

（1）能运用网络资源、图片、动画等形式，介绍电动车窗的拆装步骤。

（2）能查阅维修手册，按要求对实训车辆电动车窗进行检测。

建议学时： 4 学时

学习地点： 一体化教室

引导问题：

一、题图 2-6 至题图 2-8 所示为前门各零件图，请填写各零件的名称

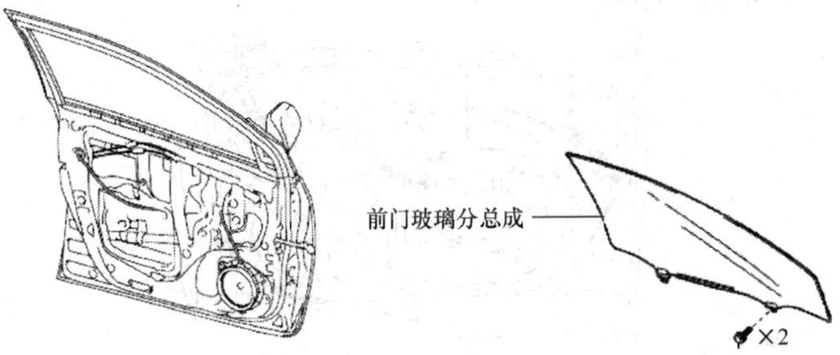

题图 2-6

（1）____________________

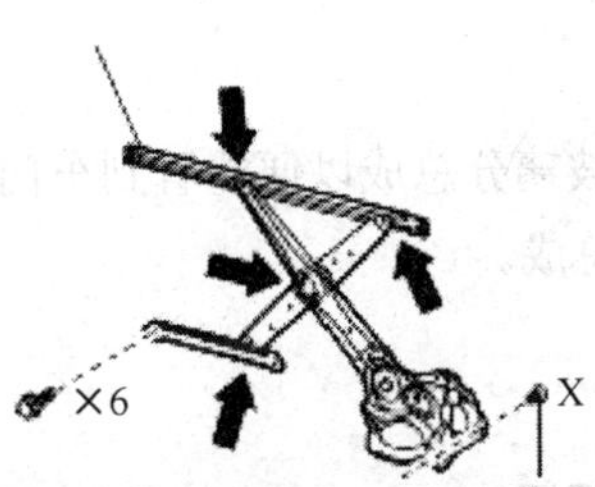

题图 2-7

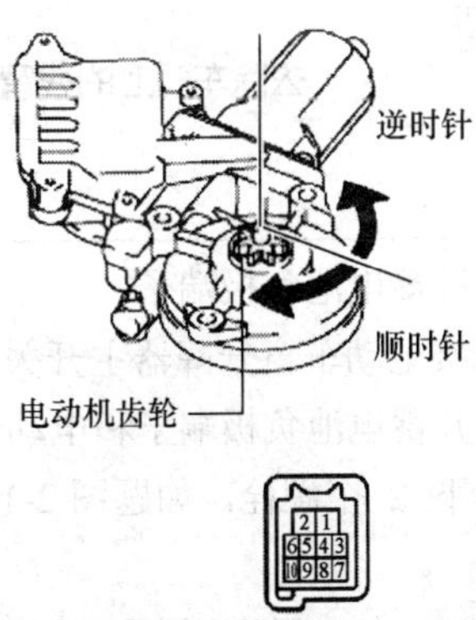

题图 2-8

（2）____________________　　（3）____________________

二、根据所给的提示，完成电动车窗拆卸的步骤

① 拆卸前门内把手框。

② 拆卸前扶手座上面板。

③ 拆卸门控灯总成。

④ ________________________________。

⑤ 拆卸前门内把手分总成：断开前门锁止遥控拉索和前门内侧锁止拉索，并拆下前门内把手分总成。

⑥ 拆卸前门下门框支架装饰条。

⑦ ________________：从前门板上拆下前门玻璃内密封条，如题图 2-9 所示。

⑧ 拆卸车门装饰板支架：拆下 2 个螺钉和车门装饰板支架，如题图 2-10 所示。

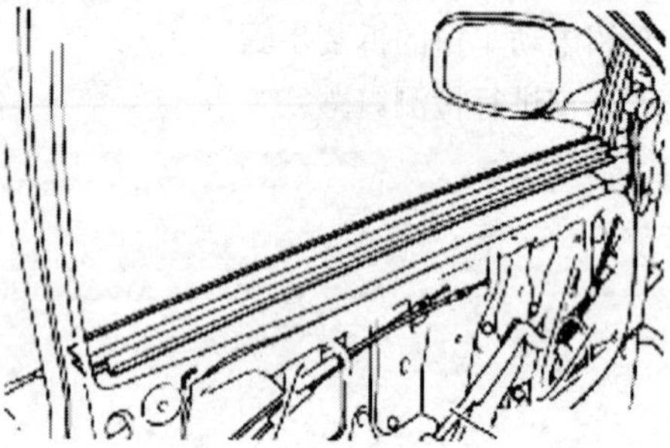

题图 2-9

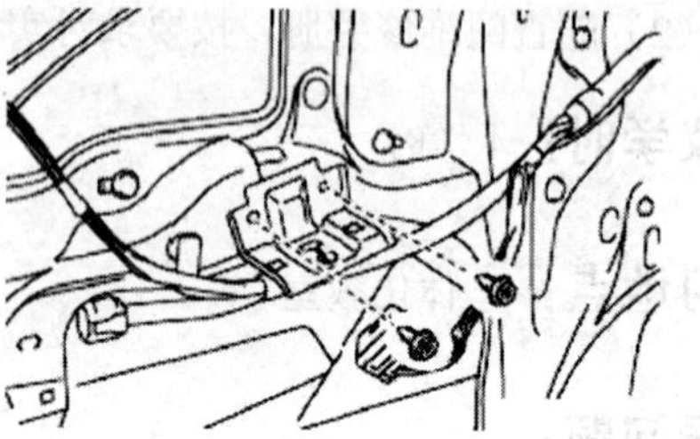

题图 2-10

⑨ 拆卸前门检修孔盖，如题图 2-11 所示。

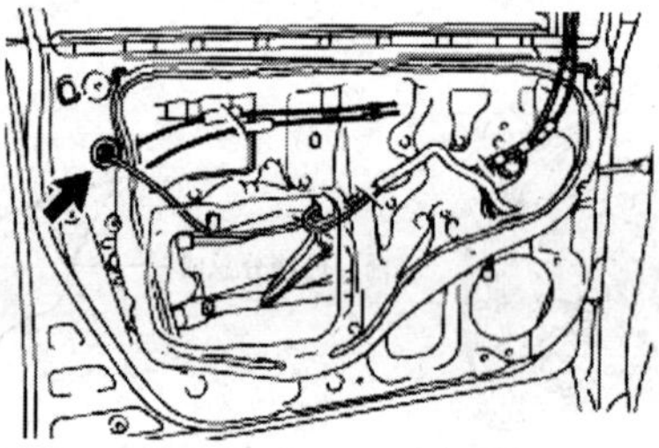

题图 2-11

提示

去除车门上的残留丁基胶带。

⑩ ________________________。

（a）连接蓄电池负极端子。

（b）连接电动车窗升降器主开关总成，并移动前门玻璃分总成以便能看到车门玻璃螺栓。

（c）断开蓄电池负极端子和电动车窗升降器主开关总成。

（d）拆下 2 个螺栓，如题图 2-12 所示。

提示

拆下螺栓后，车门玻璃可能掉落，造成损坏。

（e）拆下前门玻璃分总成，如题图 2-13 所示。

提示

不要损坏车门玻璃。

⑪ 拆卸前门车窗升降器分总成。

提示 不要拆下临时螺栓。如果拆下临时螺栓，前门窗升降器可能掉落，造成损坏。

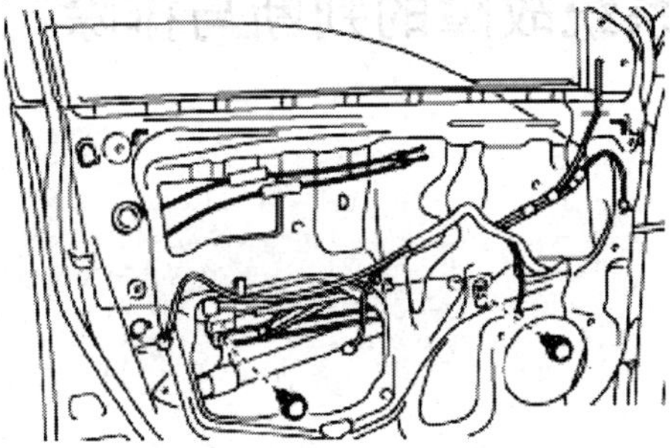

题图 2-12

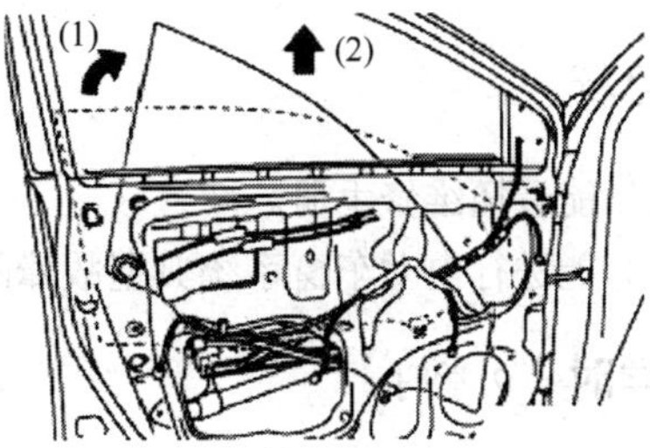

题图 2-13

⑫ ______________________：用“TORX”梅花螺丝刀（T25），拆下 3 个螺钉和前电动车窗升降器电动机总成，如题图 2-14 所示。

三、请完成图 2-15 所示的电动车窗升降器电动机（驾驶员侧）的检测

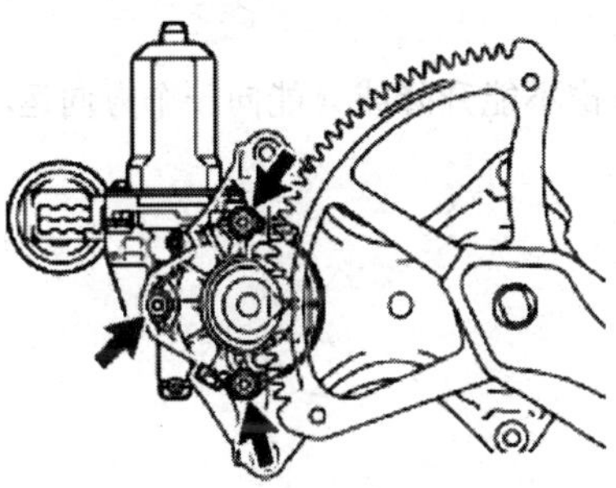

题图 2-14

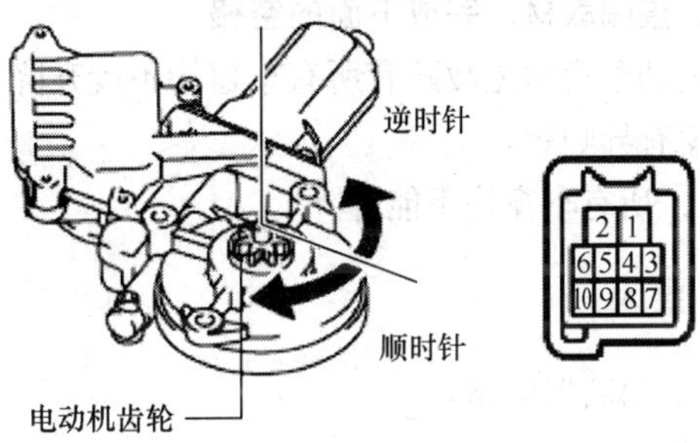

题图 2-15

向电动机连接器施加蓄电池电压。

1．手动操作

① 蓄电池正极（+）→端子 2（B），蓄电池负极（−）→端子 1（GND），7（DWN1），电动机齿轮应该

□顺时针转动　　　　□逆时针转动

② 蓄电池正极（+）→端子 2（B），蓄电池负极（−）→端子 1（GND），10（UP1），电动机齿轮应该

□顺时针转动　　　　□逆时针转动

2．自动操作

① 蓄电池正极（+）→端子 2（B），蓄电池负极（−）→端子 1（GND），4（AUTO），7（DWN1），电动机齿轮应该

□顺时针转动　　　　□逆时针转动

② 蓄电池正极（+）→端子 2（B），蓄电池负极（−）→端子 1（GND），4（AUTO），10（UP1），电动机齿轮应该

□顺时针转动　　　　□逆时针转动

提示

不要向端子 1、2、4、7 和 10 之外的任何端子施加蓄电池电压。

学习活动 3　电动车窗系统故障的判断与排除

学习目标：

（1）能看懂维修手册。

（2）能进行电动车窗系统典型故障的排除。

建议学时： 2 学时

学习地点： 一体化教室

引导问题：

一、请查阅教材，完成下面的空格

电动车窗常见故障有所有车窗均不能升降、部分车窗不能升降或只能向一个方向运动、电动车窗有异响等。

1．所有车窗均不能升降

故障原因：

① 熔断器断路。

② ____。

③ ____。

④ 直流电动机损坏。

⑤ 搭铁点锈蚀、松动。

维修思路：

① 检查熔断器是否断路。

② 若熔断器良好，则应将点火开关接通，检查点火开关接线柱上的电压是否正常，如电压为零，则应检查电源线路；电压正常，则应检查______________。

③ 若搭铁不良，应清洁、紧固搭铁线；若搭铁良好，应对______________进行检查。

2．部分车窗不能升降或只能向一个方向运动

故障原因：

① 该车窗按键开关损坏。

② 该______________。

③ 连接导线断路。

④ ________________。

维修思路：

① 检查主控开关中的安全开关是否正常，该车窗的按键开关工作是否正常。

② 检查____。

③ 检查连接导线。

④ 若车窗只能向一个方向运动，一般是________________________，可以先检查线路连接是否正常，再检修开关。

3. 电动车窗有异响

维修思路：

① 检查调整各部件连接情况。

② 检查__________________________的位置。

③ 检查__________________________是否正确。

二、知识拓展

一台丰田卡罗拉轿车主控开关无法控制右后门玻璃升降，左后门玻璃升降开关控制正常，你作为一名维修工人，应该怎样排除该故障？

分析：

____

____

____

____

____。

学习评价表

<table>
<tr><td>课程名称</td><td>电动车窗系统的构造与维修</td><td>学习项目</td><td colspan="2">电动车窗系统的检修</td></tr>
<tr><td>学生姓名</td><td></td><td>学习小组</td><td colspan="2"></td></tr>
<tr><td>评价等级
评价内容</td><td>优</td><td>良</td><td>中</td><td>差</td></tr>
<tr><td>相关知识的掌握</td><td></td><td></td><td></td><td></td></tr>
<tr><td>任务实施</td><td></td><td></td><td></td><td></td></tr>
<tr><td>工作页的完成</td><td></td><td></td><td></td><td></td></tr>
<tr><td>6S 管理</td><td></td><td></td><td></td><td></td></tr>
<tr><td>纪律</td><td></td><td></td><td></td><td></td></tr>
<tr><td>团队合作</td><td></td><td></td><td></td><td></td></tr>
<tr><td>教师综合评价</td><td></td><td></td><td></td><td></td></tr>
<tr><td colspan="5">教师评语：</td></tr>
</table>

课题	课题三　电动座椅系统的构造与维修		
学习项目	电动座椅系统的检修	课时	10

学习活动 1　电动座椅组成、构造及工作原理

学习目标

（1）能借助网络资源、图片、动画等形式，叙述电动座椅的组成、作用及构造。

（2）能叙述电动座椅的工作原理。

建议学时：2 学时

学习地点：一体化教室

引导问题

一、请查阅相关资料，完成下面的空格

① 根据使用电动机的数量，电动座椅可分为单电动机式、________、三电动机式和________等。

② 根据有无加热器，电动座椅可分为__________与__________两种。

③ __________电动座椅可以在冬季寒冷的时候对座椅的坐垫进行加热，以使驾驶员或乘客乘坐更舒适。

④ 电动座椅大多采用__________驱动，并通过装在座位侧板上或门扶手上的肘节式控制开关来控制电路通路和电流方向，使某一电动机按所需的方向运转，以达到调整座椅的目的。

⑤ 为了防止电动机过载，大多数永磁式电动机内装有热___________。

二、请填写前排电动座椅各零件的名称

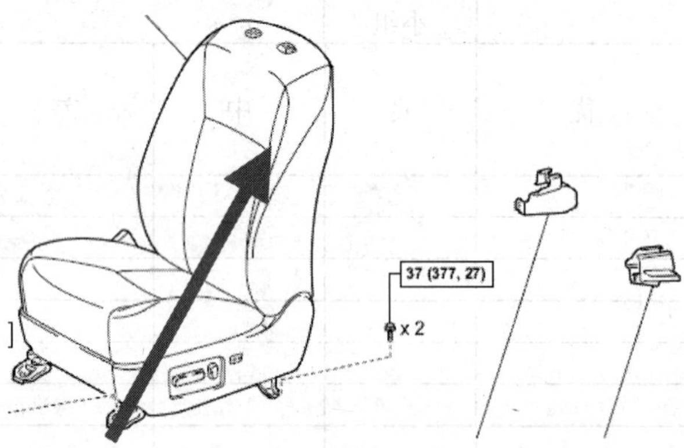

题图 3-1

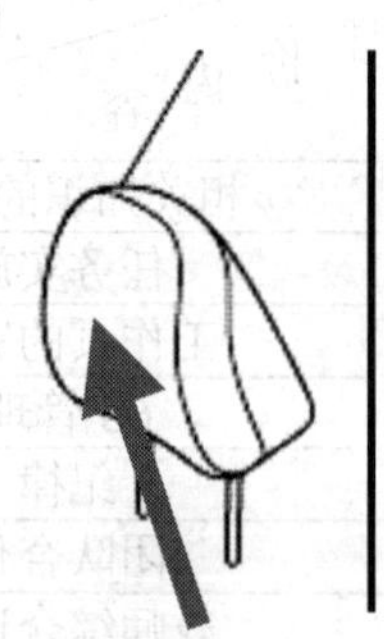

题图 3-2

（1）____________________　　（2）____________________

三、请完成下列空格

有些电动座椅中还附加了一些特种功能的装置，如在气垫座椅上使用电动气泵，对各个专用气囊进行充气，起到调节支撑腰椎、侧背、大腿的作用。题图 3-3 所示为具有全方位可调节功能的电动座椅，请写出它的各个功能。

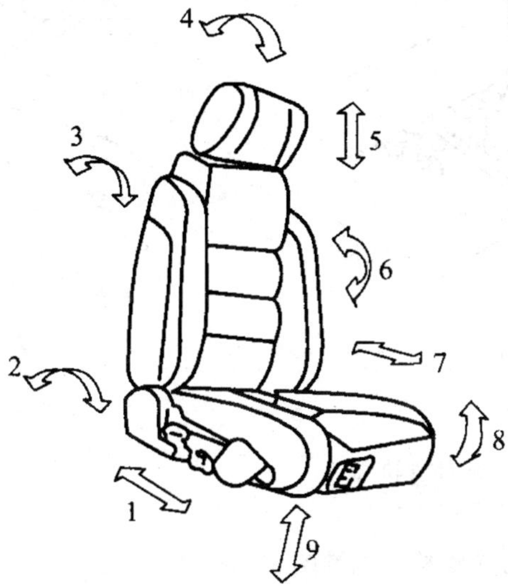

题图 3-3　全方位可调节功能的电动座椅

1—__________________；2—靠背倾斜度调节；3—靠背上部调节；

4—靠枕前后调节；5—____________；　6—侧背支撑调节；

7—腰椎支撑气垫调节；8—座椅前部支撑调节；9—__________

学习活动 2　电动座椅系统零部件的拆装与检测

学习目标：

（1）能运用网络资源、图片、动画等形式，介绍电动座椅的拆装步骤。

（2）能查阅维修手册，按要求对实训车辆电动座椅进行检测。

建议学时： 6 学时

学习地点： 一体化教室

引导问题：

一、在教师的指导下，完成电动座椅的拆卸

① ______________________。

② 拆卸座椅外滑轨盖，如题图 3-4 所示。

（a）操作电动座椅开关旋钮并将座椅移动至最前位置。

（b）脱开 2 个卡爪并拆下座椅外滑轨盖。

③ 拆卸座椅内滑轨盖，如题图 3-5 所示。

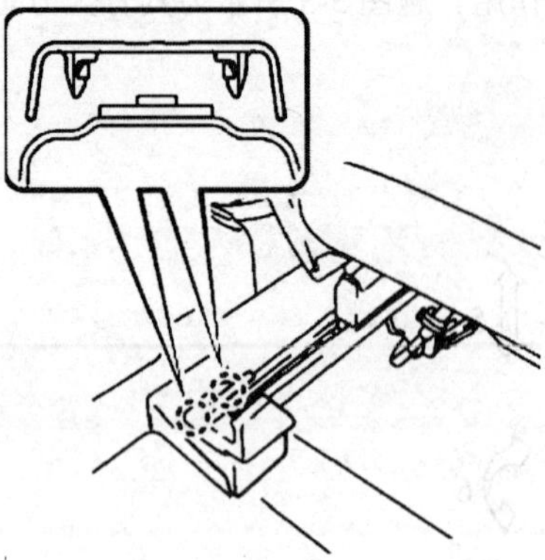

题图 3-4

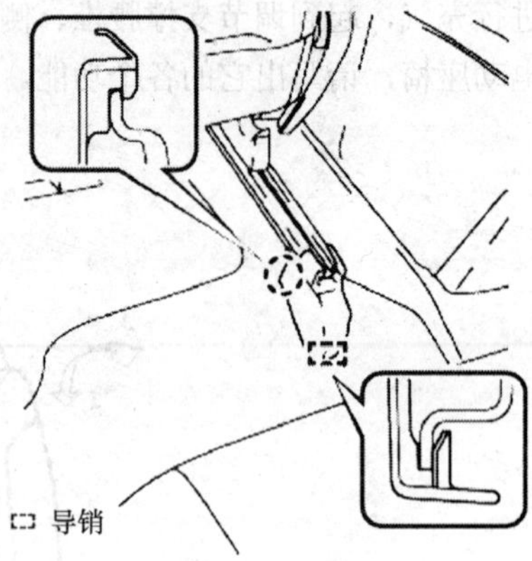

题图 3-5

（a）脱开卡爪。

（b）脱开导销并拆下座椅内滑轨盖。

④ 拆卸前排座椅总成。

（a）拆下座椅后侧的 2 个螺栓。如题图 3-6 所示。

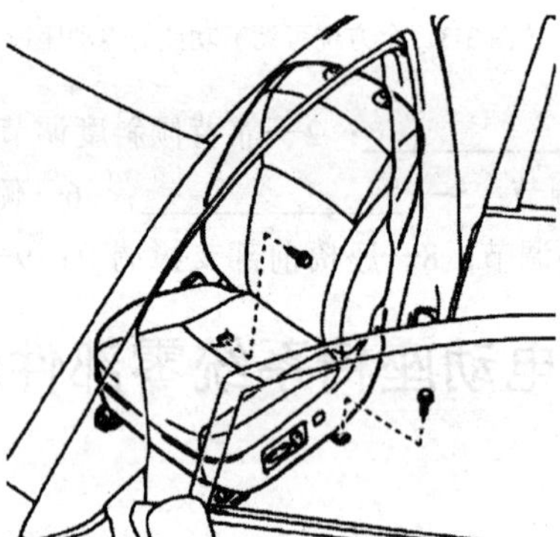

题图 3-6

（b）操作电动座椅开关旋钮并将座椅移动到最后位置。

（c）拆下座椅前侧的 2 个螺栓。

（d）操作电动座椅开关旋钮并将座椅移动到______________（前/中间/后）位置，同时，操作电动座椅开关旋钮并将座椅靠背移动到直立位置。

（e）将电缆从蓄电池负极（–）端子上断开。

提示 **断开电缆后等待 90s，以防止气囊展开；断开蓄电池电缆后重新连接时，某些系统需要初始化。**

（f）断开座椅下面的______________。

（g）拆卸______________。

提示

小心不要损坏车身。

二、在教师的指导下完成电动座椅的检查

1．检查前排座椅总成

（1）检查座椅骨架的工作情况，如题图 3-7 所示，（滑动调节电动机）

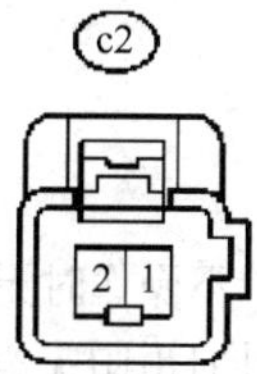

题图 3-7

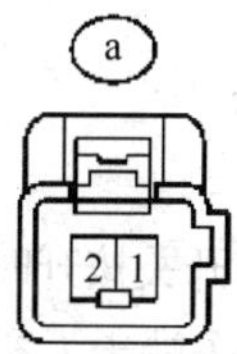

题图 3-8

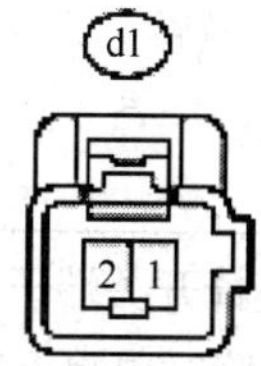

题图 3-9

检查在将蓄电池连接至滑动调节电动机连接器端子时座椅骨架是否平顺移动。

① 蓄电池正极（+）→C1-1，蓄电池负极（−）→C1-2，座椅骨架应该

□向前运转　　　　□向后运转

② 蓄电池正极（+）→C1-2，蓄电池负极（−）→C1-1，座椅骨架应该

□向前运转　　　　□向后运转

（2）检查座椅骨架的工作情况，如图 3-8 所示（升降器电动机）

检查在将蓄电池连接至升降器电动机连接器端子时座椅骨架是否平顺移动。

① 蓄电池正极（+）→C2-2，蓄电池负极（−）→C1-1，座椅骨架应该

□向上运转　　　　□向下运转

② 蓄电池正极（+）→C2-1，蓄电池负极（−）→C2-2，座椅骨架应该

□向上运转　　　　□向下运转

（3）检查座椅骨架的工作情况，如图 3-9 所示（靠背倾角调节电动机）

检查在将蓄电池连接至靠背倾角调节电动机连接器端子时座椅骨架是否平顺移动。

① 蓄电池正极（+）→d1-2，蓄电池负极（−）→d1-1，座椅骨架应该

□向前运转　　　　□向后运转

② 蓄电池正极（+）→d1-1，蓄电池负极（−）→d1-2，座椅骨架应该

□向前运转　　　　□向后运转

2．检查电动座椅开关

当操作每个开关时，测量指定端子之间的电阻，如题图 3-10 所示。

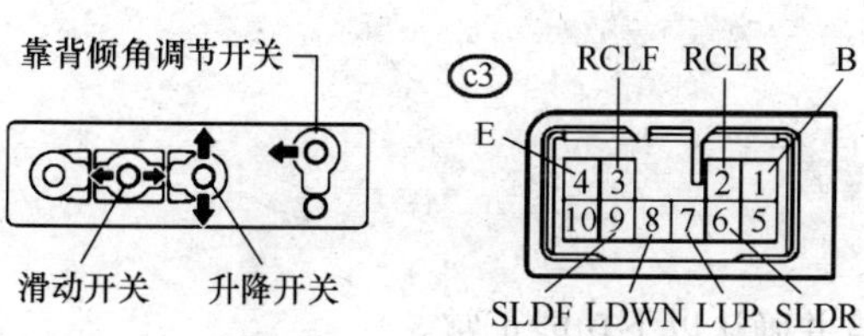

题图 3-10　电动座椅开关的测量

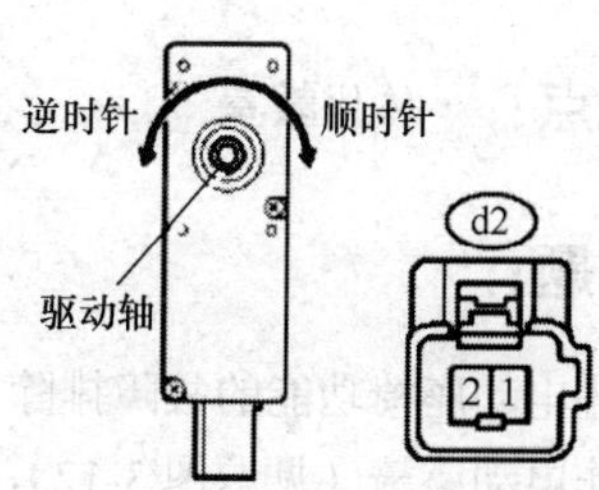

题图 3-11　腰部支撑调节器工作情况的检查

（1）滑动开关的测量

电动座椅开关端子 1 和 9：操作滑动开关向前时电阻小于 1Ω，不操作时无穷大，操作滑动开关向后时电阻无穷大；电动座椅开关端子 1 和 6：操作滑动开关向前时电阻____________，不操作时无穷大，操作滑动开关向后时电阻____________；电动座椅开关端子 4 和 6：操作滑动开关向前时电阻小于 1Ω，不操作时____________，操作滑动开关向后时电阻无穷大；电动座椅开关端子 4 和 9：操作滑动开关向前时电阻无穷大，不操作时小于 1Ω，操作滑动开关向后时电阻小于 1Ω。

A． 小于 1Ω　　　　B． 无穷大

（2）______________

电动座椅开关端子 1 和 7：操作升降开关按升时电阻____________，不操作时无穷大，操作升降开关按降时电阻无穷大；电动座椅开关端子 1 和 8：操作升降开关按升时电阻无穷大，不操作时____________，操作升降开关按降时电阻小于 1Ω；电动座椅开关端子 4 和 8：操作升降开关按升时电阻____________，不操作时小于 1Ω，操作升降开关按降时电阻无穷大；电动座椅开关端子 4 和 7：操作升降开关按升时电阻无穷大，不操作时小于 1Ω，操作升降开关按降时电阻小于 1Ω。

A． 小于 1Ω　　　　B． 无穷大

3．检查前排电动座椅腰部开关

4．检查腰部支撑调节器的工作情况

如图 3-11 所示。当蓄电池连接到腰部支撑调节器电动机连接器端子上时，检查腰部支撑调节器是否平稳移动。

（1）蓄电池正极（＋）→d2-2，蓄电池负极（－）→d2-1，腰部支撑调节器应该

□顺时针运转　　　　□逆时针运转

（2）蓄电池正极（＋）→d2-1，蓄电池负极（－）→d2-2，腰部支撑调节器应该

□顺时针运转　　　　□逆时针运转

学习活动 3　电动座椅系统故障的判断与排除

学习目标：

（1）能借助网络资源、图片、动画等形式，看懂维修手册。

（2）能进行电动座椅系统典型故障的排除。

建议学时： 2 学时

学习地点： 一体化教室

引导问题：

前排电动座椅功能的故障排除：

操作电动座椅（见题图 3-12），检查并确认以下功能正常。

① 滑动；　② 靠背倾角；　③ 腰部支撑；　④升降。

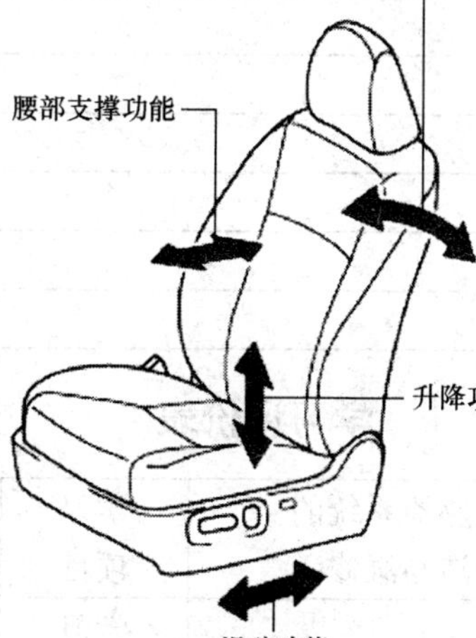

题图 3-12

（1）若电动座椅仅滑动操作功能不工作，应＿＿＿＿＿＿＿＿＿＿＿＿＿＿＿＿＿＿＿＿。

（2）若电动座椅仅腰部支撑功能不工作，应＿＿＿＿＿＿＿＿＿＿＿＿＿＿＿＿＿＿＿＿。

（3）若电动座椅仅升降器功能不工作，应＿＿＿＿＿＿＿＿＿＿＿＿＿＿＿＿＿＿＿＿。

（4）若电动座椅仅靠背倾角调节功能不工作，应____。

学习评价表

<table>
<tr><td>课程名称</td><td>电动座椅系统的
构造与维修</td><td>学习
项目</td><td colspan="2">电动座椅系统的检修</td></tr>
<tr><td>学生姓名</td><td></td><td>学习
小组</td><td colspan="2"></td></tr>
<tr><td>评价等级
评价内容</td><td>优</td><td>良</td><td>中</td><td>差</td></tr>
<tr><td>相关知识的掌握</td><td></td><td></td><td></td><td></td></tr>
<tr><td>任务实施</td><td></td><td></td><td></td><td></td></tr>
<tr><td>工作页的完成</td><td></td><td></td><td></td><td></td></tr>
<tr><td>6S 管理</td><td></td><td></td><td></td><td></td></tr>
<tr><td>纪律</td><td></td><td></td><td></td><td></td></tr>
<tr><td>团队合作</td><td></td><td></td><td></td><td></td></tr>
<tr><td>教师综合评价</td><td></td><td></td><td></td><td></td></tr>
<tr><td colspan="5">教师评语：</td></tr>
</table>

<table>
<tr><td>课题</td><td colspan="3">课题四　中控门锁系统的构造与维修</td></tr>
<tr><td>学习项目</td><td>中控门锁系统的检修</td><td>课时</td><td>10</td></tr>
</table>

学习活动 1　中控门锁组成、构造及原理的掌握

学习目标：

（1）能运用网络资源、图片、动画等形式，介绍中控门锁的拆装步骤。

（2）能查阅维修手册，按要求对实训车辆中控门锁及开关进行检测。

建议学时：4 学时

学习地点：一体化教室

引导问题：

一、请查阅教材，完成下面的空格

① 中央门锁控制系统具有钥匙联动__________和__________功能以及钥匙禁闭预防功能。

② 汽车中央门锁控制系统可分为__________、拨盘式电子锁、__________、触摸式电子锁和生物特征式电子锁。

③ 汽车电子门锁由__________和执行机构两部分组成。

④ 电控门锁的作用是通过__________或电动机式机构来打开及锁上车门锁。

⑤ 目前，高档车一般采用的是__________，它是在可以手动控制门锁开闭的基础上，根据汽车车速自动锁死车门。

⑥ 门钥匙（钥匙）开关：当锁门或开门时分别给出 ON 信号，其他时间一概为__________信号。

⑦ 电动窗不用钥匙的动作功能：驾驶员侧和乘客侧的车门都关上，点火开关断开后，电动窗仍可动作约__________。

⑧ 生物特征式电子锁的特点是将声音、__________等人体生物特征作为密码输入，由计算机进行模式识别，控制开锁。生物特征式电子锁的智能化程度相当高。

⑨ 汽车电子门锁的执行机构一般采用__________或微型电动机控制。

⑩ 电控门锁的作用是通过电磁铁机构锁止或打开车门锁，它由门锁，电磁铁及联动机构、门锁控制开关、门锁控制继电器等主要部分组成。按其功能不同，分为有__________和无自动门锁两种。前者在可以手动控制门锁开闭的基础上，还可以根据汽车车速自动锁死车门。

⑪ 在车门开启和闭锁的操纵机构中，通常采用动力车门锁定装置，即应用__________或电磁线圈进行电气操作控制。

⑫ 电子钥匙式电子锁使用____________作为开锁密码，它由元器件搭成的单元电路组成，做成小型手持单元形式，通过光、声、电或磁等多种形式与主控电路联系。

⑬ 编码器实质上是人为地设定一组二进制或____________数的密码。

⑭ 触摸式电子锁采用____________方式输入开锁密码。装有这种锁的车门上没有一般的门把手，代之以电子锁和触摸传感器。

二、请在空格中填写图示部件的名称

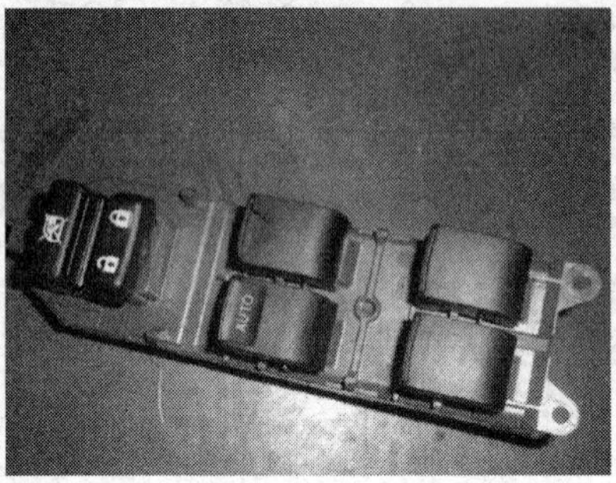

题图 4-1

题图 4-2

（1）________________ （2）______________

三、题图 4-3、题图 4-4、题图 4-5 所示为电控门锁的控制电路，请分析电控门锁是如何工作的

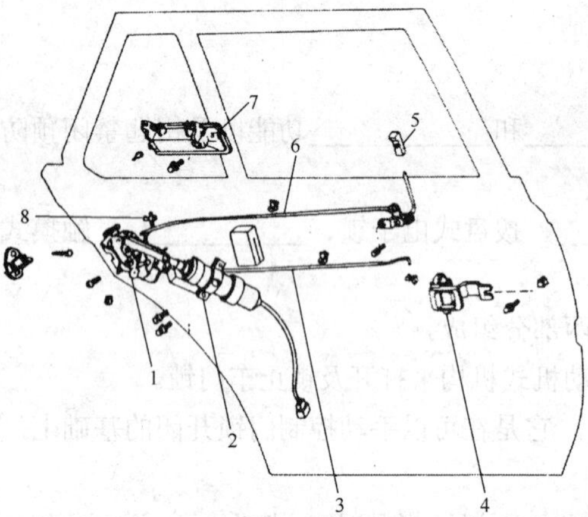

题图 4-3 电控门锁布置

1—车门锁；2—电磁铁机构；3—内开锁拉杆；

4—内拉手；5—锁止柄；6—锁止杆：

7—外拉手：8—外开锁拉杆

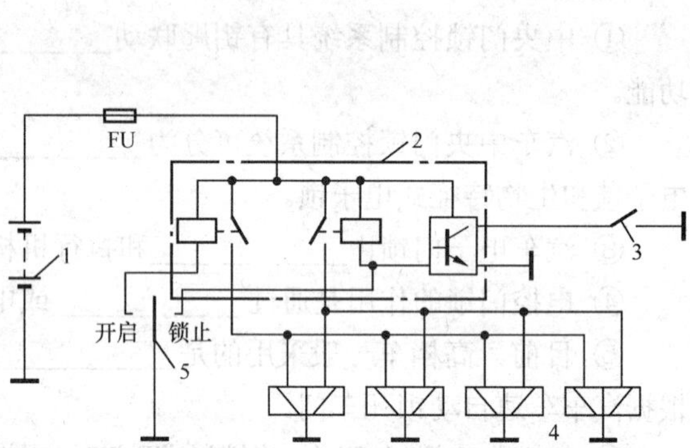

题图 4-4 电控门锁电路

1—蓄电池；2—门锁控制继电器；

3—开关；4—门锁电磁铁；

5—门锁开关

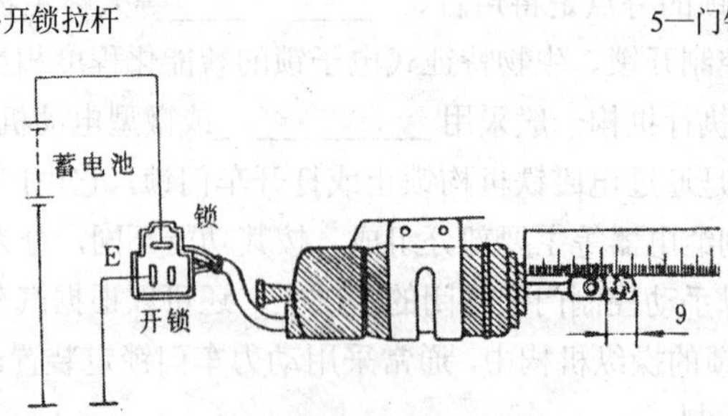

题图 4-5 门锁电磁铁的检查

① 当门锁开关置于锁止（LOCK）位置时，门锁继电器线圈通电，触点闭合，门锁电磁铁中门锁线圈通电，电磁铁心杆缩回，操纵门锁锁止车门；当门锁开关置于开启（UNLOCK）位置，____，而自动锁止车门。

② 门锁电磁铁的检查，将电压为 12V 的蓄电池接入门锁电磁铁的电路，当在“锁”与搭铁接线柱之间加额定电压时，电磁铁心杆应__________，其收缩值为__________；当在“开“锁”与搭铁接线柱之间加额定电压时，电磁铁心杆应__________。如果铁心杆不能相应伸出或缩回，表明__________有损坏，应进行修理或更换。

学习活动 2　中控门锁的拆装与检测

学习目标：

（1）能拆装中控门锁。

（2）能检测中控门锁。

建议学时： 4 学时

学习地点： 一体化教室

引导问题：

一、中控门锁元件端子的判别和测量

1．中控门锁元件端子的判别

（1）门锁电机端子的判别。

锁门电机引线（+）　________端子_____颜色。

开门电机引线（+）　________端子_____颜色。

（2）门锁开关端子的判别。

公共线　________端子_____颜色。

开门信号线　________端子_____颜色。

锁门信号线　________端子_____颜色。

（3）门锁继电器端子的判别。

电源线　________端子_____颜色。

搭铁　________端子_____颜色。

开门信号线　________端子_____颜色。

锁门信号线　________端子_____颜色。

锁门电机引线（+）　________端子_____颜色。

开门电机引线（+）　________端子_____颜色。

2．门锁控制继电器的测量

门锁控制继电器实质上就是由两个 5 脚的继电器组成的，如图 4-6 所示。____。

此方法适合判断负触发门锁控制继电器。如判断结果不符合上述所说的，应更换门锁控制继电器。

3．门锁手动开关与门锁钥匙开关如图 4-7 所示，这两个开关里面的结构是相同的，有 3 根引线，其中一根是公共端，____。

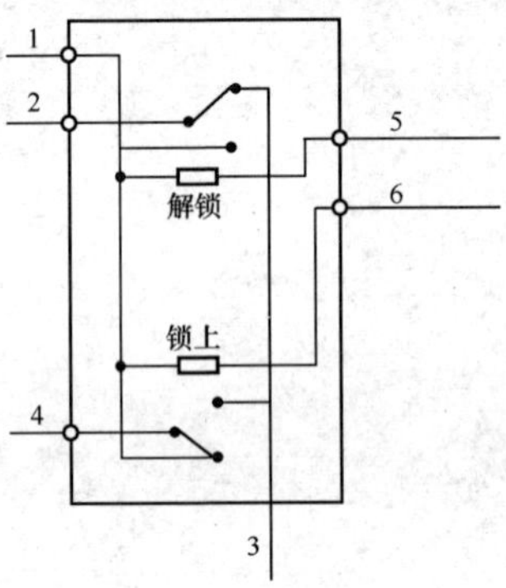

题图 4-6　门锁控制继电器

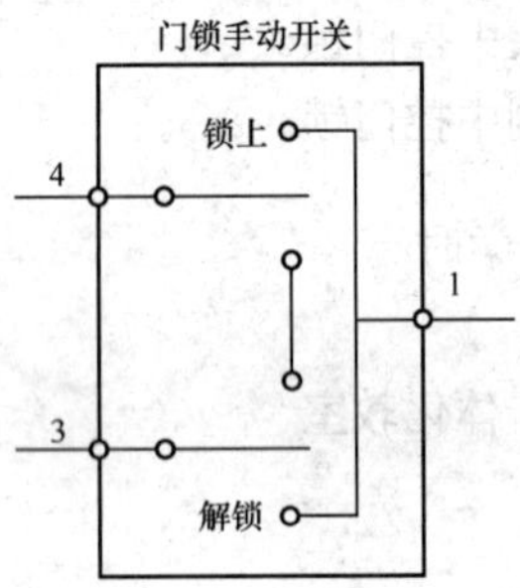

题图 4-7　门锁手动开关

二、请查阅教材，完成左前门门锁总成的拆卸

① 拆卸前门内把手框。

② ____________________。

③ 拆卸门控灯总成（带门控灯）。

④ 拆卸前门装饰板分总成。

⑤ ____________________。

⑥ ____________________。

⑦ 拆卸车门装饰板支架。

⑧ 拆卸前门检修孔盖。

⑨ ____________________。

⑩ 拆卸前门玻璃升降槽。

⑪ 拆卸前门后下门框分总成（见电动车窗升降器的拆卸）。

⑫ ____________________，如题图 4-8 所示。

（a）拆下孔塞。

（b）用“TORX”梅花套筒扳手（T30）松开螺钉，然后将前门外把手盖和车门锁芯作为一个单元拆下。

提示

由于螺钉与前门外把手框分总成集成为一体，不能将其拆下（c）。可使用螺丝刀，脱开 2 个卡爪并拆下前门外把手盖。

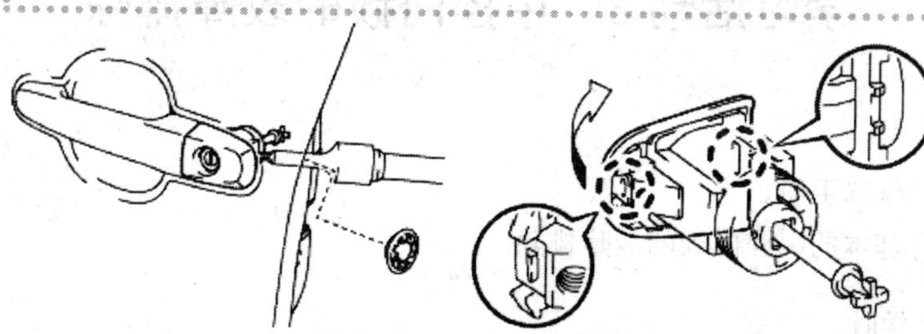

题图 4-8　拆卸前门外把手盖

⑬ ____________________________，如题图 4-9 所示。

（a）用“TORX”梅花套筒扳手（T30）拆下 3 个螺钉。

（b）向下滑动前门门锁总成，并将前门锁开启杆从外把手框中拉出，然后将前门门锁总成和拉索作为一个单元拆下。

（c）将前门锁开启杆从前门门锁总成上拆下。

（d）将门锁线束密封从前门门锁总成上拆下。

⑭ ____________________________

拆下前门锁止遥控拉索总成，如题图 4-10 所示。

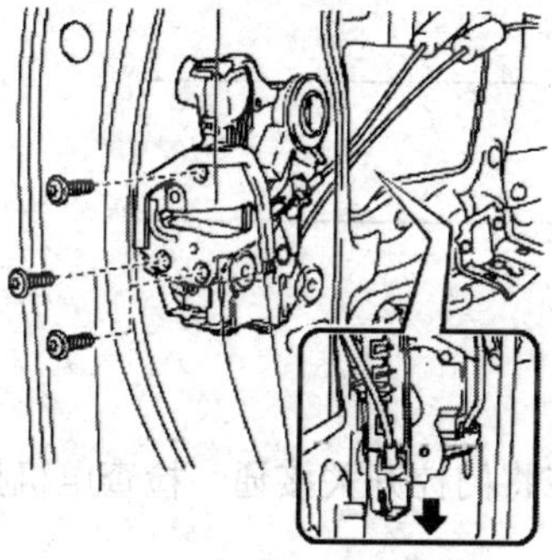

题图 4-9　拆卸前门门锁总成

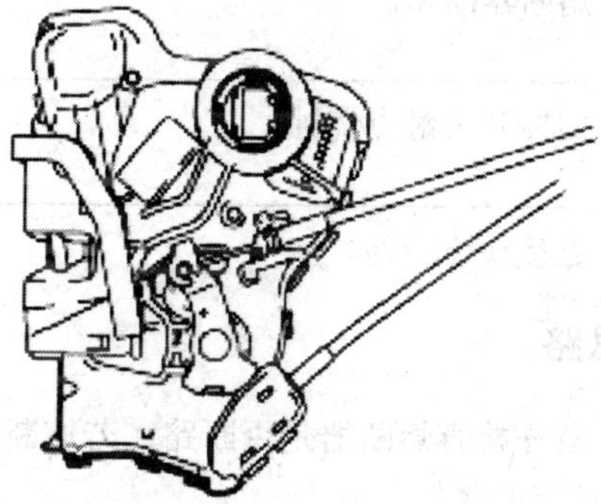

题图 4-10　拆下前门锁止遥控拉索总成

⑮ 拆卸前门内侧锁止拉索总成，如题图 4-11 所示。

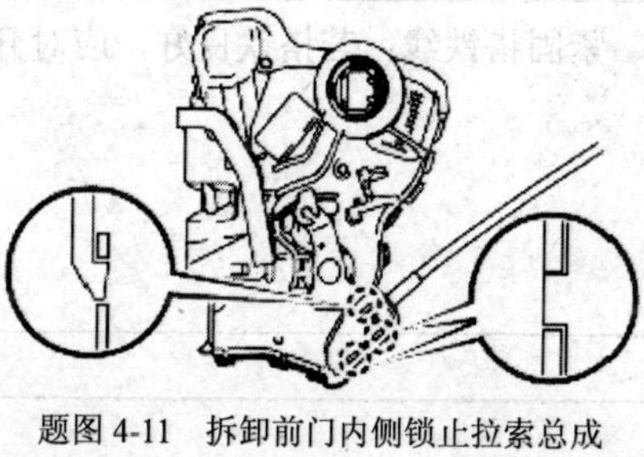

题图 4-11　拆卸前门内侧锁止拉索总成

提示

使用螺丝刀之前，请在螺丝刀头部缠上胶带。

（a）用螺丝刀分离3个卡爪。

（b）拆下前门内侧锁止拉索总成。

学习活动3　中控门锁的故障排除

学习目标：

（1）能看懂维修手册。

（2）能进行基本的中控门锁的故障排除。

建议学时： 2学时

学习地点： 一体化教室

引导问题：

一、汽车中控门锁故障检修：

1．全部门锁都不能工作

故障原因：

① 熔断器断路。

② ______________________________。

③ 门控开关触点烧蚀。

④ ______________________________。

⑤ 连接线路断路。

维修思路：

① 首先检查熔断器是否断路；若熔断器良好，则应将门控开关接通，检查电机接线柱上的电压是否正常。

② ______________________________
______________________________。

③ 搭铁不良时，应清洁、紧固搭铁线；若搭铁良好，应对开关和电动机进行检测。

2．部分门锁不能工作

故障原因：

____
______________________________。

维修思路：

先检查线路是否正常，再检查开关和电动机。

3．汽车遥控器不能控制门锁

故障原因：

① 遥控器电池无电；

② ____。

③ 继电器损坏。

④ 熔断器断路。

⑤ ____。

⑥ 电控单元损坏。

⑦ ____。

维修思路：

① 检查遥控器发光二极管是否闪亮。按 3 次开关，检查发射器发光二极管是否亮 3 次。如果正常，说明遥控器无故障；如果不正常，则更换遥控器电池后，按 3 次开关，检查发射器发光二板管是否亮 3 次。如果不正常，更换门控发射器；如果正常，则说明是遥控器电池无电。

② 检查____。

③ 检查____。按遥控器开关 1s，遥控器正对驾驶员一侧的车门外侧把手，距离车辆 1000mm。如果正常，无线门锁故障；如果不正常，转到下一步骤。

④ 检查未锁报警开关总成的导通性，如果不正常，更换未锁警告灯开关总成。

⑤ 检查____。

⑥ 检查线束或连接器。

学习评价表

<table>
<tr><td>课程名称</td><td colspan="2">中控门锁系统的构造与维修</td><td>学习项目</td><td colspan="2">中控门锁系统的检修</td></tr>
<tr><td>学生姓名</td><td colspan="2"></td><td>学习小组</td><td colspan="2"></td></tr>
<tr><td colspan="2">评价等级 / 评价内容</td><td>优</td><td>良</td><td>中</td><td>差</td></tr>
<tr><td colspan="2">相关知识的掌握</td><td></td><td></td><td></td><td></td></tr>
<tr><td colspan="2">任务实施</td><td></td><td></td><td></td><td></td></tr>
<tr><td colspan="2">工作页的完成</td><td></td><td></td><td></td><td></td></tr>
<tr><td colspan="2">6S 管理</td><td></td><td></td><td></td><td></td></tr>
<tr><td colspan="2">纪律</td><td></td><td></td><td></td><td></td></tr>
<tr><td colspan="2">团队合作</td><td></td><td></td><td></td><td></td></tr>
<tr><td colspan="2">教师综合评价</td><td></td><td></td><td></td><td></td></tr>
<tr><td colspan="6">教师评语：</td></tr>
</table>

课题	课题五　防盗报警系统的构造与维修		
学习项目	防盗报警系统的检修	课时	6

学习活动 1　防盗报警系统的掌握

学习目标：

（1）能叙述防盗报警系统的组成、作用和构造。

（2）能叙述防盗报警系统的工作原理。

建议学时：2 学时

学习地点：一体化教室

引导问题：

一、请查阅资料，完成下面的空格

① 各种车型的防盗报警系统进入戒备状态的基本条件都是关闭点火开关，锁好所有车门。当锁上驾驶员车门时，警戒灯点亮 30s，表示车辆处于________状态，随时可以起作用；若警戒灯不亮，则一定有某扇车门________。

② 当防盗报警系统进入戒备状态时，防盗报警系统对车门锁开关及行李箱开关等所有开关________。当被监控的开关被撬时，防盗报警系统起动，系统便发出________和灯光闪烁，待定时器到时后（30s 或 1min），音响和灯光平息，系统自动处于戒备状态。

③ 汽车防盗器按其结构可分 3 类：机械式、________和网络式。

④ 防盗系统设定过程中，若用主钥匙开启行李箱，则防盗系统暂时中断——既不能________，也不能________。

⑤ 电子式防盗器是目前使用最广泛的类型，包括插片式、________和遥控式等。

二、请将汽车防盗报警系统零件的名称写在下面

题图 5-1

____

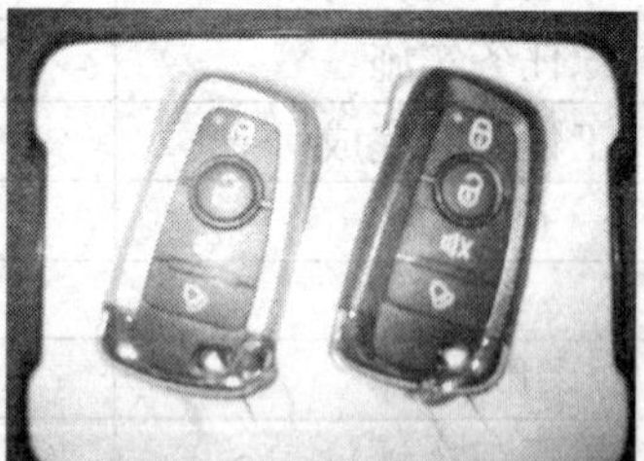
题图 5-2

____

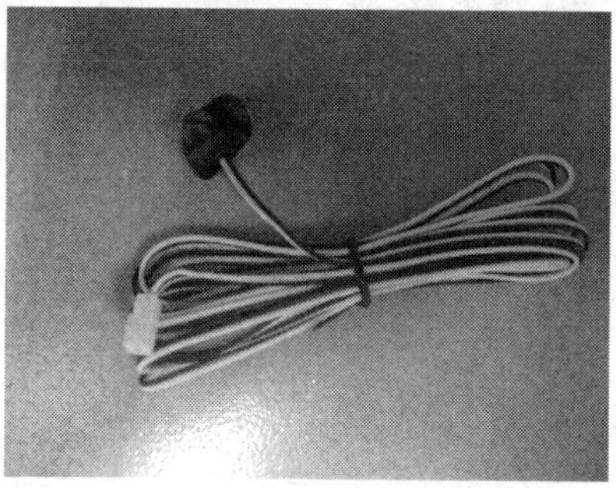

题图 5-3

____

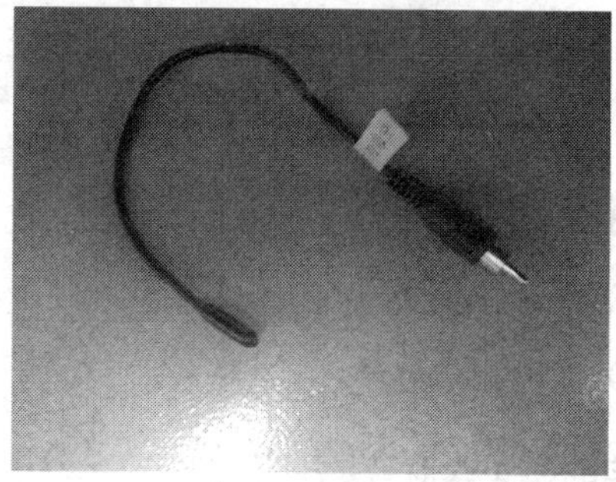

题图 5-4

____

题图 5-5

____

题图 5-6

____

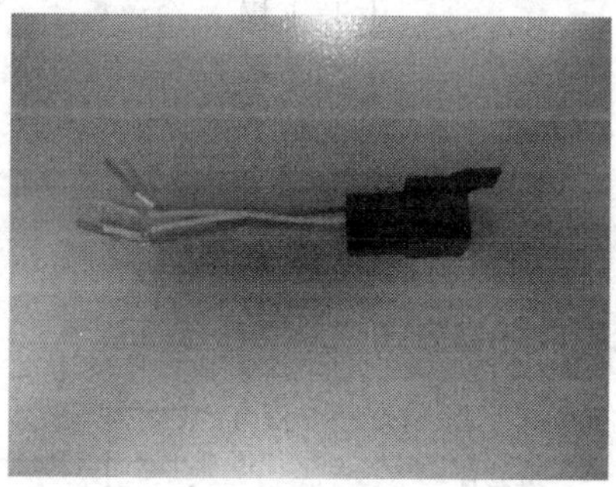

题图 5-7

____

三、题图 5-8 所示为铁将军 5 键遥控汽车防盗报警器，请说明各功能键的作用。

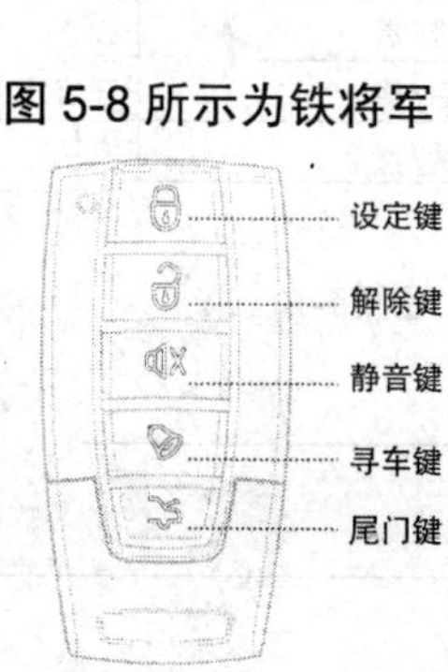

按设定键：______________________

按解除键：______________________

按静音键：______________________

按寻车键：______________________

按尾门键：______________________

题图 5-8　铁将军 5 键遥控汽车防盗报警器

学习活动 2　防盗器零件的安装

学习目标：

（1）能拆卸并安装防盗器。

（2）能检测防盗器。

建议学时：1 学时

学习地点：一体化教室

引导问题：

一、铁将军防盗器的安装（请用线条将相应的电路安装连接）

线的颜色	安装线路的位置
黑色	“ACC”接线
红/黑	“门边正、负触发”接线
红色	“行李箱负触发”接线
粉红色	“脚刹”接线
棕色	引擎断电回路
黄色	电源正极
棕/白	电源负极
橙色	方向灯
蓝色	喇叭
白色	尾门（行李箱）

二、请写出下面防盗器中控电路的触发方式

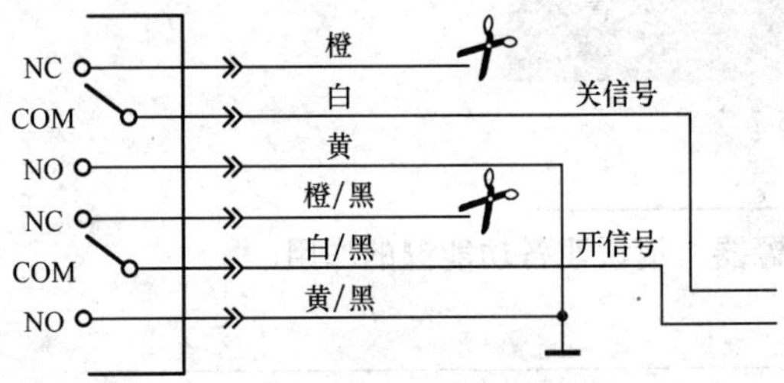

题图 5-9

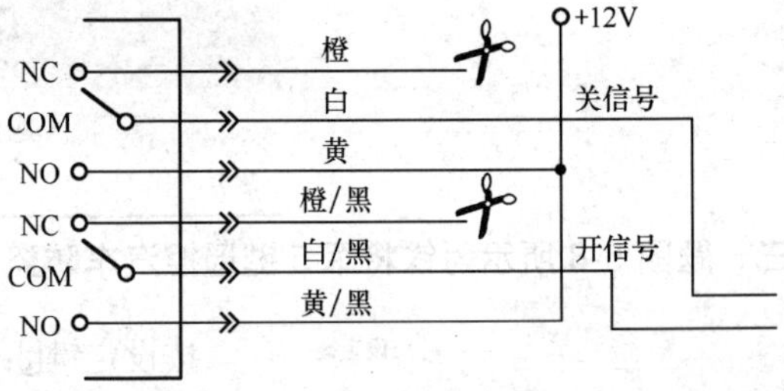

题图 5-10

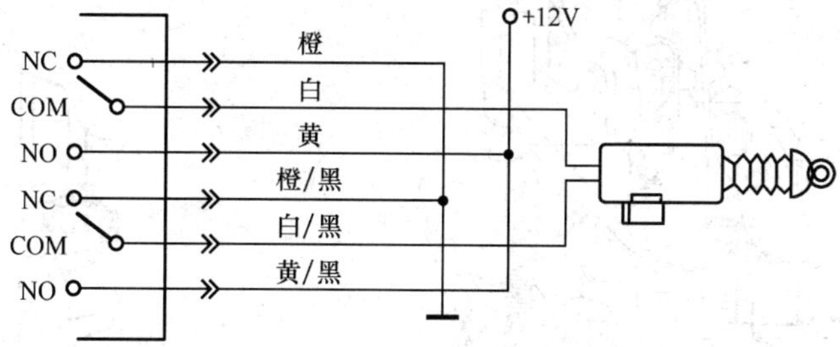

题图 5-11

____

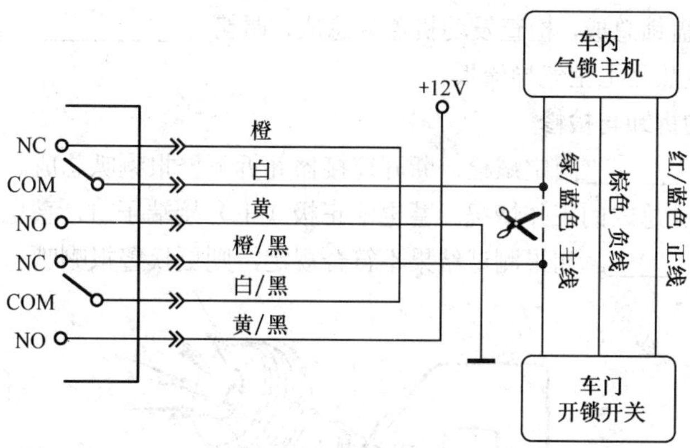

题图 5-12

____

学习活动 3　防盗器的拆装与检修

学习目标：

（1）能拆装防盗器部件。

（2）能检测防盗器零件。

建议学时： 3 学时

学习地点： 一体化教室

引导问题：

一、发动机盖门控灯开关的拆装与检修

① 拆卸散热器上__________；断开 ___________ 卡夹支架；拆卸发动机盖锁总成。

② 检查发动机盖门控灯开关；用万用表测量门灯开关插头 1 与 2 之间的电阻，LOCK 位置时电阻应该：□小于 1Ω，□10 kΩ 或更大；UNLOCK 位置时的电阻应该□小于 1Ω，□10kΩ 或更大。如果测试结果不符合规定，则更换发动机盖锁总成。

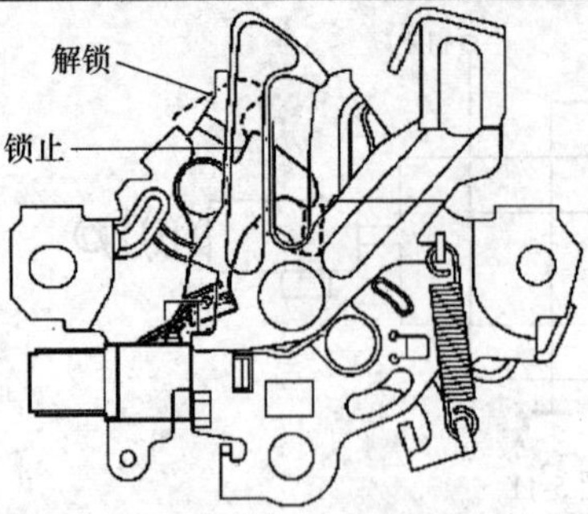

题图 5-13　发动机盖锁总成

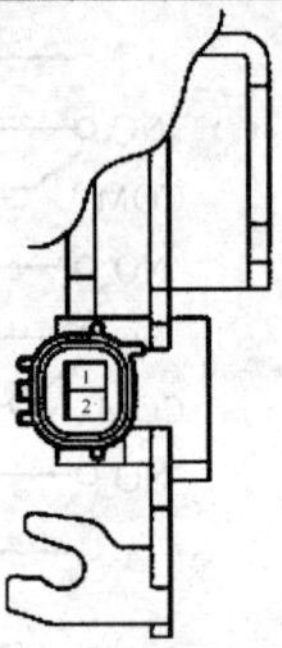
题图 5-14　门灯开关插头

③ 安装发动机盖锁总成，检查发动机盖分总成，调整__________________，连接 1 号水软管卡夹支架，安装散热器上空气导流板。

二、警报喇叭总成的拆卸与检修

① 拆下______________固定螺栓，断开连接器并拆下警报喇叭总成。

② 检查警报喇叭总成的工作情况。蓄电池正极（+）接端子 1，蓄电池负极（–）接喇叭体；喇叭应该___________。如果测试结果不符合规定，则更换警报喇叭总成。

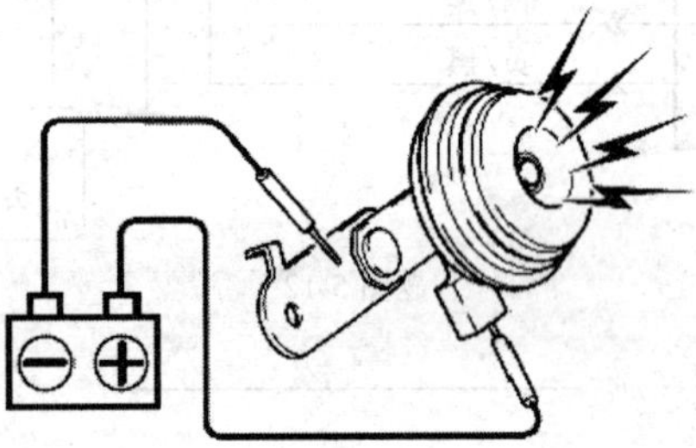
题图 5-15

③ 安装警报喇叭总成：连接__________，用螺栓安装警报喇叭总成。

三、安全指示灯总成的拆卸与检修

① 拆卸仪表板__________，拆卸安全指示灯总成（脱开_______，并拆下安全指示灯总成）。

② 检查安全指示灯，从线束背面将蓄电池电压施加到指示灯端子之间，检查安全指示灯的照明状态。蓄电池正极接□端子 1，□端子 2；蓄电池负极接□端子 1，□端子 2。安全指示灯应亮起。如果结果不符合规定，则更换安全指示灯。

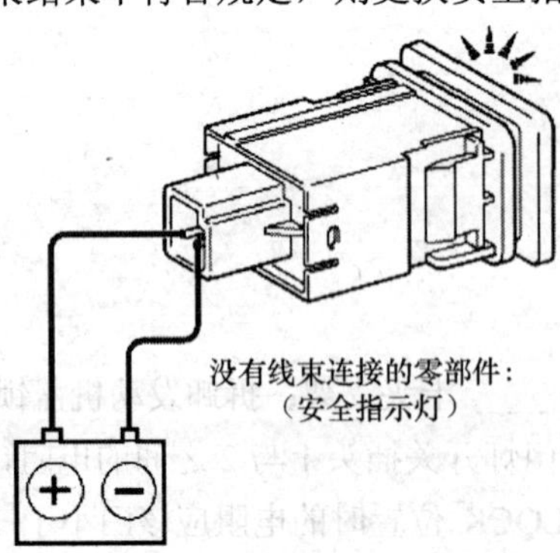

题图 5-16

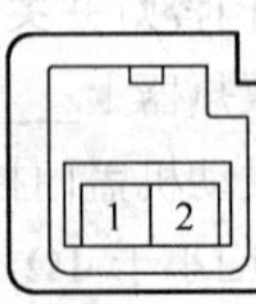

题图 5-17

提示：

① 如果正极（+）引线和负极（-）引线连接不正确，安全指示灯不会亮起。

② 电压高于 12V 时会损坏安全指示灯。

③ 如果电压过低，则安全指示灯不会亮起。

③ 装接合 2 个卡爪，并安装安全指示灯总成，安装________________。

学习评价表

<table>
<tr><td>课程名称</td><td colspan="2">防盗报警系统的构造与维修</td><td>学习项目</td><td colspan="2">防盗报警系统的检修</td></tr>
<tr><td>学生姓名</td><td colspan="2"></td><td>学习小组</td><td colspan="2"></td></tr>
<tr><td colspan="2">评价等级
评价内容</td><td>优</td><td>良</td><td>中</td><td>差</td></tr>
<tr><td colspan="2">相关知识的掌握</td><td></td><td></td><td></td><td></td></tr>
<tr><td colspan="2">任务实施</td><td></td><td></td><td></td><td></td></tr>
<tr><td colspan="2">工作页的完成</td><td></td><td></td><td></td><td></td></tr>
<tr><td colspan="2">6S 管理</td><td></td><td></td><td></td><td></td></tr>
<tr><td colspan="2">纪律</td><td></td><td></td><td></td><td></td></tr>
<tr><td colspan="2">团队合作</td><td></td><td></td><td></td><td></td></tr>
<tr><td colspan="2">教师综合评价</td><td></td><td></td><td></td><td></td></tr>
<tr><td colspan="6">教师评语：</td></tr>
</table>

课题	课题六　安全气囊系统的构造与维修		
学习项目	安全气囊系统的检修	课时	4

学习活动1　安全气囊系统构造与工作原理

学习目标：

（1）能叙述安全气囊系统的组成、作用和构造。

（2）能叙述安全气囊系统的工作原理。

建议学时： 2学时

学习地点： 一体化教室

引导问题

一、请查阅教材，完成下面的空格

① 按气囊数量可分为单气囊系统（只装在驾驶员侧）、双气囊系统（________________）；按气囊大小可分为安全气囊（保护全身）、____________（保护整个上身）、小型护面气囊（主要保护____________）。

② 安全气囊系统主要由____________和机械部分组成。

③ 安全气囊系统的电控部分由各种传感器、____________、气囊和安全带预紧器的引爆装置、____________、接口、RAM和ROM等组成。

④ 偏心锤式碰撞传感器（机械式传感器）一般安装在___________之间，用来感知__________碰撞的信号。传感器安装在一个密封的____________内。

⑤ 安全传感器（机电式传感器）是一个____________常开开关。安全传感器用来防止系统在非碰撞状况引起气囊的误动作，一般装在____________内。当发生碰撞时，足够大的减速度力将____________上抛，接通____________。

⑥ 气囊组件按功能分为正面气囊组件和侧面气囊组件两大类。正面气囊组件的功用是保护___________________________，防止转向盘、风窗玻璃、仪表板和前排座椅伤害人体。侧面气囊组件的功用是保护_____________________________________，防止车门或车身伤害人体。

二、请查阅资料，分析安全气囊的动作过程

根据德国博世（BOSCH）公司在奥迪（Audi）轿车上试验研究表明，当汽车以车速为50km/h碰撞时，安全气囊系统SRS的动作时序如题图6-1（a）、（b）、（c）、（d）所示。

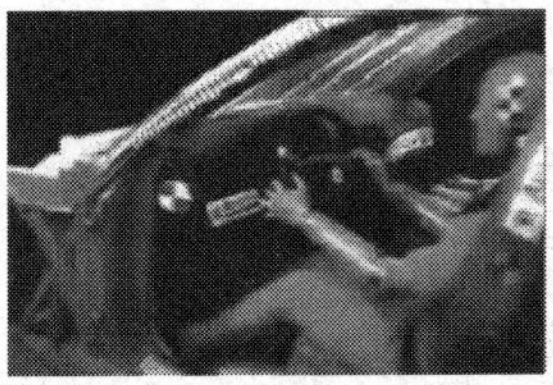

（a）触发

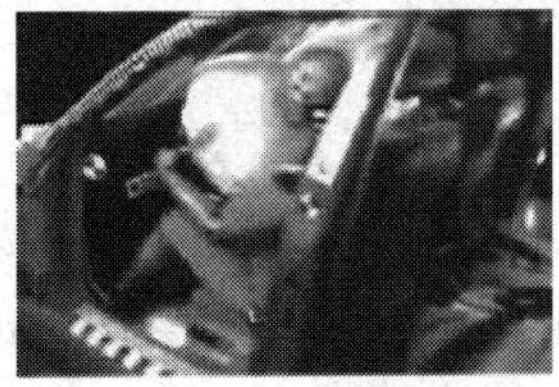

（b）充气膨胀

（c）头部陷入

（d）气囊压漏

题图 6-1　安全气囊系统 SRS 的动作时序

① 碰撞约 10ms 后，SRS 达到引爆极限，点火器引爆点火剂并产生____________，使充气剂热分解，驾驶员尚未动作，如题图 6-1（a）所示。

② 碰撞约 40ms 后，气囊完全____________，体积最大，驾驶员____________移动，安全带斜系在驾驶员身上并拉紧，部分冲击能量已被吸收，如题图 6-1（b）所示。

③ 碰撞约 60ms 后，驾驶员头部及身体上部压向气囊，____________，____________，如题图 6-1（c）所示。

④ 碰撞约 110ms 后，____________________，驾驶员身体上部回到座椅靠背上，专车前方恢复视野，如题图 6-1（d）所示。

⑤ 碰撞约 120ms 后，碰撞危害解除，车速________________________。

由此可见，气囊在碰撞过程中动作时间____________。从开始充气到完全充满约为_____ms；从汽车遭受碰撞开始到气囊收缩为止，所用时间仅为______ms 左右，而人的眼皮眨一下所用时间约为_________ms。因此，气囊动作状态和经历时间无法用肉眼确认。

学习活动 2　安全气囊系统的故障诊断

学习目标：

能进行基本安全气囊系统的故障排除。

建议学时： 2 学时

学习地点： 一体化教室

引导问题：

一、请查阅教材，完成安全气囊的自诊断

SRS 系统的自诊断功能，能够确定系统故障的原因，然后将故障信息存储在内存中。为了方便故障检修，这些数据可以通过数据链电路检索获得。

1．诊断检查（安全气囊警告灯检查）

将点火开关转到 ACC 或 ON 位置，检查安全气囊警告灯是否亮；检查安全气囊警告灯是否在大约 6s 后______________，如题图 6-2 所示。

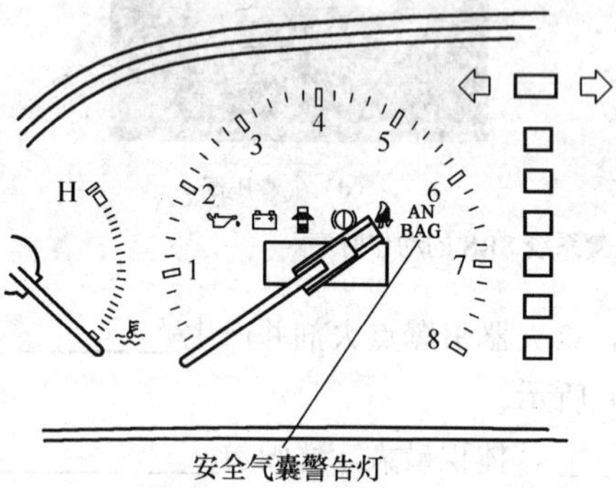

题图 6-2　安全气囊警告灯

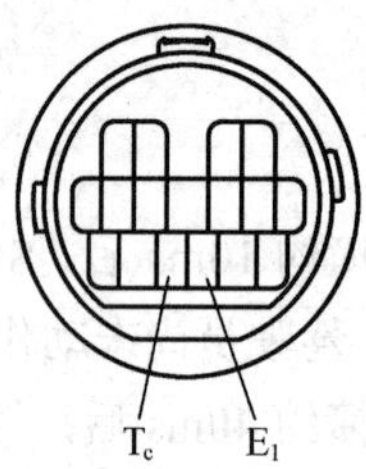

题图 6-3　TDCL 的端子 Tc 和 E_1 连接

2．检索 DTC（故障诊断码）检查

① 将点火开关转到 ACC 或 ON 位置并等待大约 20s。使用 SST（09843—18020），将 TDCL 的端子 Tc 和 E_1 连接起来，如题图 6-3 所示，并把点火开关置于 ON，SRS 指示灯将通过闪烁次数来表示______________。注意：切勿接错端子，以免造成故障。

② 诊断代码的读取。读取由警告灯闪亮的次数所表示的诊断代码。

（a）正常代码显示。灯光闪动每秒 2 次，如题图 6-4 所示。

（b）故障代码显示。万一发生故障，灯会闪______________。输出代码的第一个数就代表二位数诊断代码的首位；经过 1.5s 的暂停，输出了代码的第二个数，它就代表了二位数诊断代码的______________。如果有 2 个以上的代码输出，它们之间将会有 2.5s 的暂停。在所有的代码都输出之后，停顿 4.0s 后将会重复输出，如题图 6-5 所示。

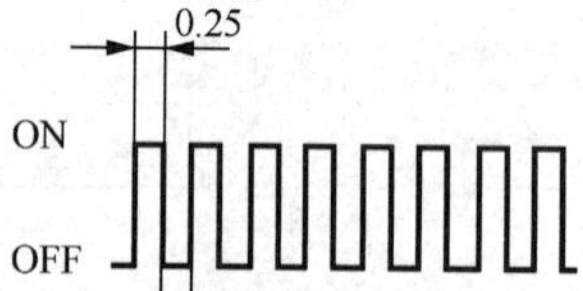

题图 6-4　正常代码显示

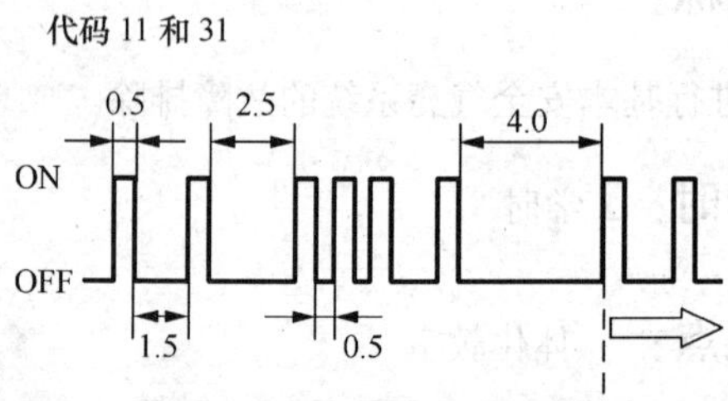

题图 6-5　故障代码显示

③ 查看并记下代码指示之后，根据代码指示的故障检修程序进行操作。

3．诊断代码的清除

二、请用所学的知识完成 SRS 指示灯电路故障检修

① 若 SRS 指示灯不亮，应____。

② 若 SRS 指示灯常亮，应____。

学习评价表

课程名称	安全气囊系统的构造与维修		学习项目	安全气囊系统的检修
学生姓名			学习小组	
评价内容 \ 评价等级	优	良	中	差
相关知识的掌握				
任务实施				
工作页的完成				
6S 管理				
纪律				
团队合作				
教师综合评价				
教师评语：				

课题	课题七　汽车仪表报警显示装置的构造与维修		
学习项目	汽车仪表报警显示装置的检修	课时	4

学习活动1　汽车仪表报警显示装置构造与工作原理

学习目标：

（1）能叙述汽车仪表报警显示装置的构造。

（2）能叙述汽车仪表报警显示装置的工作原理。

建议学时：2学时

学习地点：一体化教室

引导问题

一、请查阅教材，完成下面的空格

① 燃油表用来指示________________的多少，它和装在油箱内的传感器一起完成指示工作。燃油指示表有电磁式、________和动磁式3种。

② 冷却液温度表用来显示发动机冷却液的工作温度，常用的冷却液温度表有电热式和__________两种。

③ 机油压力表的作用是在发动机运转时，指示________________的大小，它由油压指示表和________________两大部分组成。

④ 机油压力表的正常指示值是发动机低速运转时，压力最低不小于______kPa，正常压力一般应在______ kPa，最高压力不应超过______ kPa。

⑤ 发动机转速表是用来测量________的。转速表按结构可以分为机械式和________。现代汽车应用最广泛的是____________________。

⑥ 车速里程表用来指示汽车______________，它由车速表和里程表两部分组成，可分为______________里程表、电子式车速里程表和__________车速里程表。

二、请填写下面空格

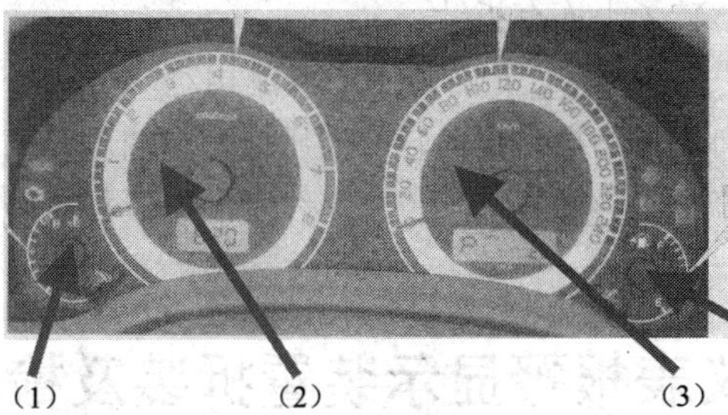

题图 7-1

（1）__________（2）______________（3）____________（4）__________

三、题图 7-2、图 7-3 所示为组合仪表各装置的工作原理，请查阅相关资料，分析各装置的工作原理

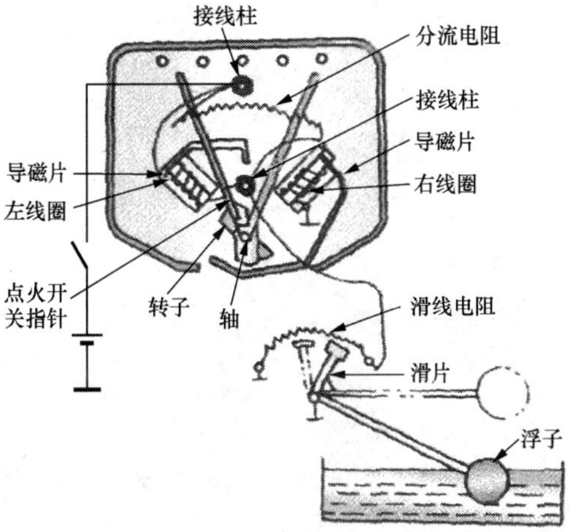

题图 7-2　电磁式燃油表

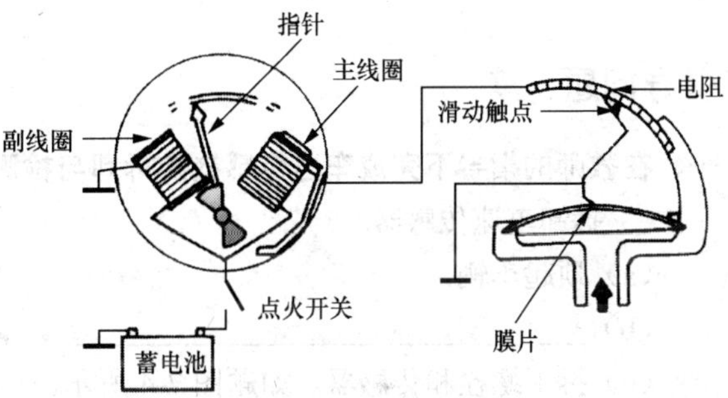

题图 7-3　电磁式油压表的结构及电路

1．电磁式燃油表工作原理分析

① 当油箱内没有燃油时，浮子________，电阻被________，此时右线圈也被短路，通过其中的电流为________，不显示磁性，而左线圈在全部电源电压的作用下，通过其中的电流产生磁场，吸引转子，使指针在“E”位。

② 当油箱中油量增加，浮子________，电阻部分接入，这时一部分电阻与右线圈并联，同时又与左线圈________，其电路电流分成两条支路电流：蓄电池“正极”→点火开关→________→电阻→搭铁→蓄电池负极；蓄电池正极→点火开关→________→搭铁→蓄电池负极。此时左线圈由于串联了电阻，电流________，磁场减弱，而右线圈中有电流通过产生________。转子处于两个磁场的共同作用下，向右偏移，指针指示向高刻度位置。

③ 当油箱中装满油时，浮子带着滑片移到电阻的________，电阻全部接入电路中。此时左线圈中的电流________，磁场更弱，而右线圈中的电流________，磁场________，转子便带动指针向右偏移，指针在满油“F”位置。

2．电磁式油压表工作原理分析

① 电磁式油压表的结构及电路如题图 7-3 所示。油压传感器是利用________推动滑臂来改变______________的，当压力增大时，其电阻值________。油压指示表中有两个正

十字交叉线圈，中间放置永久磁铁转子，转子上连有指针。

② 当油压较低时，传感器中电阻值__________，右线圈中电流相对__________，左线圈中电流相对增大，转子转向合成磁场方向，带动指针指向较低油压值；当油压升高时，传感器中的电阻值__________，右线圈中的电流相对__________，而左线圈的电流相对减小，转子朝合成磁场方向转动，使指针指向较高值。

学习活动 2　汽车仪表报警显示装置拆装及检测

学习目标：

（1）能拆装汽车仪表报警显示装置。

（2）能进行汽车仪表报警显示装置的检测。

建议学时：2 学时

学习地点：一体化教室

引导问题：

一、在教师的指导下完成车速传感器的拆卸与检测

① 拆卸车速传感器。

（a）顶起车辆。

（b）__________________________________。

（c）拆下螺栓和传感器。如题图 7-4 所示。

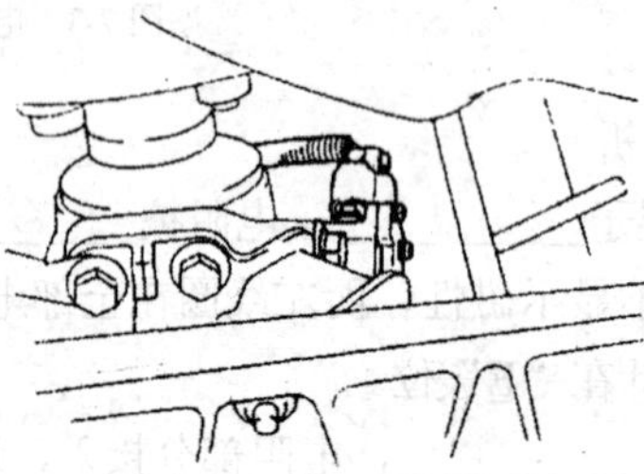

题图 7-4　车速传感器

② 安装车速传感器。安装时，按拆卸时的相反顺序进行。

③ 检查车速传感器，如题图 7-5 所示。

（a）将蓄电池正极（+）导线接至__________，负极（–）导线接至__________。

（b）将测试表正极（+）导线接至端子 1，负极（–）导线接至__________。

（c）____________________。

（d）检查端子 1 和端子 3 之间的电压变化，应在近__________V 至 11V 或__________V 以上范围。

提示　**车速传感器轴每转一转，电压变化应为 20 次。如果工作情况不符规定应更换传感器。**

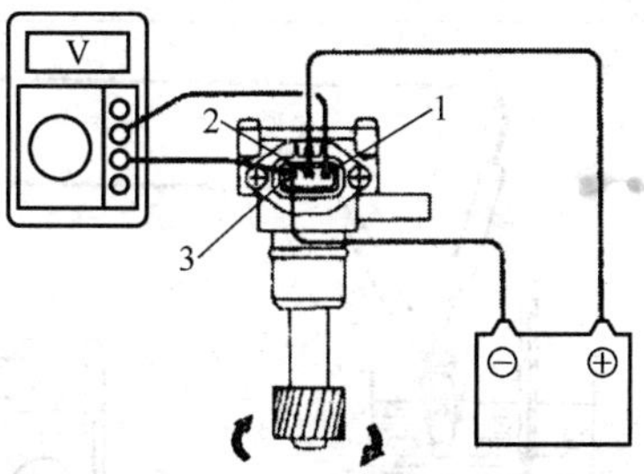

题图 7-5　车速传感器检查

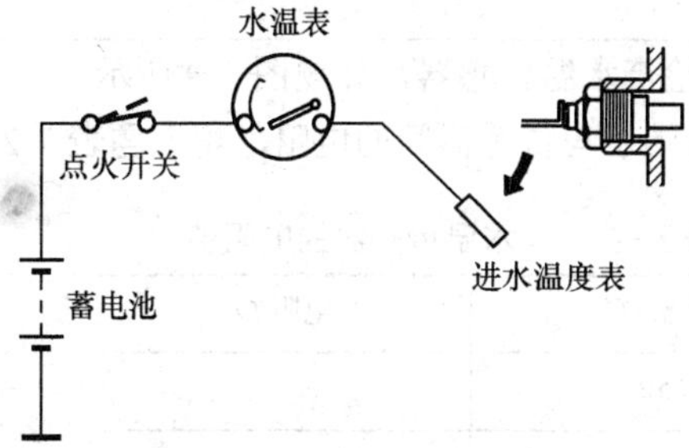

题图 7-6　脱开水温传感器

二、请查阅教材及相关资料，完成水温表的检测

① 检查水温表。

（a）脱开水温传感器，如题图 7-6 所示。

（b）点火开关转到 ON，检查水温表指针是否指示____________。

（c）把配线侧连接器端子串入一只 3.4W 的试验灯泡接地，如题图 7-7 所示。

（d）点火开关转到 ON，检查灯泡是否亮，水温表指针应____________。

如果工作情况不符规定要求，测试水温表的电阻值。

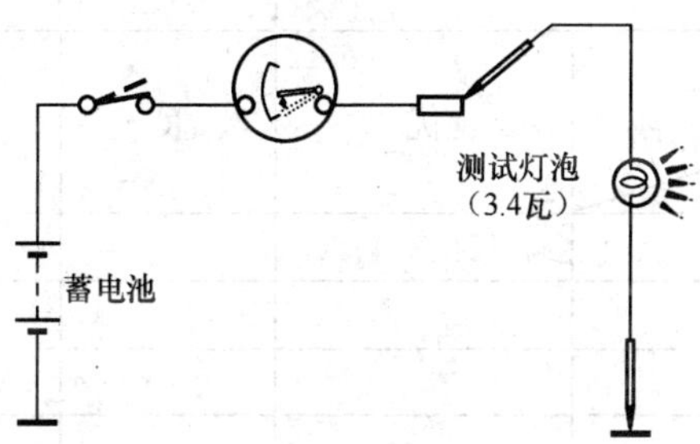

题图 7-7　连接试验灯泡接地

② 测试水温表的电阻值，如题图 7-8 所示。

（a）拧下 3 个螺钉。

（b）测试各端子间的电阻值，填入题表 7-1。

提示

接上测试导线，使欧姆表的电流按题表 7-1 所示的顺序流过。

题表 7-1　　水温表的电阻值

测试端子	电阻/Ω
A—B	
A—C	
B—C	

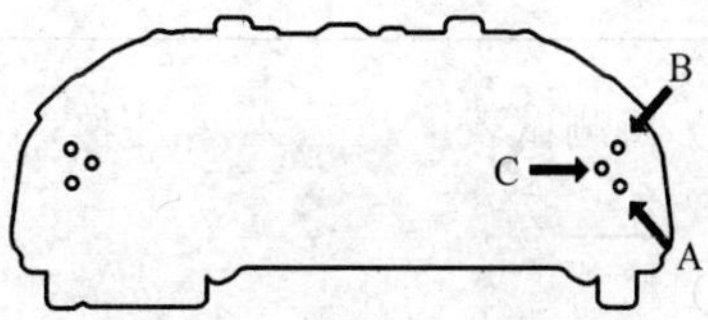

题图 7-8　水温表的电阻值测量

③ 检查水温传感器，如题图 7-9 所示。

测量端子与传感器间的电阻，填入题表 7-2。

题表 7-2　　水温传感器的电阻值

水温/℃	电阻/Ω
50	
115	

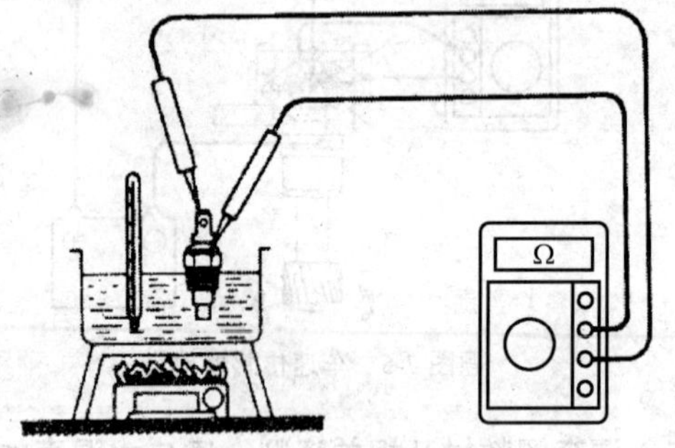

题图 7-9　水温传感器检查

如果电阻值不符规定要求，更换水温传感器。

学习评价表

课程名称	汽车仪表报警显示装置的构造与维修	学习项目	汽车仪表报警显示装置的检修
学生姓名		学习小组	

评价内容 \ 评价等级	优	良	中	差
相关知识的掌握				
任务实施				
工作页的完成				
6S 管理				
纪律				
团队合作				
教师综合评价				

教师评语：